# 信息基础、社会责任 与审计治理研究

Research on Information Foundation, Social Responsibility, and Audit Governance

谢清华　韩冰　李小涛◎著

中国财经出版传媒集团

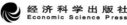

经济科学出版社
Economic Science Press

·北京·

图书在版编目（CIP）数据

信息基础、社会责任与审计治理研究／谢清华，韩冰，李小涛著. -- 北京：经济科学出版社，2023. 12
ISBN 978 - 7 - 5218 - 5511 - 1

Ⅰ. ①信…　Ⅱ. ①谢… ②韩… ③李…　Ⅲ. ①审计学
Ⅳ. ①F239. 0

中国国家版本馆 CIP 数据核字（2024）第 009257 号

责任编辑：杜　鹏　武献杰　常家凤
责任校对：刘　娅
责任印制：邱　天

# 信息基础、社会责任与审计治理研究
XINXI JICHU，SHEHUI ZEREN YU SHENJI ZHILI YANJIU

谢清华　韩冰　李小涛◎著
经济科学出版社出版、发行　新华书店经销
社址：北京市海淀区阜成路甲 28 号　邮编：100142
编辑部电话：010 - 88191441　发行部电话：010 - 88191522
网址：www. esp. com. cn
电子邮箱：esp_bj@ 163. com
天猫网店：经济科学出版社旗舰店
网址：http：//jjkxcbs. tmall. com
固安华明印业有限公司印装
710 × 1000　16 开　17 印张　300000 字
2023 年 12 月第 1 版　2023 年 12 月第 1 次印刷
ISBN 978 - 7 - 5218 - 5511 - 1　定价：128. 00 元
（图书出现印装问题，本社负责调换。电话：010 - 88191545）
（版权所有　侵权必究　打击盗版　举报热线：010 - 88191661
QQ：2242791300　营销中心电话：010 - 88191537
电子邮箱：dbts@ esp. com. cn）

# 目　录

## 第一部分　信息基础研究

# 第四部分 结论与启示

第一部分

# 信息基础研究

# 第一章

# 监管信息研究：基于深交所考评数据视角

## 第一节　研究背景

　　俗话说得好，"得信息者得天下，失信息者失天下"。在资本市场中，信息的重要性更是不言而喻，一些投资者如果没有及时地得到准确的信息，而另外一些投资者得到及时而准确的信息，其后果是不难想象的。足见信息很重要，然而信息的准确性更为重要。为了促进公平的股市交易，保护投资者的利益，深圳证券交易所颁布了《深圳证券交易所上市公司信息披露工作考核办法》，以上市公司该年度每一次信息披露行为为依据，从及时性、准确性、完整性、合法性四方面分等级对上市公司及董事会秘书的信息披露工作进行考核。深圳证券交易所自从 2001 年开始发布上市公司信息披露工作考核办法以来，该交易所就陆续地依据此考核办法对上市公司按照"优秀""良好""及格或者合格""不及格或者不合格"四个等级进行排名。在关于盈余管理与上市公司会计信息披露和投资者保护的众多研究成果中，四级评价披露为中国的研究者提供了新的研究视角，于是广大研究者利用深交所信息考评数据作为公司透明度或者上市公司信息质量水平的代理变量作关于投资者保护和盈余管理的实证研究，然而对该数据得来的过程以及是否可以作为信息透明度或者信息质量水平却不曾了解。鉴于此，笔者打算借助比较显著的业绩预告事件，按照以下思路对深交所的考评数据进行验证和详细的分解，挖掘和发现该考评数据是否包含常用的假设信息，以便为今后的研究者谨慎使用该代理变量和使用时需要寻找哪些控制变量提供了一个新的研究思路。

　　本书的思路是这样的：以深交所考评作为上市公司信息透明度的替代变量，将以往研究者经常考虑的影响信息透明度的因素作为验证方，运用相关性原理计算考评数据与这些影响因素之间的相关关系，从而判断出考评数据所包含的信息和未包含的信息。

笔者通过阅读和查阅大量的文献资料发现，以往的研究者直接用深交所的考评数据作为信息质量或者信息透明度的替代研究的内容比较多，而探讨该考评数据包含具体哪些方面的信息却比较少，有的也只是简单地描述它所反映的上市公司信息的某些特征而没有具体论证。本书的创新之处在于，通过挖掘深交所考评数据所包含的某些重要信息特征和一些没有包含的某些信息特征，为以后的研究者更为科学地使用该数据进行研究提供理论支持，进而为其进一步寻找新的控制变量提供了一些思考方向。

## 第二节　文献综述与研究假设

业绩预告作为上市公司的一项重大事件，在国内外都被视为研究的热点。由于业绩预告本身就是一项重要的信息披露，其披露的信息与实际的结果之间的比较更能反映出上市公司的信息透明程度。不但笔者如此表述，众多的研究中也充分地显示了这一点。比较典型的文献一般从以下几个方面进行理论描述和实证研究。

首先，是关于业绩预告的动因分析。比较有代表性的如钱伯和佩南（Chanber and Pernnan，1984），他们提出了预告坏消息要晚于好消息的预告。同时，弗雷克琪亚（1983）和戴尔（1985）针对经理人员操纵披露而建立的数学模型表明，由于诉讼成本的存在，经理人员会隐瞒坏消息而披露好消息，然而斯金纳（1994）的研究却表明，由于诉讼成本的存在，公司在盈余公告前具有自愿披露坏消息之动机；罗恩·卡斯兹尼克和巴鲁·列弗（Ron Kasznik and Baruch Lev，1995）认为业绩变动、公司规模、所属行业、公司风险等因素均是影响公司是否进行业绩披露的重要因素，他们以业绩预告为研究对象，选用1988~1990年美国有业绩剧变（earning surprise）的上市公司作为研究样本，通过对622个样本的信息披露类型、披露程度和影响披露的因素进行分析，发现业绩预告剧减的公司比业绩预告剧增的公司更倾向发布业绩预告，然而这一结论却遭到巴金斯基等（Baginski et al.，1994）的否定；拉波尔塔（LaPorta，2000）、布须曼（Bushman，2004）等学者则从国家法律规定方面论证了业绩在某些情况下必须进行强制性披露。鉴于已有的研究，提出动因假设，旨在研究上市公司信息披露质量是否包含和解释业绩预告的动因。

假设 1-1：考评是否包含规模大小信息。

假设 1-2：考评是否包含业绩优劣信息。

假设 1-3：考评是否包含有违规信息。

其次，是关于业绩预告的信息含量研究和市场反应研究。波纳尔和维米尔（Pownall and Waymire，1989）以业绩预告为例，考察了投资者对公司管理者的自愿信息披露的可信性进行的研究；波纳尔等（Pownall et al.，1993）以 1979 年 7 月~1987 年 12 月的 91 家公司的 1 252 次业绩预告为样本分析不同业绩预告类型的股市的表现，经过统计检验后得出结论：盈利预告具有信息含量、盈利预告的信息含量小于盈利公告、不同盈利预告形式之间不存在显著差异、中期预告比年度预告更富有信息含量等；科莱尔和约恩（Coller and Yohn，1997）以 1988~1992 年美国上市公司的 278 个盈余预告公司为样本进行实证研究，研究的时间单位包含月、日，结果发现，业绩预告有利于减少信息不对称问题和保护中小投资者的利益；赵宇龙和王志台（1998），陈晓等（1999）、薛爽（2001）等也对业绩预告的信息含量和市场反应做了一些研究。于是，笔者提出了如下假设。

假设 1-4：考评是否包含市场收益率波动信息。

假设 1-5：考评是否包含有利用内幕消息信息。

最后，是关于业绩预告内容的准确程度的研究。比较权威的是巴金斯基和哈塞尔（1999）的研究，他们实证研究了公司业绩预告的准确程度与哪些因素有关，得出这样的结论：业绩预告时间离正式盈余公告的时间越短，预告越准确，说明预告的准确程度与公告的时间间隔相关；坏消息并不显著的比好消息更不准确；如果一个公司有更多的分析师对其进行分析，说明市场寻求私人信息的动力越大，公司业绩预告越准确；大公司的盈余预告倾向于不准确（薛爽，2001）。因此，得出如下假设。

假设 1-6：考评是否包含公司信息准确性信息。

## 第三节　研究设计

### 一、变量的设计与衡量

本书研究的目的是验证深交所信息披露考评数据所包含的信息内容是否

在任何时刻和任何条件下都可以真正地反映出及时性、准确性、完整性、合法性这些方面的信息，以便投资者正确运用学者的研究成果来正确地和理性地投资，从而达到保护自己的目的。为了达到验证目标，我们设计了以下代理变量（见表1–1）。

表1–1　　　　　　　　　　被解释变量和控制变量的定义

| 变量类型 | 变量名称 | 变量符号 | 变量含义及描述 |
| --- | --- | --- | --- |
| 因变量 | 上市公司信息披露质量 | score1 | 深交所考评结果，1、2、3、4分别代表评价的优秀、良好、及格和不及格 |
| 解释变量 | 公司的规模 | lnasset | 年度末公司总资产的自然对数值 |
| | 公司的业绩 | roe | 用年末净利润/年末股东权益 |
| | 审计报告的类型 | opitypeflg | 1 = 标准无保留意见，2 = 带强调事项段的无保留意见，3 = 保留意见，4 = 带强调事项段的保留意见，5 = 否定意见，6 = 无法表示意见 |
| | 收益的波动性 | $CAR^2$ | 短期超额收益的平方 |
| | 内幕消息中获利的指标 | benefit | 短期超额收益率（CAR）≥0，benefit = 1；短期超额收益率（CAR）<0，benefit =0； |
| | 预告内容是否正确 | ture | 预测方向与净资产收益率变化（$\Delta ROE$）的方向相同，表示正确，用1表示；相反，表示不正确，用0表示 |
| 控制变量 | 财务风险 | debt | 年度末公司的资产负债率 |
| | 预告年度 | year08、year09 | 年度哑变量，以2007年为基准，设置year08、year09两个变量 |

1. 上市公司信息披露质量的度量。在以往的研究中出现过许多上市公司信息披露质量的代理变量，其中，李馨弘（2007）采用内容分析法，通过构建内部控制信息披露指数（internal control disclosure index，ICDI）来衡量上市公司的信息披露水平，即对若干个项目进行评分，然后得出总分，分的多少代表信息披露质量的高低；也有一些机构通过自己创建的指标来进行评价，如普华永道（PWC）2001年发布的"不透明指数"、标准普尔的透明度和披露评价体系（T&D）、国际财务分析和研究中心（CIFAR）的信息披露评价体系以及美国投资管理和研究协会（AIMR）的披露指数等（张程睿和王华，2006）；张程睿（2008）认为深交所考评数据采用最能体现透明度差

异的优秀和不及格两类等级对公司透明度进行分类量化，以 TRAN 代表公司透明度，并假定优秀等级公司透明度较高（TRAN = 1），不及格公司透明度较低（TRAN = 0）；张程睿和王华（2007）以深交所考评数据作为信息透明度代理变量研究市场反应；等等。本书的目的就是验证深交所的考评数据作为信息质量代理变量的包含信息内容，因此，也采用深交所考评数据（用score1 表示）作为上市公司信息披露程度的代理变量，分别用1、2、3、4 代表评价的优秀、良好、及格和不及格。

2. 公司规模的度量。瓦茨和齐默尔曼（Watts and Zimmerman，1978）用总资产的自然对数（lnasset）作为公司规模的度量。大量的权威文献采用此做法，我们也将它作为代理变量。

3. 公司的业绩。一般公司业绩越好，其净资产收益率越高，因此，我们使用净资产收益率（roe）作为公司业绩的代理变量。

4. 是否有违规性操作。由于不同审计报告的类型代表了公司不同的问题所在，我们用审计报告的类型（opitypeflg）作为是否存在违规性操作以及违规操作的严重程度（1 = 标准无保留意见，2 = 带强调事项段的无保留意见，3 = 保留意见，4 = 带强调事项段的保留意见，5 = 否定意见，6 = 无法表示意见）。

5. 收益的波动性。一般而言，收益波动性越大，股价变动越激烈，我们用累积超额收益率的平方（$CAR^2$）来描述。

6. 反映从内幕消息中获利的指标。如果一个投资者拥有内幕消息，则会获得超额的利润，反映在市场上则会导致市场的波动。内幕消息越多，则业绩预告前后的收益波动越剧烈，因此，我们用累积超额收益率（CAR）的正负来作为是否从内幕消息中获利；如果 CAR ≥ 0，表示从内幕消息中获利；CAR < 0，表示没有能从内幕消息中获利。该指标我们用 benefit 表示。

7. 预告的内容是否正确。我们用预测方向与实际结果是否一致来考察预测方向与结果的相关性，因此，我们用预测方向与净资产收益率变化（ΔROE）的变动方向之间的关系来表示，如果方向相同就表示正确，方向相反就表示不正确（该指标用 ture 表示，正确的用 1 表示，不正确的用 0 表示）。

## 二、研究方法

本书采用事件研究法（Binder，1998）。把业绩预告作为重大事件，以业绩预告信息发布前后一段时间内（研究中我们选用的时间窗口为 [ −3、+3]，业绩预告当天定义为事件日）股价的变动情况作为研究对象，计算该事件窗口内的累计非正常收益率。然后运用该累计非正常收益率去反映市场对特定公司的信息反应程度，根据公司的反应表现以及公司自身的特征去验证深交所发布考评报告的准确性。

文献中记载的超额收益率的计算模型主要有三种：常数均值收益模型、市场模型和市场调整模型。国内外很多学者将这三种方法的估值结果进行了比较，结果都表明使用均值收益模型的方法要稍差一些。但是考虑到我国股票市场的特征，而且本书选择事件窗口为 7 天的短窗口，加上投资者的并非完全理性的现实特征，本书采用常数均值收益模型进行股票价格超额收益率的计算。

（一）正常收益率的计算

通过上面的原因阐述，直接以流通市值加权平均市场日收益率作为本期收益率的预测值，即：

$$E(R_{it}) = R_{imt}$$

其中，$E(R_{it})$ 为股票在 t 时刻的正常收益率，$R_{imt}$ 为股票 i 在 t 时刻的流通市值加权平均市场日收益率。

（二）超额收益率的计算

在计算出股票正常收益率的基础上，对于超额收益率，我们按照以下步骤进行计算。日超额收益率 $AR_{it}$ 的计算公式如下：

$$AR_{it} = R_{it} - E(R_{it})$$

其中，$AR_{it}$ 为股票 i 在 t 时刻的超额收益率，$R_{it}$ 为股票 i 在 t 时刻的实际收益率，$E(R_{it})$ 为股票在 t 时刻的正常收益率。

对于每一个样本总体平均日超额收益率 $AAR_{it}$ 为：

$$AAR_{it} = \left( \sum_{i=1}^{n} AR_{it} \right) \div n$$

为了反映上市公司年度业绩预告在发布日后影响股票价格的全过程，计算累计超额收益率 CAR，计算公式如下：

$$CAR_t = \sum_{t=t_1}^{t_2} AAR_t \quad t \in [-7, 7]$$

其中，$CAR_t$ 为 $t_1$、$t_2$ 时刻累计平均超额收益率。

为了验证计算结果的显著性，本书采用 T 值检验方法。

## 三、模型设计

在选择了研究变量后，笔者建立以下多元线性回归模型：

score1 = f ( lnasset、roe、opitypeflg、$CAR^2$、benefit、ture、debt、year08、year09、$\varphi$ )

各个变量的解析见表 1 − 1，其中，$\varphi$ 为随机扰动项，预告年度（year08、year09）和财务风险（debt）为控制变量。

## 四、样本构成及数据来源

（一）研究样本

本书选取在深交所 2007 ～ 2009 年有考评结果的公司作为研究样本，对样本作出以下的筛选后得到我们整理的样本。其中，各个步骤保留的样本数量如表 1 − 2 所示。

（1）收集 2007 ～ 2009 年在深交所有考评的数据；

（2）删除考评中没有发生业绩预告（业绩预告只采用预增和预降数据，且预增降幅度在 50% 以上的，因为它们的反应更为明显）的样本（并保留此结果作为样本 1）；

（3）删除没有数据的样本（并保留此结果作为样本 2）；

（4）删除没有审计数据的样本（并保留此结果作为样本 3）。

表 1 − 2　　　　　　　　　　样本收集和整理过程表

| 步骤 | 样本个数 | | | | | | | | | | | | | | | | | | | |
| --- | --- | --- | --- | --- | --- | --- | --- | --- | --- | --- | --- | --- | --- | --- | --- | --- | --- | --- | --- | --- |
| | 2007 年 | | | | | 2008 年 | | | | | 2009 年 | | | | | 合计 | | | | |
| | 优秀 | 良好 | 及格 | 不及格 | 小计 | 优秀 | 良好 | 及格 | 不及格 | 小计 | 优秀 | 良好 | 及格 | 不及格 | 小计 | 优秀 | 良好 | 及格 | 不及格 | 总计 |
| 1. 收集深交所考评数据 | 42 | 232 | 192 | 22 | 488 | 79 | 450 | 203 | 17 | 749 | 97 | 550 | 147 | 18 | 812 | 218 | 1 232 | 542 | 57 | 2 049 |
| 2. 匹配业绩预告后的数据 | 11 | 36 | 15 | 3 | 65 | 10 | 74 | 18 | 0 | 102 | 18 | 65 | 12 | 1 | 96 | 39 | 175 | 45 | 4 | 263 |

| 步骤 | 样本个数 | | | | | | | | | | | | | | | | | | | |
|---|---|---|---|---|---|---|---|---|---|---|---|---|---|---|---|---|---|---|---|---|
| | 2007 年 | | | | | 2008 年 | | | | | 2009 年 | | | | | 合计 | | | | |
| | 优秀 | 良好 | 及格 | 不及格 | 小计 | 优秀 | 良好 | 及格 | 不及格 | 小计 | 优秀 | 良好 | 及格 | 不及格 | 小计 | 优秀 | 良好 | 及格 | 不及格 | 总计 |
| 3. 匹配其他变量后的数据 | 11 | 36 | 15 | 3 | 65 | 10 | 73 | 18 | 0 | 101 | 18 | 65 | 12 | 1 | 96 | 39 | 174 | 45 | 4 | 262 |
| 4. 匹配审计数据后的数据 | 11 | 36 | 15 | 3 | 65 | 10 | 73 | 18 | 0 | 101 | 18 | 65 | 12 | 1 | 96 | 39 | 174 | 45 | 4 | 262 |

## （二）数据来源

本书所用的财务报表数据、业绩预测数据、审计数据以及非正常收益率计算数据均来自国泰安 CSMAR 数据库，深交所年度信息披露考评等级数据从深圳证券交易所的官方网站收集，其他部分数据通过 Stata 软件和 Excel 计算得到。

# 第四节　模型分析与检验

为了充分挖掘深交所考评数据所包含的信息，本书在实证研究环节先对变量进行描述性统计和单因素检验，然后利用考评数据与各个变量之间的关系建立回归方程，对考评数据包含的信息结构进行详细分析。

## 一、变量的描述性统计

收集样本数据，经过几个步骤之后得到的样本观测值如 Binder 所示。2006 ~ 2009 年，匹配业绩预告数据后得到的观测值与匹配其他解释变量和控制变量后的观测值只减少了一个（2008 年考评为良好和及格的各一个），样本个数比较少主要是因为本研究选择的预告为预增或者预减在 50% 以上的，反映比较明显，因此大量缩减了研究样本。

现在利用剩存的 262 个样本作描述性统计（见表 1 - 3）。

表 1-3　　　　　　　　　　各变量的描述性统计

| 变量 | 信息披露质量 | 观测值 | 均值 | 标准差 | 最小值 | 最大值 |
|---|---|---|---|---|---|---|
| lnasset | 1 | 39 | 21.98 | 1.068 | 20.23 | 24.18 |
| | 2 | 174 | 21.20 | 0.986 | 19.23 | 24.78 |
| | 3 | 45 | 21.42 | 0.933 | 19.76 | 23.92 |
| | 4 | 4 | 21.19 | 0.428 | 20.65 | 21.68 |
| roe | 1 | 39 | 0.476 | 0.182 | 0.103 | 0.801 |
| | 2 | 174 | 0.431 | 0.197 | 0.0329 | 0.891 |
| | 3 | 45 | 0.461 | 0.205 | 0.0686 | 0.890 |
| | 4 | 4 | 0.480 | 0.338 | 0.179 | 0.773 |
| opitypeflg | 1 | 39 | 1 | 0 | 1 | 1 |
| | 2 | 174 | 1 | 0 | 1 | 1 |
| | 3 | 45 | 1.022 | 0.149 | 1 | 2 |
| | 4 | 4 | 1 | 0 | 1 | 1 |
| $CAR^2$ | 1 | 39 | 0.00865 | 0.0116 | $4.41e-06$ | 0.0537 |
| | 2 | 174 | 0.00801 | 0.0132 | 0 | 0.0832 |
| | 3 | 45 | 0.00685 | 0.0124 | 0 | 0.0703 |
| | 4 | 4 | 0.00171 | 0.00169 | 0.000392 | 0.00398 |
| benefit | 1 | 39 | 0.590 | 0.498 | 0 | 1 |
| | 2 | 174 | 0.529 | 0.501 | 0 | 1 |
| | 3 | 45 | 0.489 | 0.506 | 0 | 1 |
| | 4 | 4 | 0.500 | 0.577 | 0 | 1 |
| ture | 1 | 39 | 0.282 | 0.456 | 0 | 1 |
| | 2 | 174 | 0.529 | 0.501 | 0 | 1 |
| | 3 | 45 | 0.378 | 0.490 | 0 | 1 |
| | 4 | 4 | 0.250 | 0.500 | 0 | 1 |
| debt | 1 | 39 | 0.181 | 0.0917 | 0.00594 | 0.398 |
| | 2 | 174 | 0.134 | 0.197 | $-0.466$ | 2.169 |
| | 3 | 45 | 0.115 | 0.165 | $-0.172$ | 0.652 |
| | 4 | 4 | 0.168 | 0.0949 | 0.0267 | 0.225 |

| 变量 | 信息披露质量 | 观测值 | 均值 | 标准差 | 最小值 | 最大值 |
|------|------|------|------|------|------|------|
| year08 | 1 | 39 | 0.256 | 0.442 | 0 | 1 |
| | 2 | 174 | 0.420 | 0.495 | 0 | 1 |
| | 3 | 45 | 0.400 | 0.495 | 0 | 1 |
| | 4 | 4 | 0 | 0 | 0 | 0 |
| year09 | 1 | 39 | 0.462 | 0.505 | 0 | 1 |
| | 2 | 174 | 0.374 | 0.485 | 0 | 1 |
| | 3 | 45 | 0.267 | 0.447 | 0 | 1 |
| | 4 | 4 | 0.250 | 0.500 | 0 | 1 |

注：本表为本书研究所涉及变量的描述性统计结果，分别包含各个变量的样本数（Obs）、均值（Mean）、标准差（Std. Dev）、最小值（min）以及最大值（max）。

在表 1 - 3 中，当只看均值（Mean）时，随着考评结果的变差（由 1 变化到 4 时），除了 $CAR^2$、benefit、ture、year09 呈现出由大到小或者由小到大排列外，其他的均没有什么规律性的变化。但是从标准差（Std. Dev）角度看，lnasset 递减，roe 及 benefit 递增。结合均值与标准差一起分析，便可以说明深交所考评数据包含关于 nasset、roe、_opitypeflg、$CAR^2$、benefit、ture 的信息，但是包含的程度没有完全说明，有待进一步分析，因此它与本书提出的 6 条假设基本相符。

## 二、回归结果与分析

现在我们对模型进行回归，回归分 7 种方式进行（见表 1 - 4），目的是考察单个变量和组合变量表现出来的信息是否反映于深交所的考评之中。

首先，从调整后的决定系数来看，7 个回归方程的决定系数分别是 0.042、0.038、0.013、0.029、0.019、0.013 和 0.013，解析程度都是很少的，这就反映了深交所的考评数据表现在模型中的信息特征不是那么明显，它所包含的规模大小信息、业绩优劣信息、是否有违规信息、市场收益率波动信息、内幕消息信息和信息准确性信息是很有限的。

其次，从解释变量来看，在回归中，全变量回归的模型（1）与单独对规模回归的模型（2）中的规模因素对考评数据在 5% 和 1% 的水平上负显著，说明公司规模越大，考评得分越少，亦即评价越好，这就在假设 1 - 1

中关于是否包含规模因素得到了肯定的回答；另外，在对是否有违规信息的单独回归中，模型（4）的审计意见类型在 5% 的水平上显著，整体回归中在 10% 的水平上正显著；其他的模型在回归时，业绩优劣信息、市场收益率波动信息、内幕消息信息和信息准确性信息表现不显著。然后看各个回归系数的符号，lnasset、$CAR^2$、benefit 在单个与总体回归中都为负，opitypeflg、ture 在单个与总体回归中都为正，roe 在单个与总体回归中表现出不同的符号，因此可以说明考评分数与规模、市场收益率波动、内幕消息信息负相关，与公司是否违规、预告信息的准确性正相关，与公司的业绩关系不稳定。也就是说，考评越好，一般规模越大，股价变动越不激烈，违规操作的可能性越小，这些与以往的研究结论基本一致。但是该回归结果也反映出考评越好，越容易从内幕消息中获取超额利润，预告越不正确，这些与以往的研究有所不同。考评分数与业绩关系不明确，验证了考评与业绩没有多大的关系——业绩好不一定考评好，业绩差也不一定考评就差。

再次，从控制变量来看，debt 与年份表现出显著性，说明考评等级受到财务分析和年度的影响比较大，这表明了选择这两个变量作为控制变量的准确性和必要性。

最后，我们对照前面说的 6 大假设发现，深交所考评所包含的信息成分是有限的，如果要用它来判断或者代表某些信息特征的话要谨慎处理和寻找有用的控制变量。

表 1-4　　　　　　　深交所考评数据的信息成分回归结果

| 变量 | 模型（1）score1 | 模型（2）score1 | 模型（3）score1 | 模型（4）score1 | 模型（5）score1 | 模型（6）score1 | 模型（7）score1 |
|---|---|---|---|---|---|---|---|
| lnasset | - 0. 106 ** ( - 2. 50) | - 0. 101 *** ( - 2. 66) | | | | | |
| roe | 0. 0755 (0. 34) | | - 0. 0883 ( - 0. 44) | | | | |
| opitypeflg | 1. 197 * (1. 89) | | | 1. 298 ** (2. 09) | | | |
| $CAR^2$ | - 3. 931 ( - 1. 29) | | | | - 4. 003 ( - 1. 32) | | |
| benefit | - 0. 00124 ( - 0. 02) | | | | | - 0. 0326 ( - 0. 41) | |

| 变量 | 模型（1）score1 | 模型（2）score1 | 模型（3）score1 | 模型（4）score1 | 模型（5）score1 | 模型（6）score1 | 模型（7）score1 |
|---|---|---|---|---|---|---|---|
| ture | 0.0174 (0.23) | | | | | | 0.0289 (0.38) |
| debt | −0.421* (−1.90) | −0.353 (−1.65) | −0.368* (−1.70) | −0.458** (−2.09) | −0.360* (−1.67) | −0.356 (−1.62) | −0.370* (−1.71) |
| year08 | −0.172 (−1.61) | −0.172* (−1.70) | −0.119 (−1.17) | −0.117 (−1.18) | −0.105 (−1.06) | −0.0963 (−0.92) | −0.113 (−1.13) |
| year09 | −0.309*** (−2.91) | −0.277*** (−2.76) | −0.236** (−2.30) | −0.245** (−2.46) | −0.244** (−2.42) | −0.217** (−2.13) | −0.228** (−2.27) |
| _cons | 3.343*** (2.96) | 4.430*** (5.32) | 2.276*** (16.73) | 0.949 (1.53) | 2.264*** (24.77) | 2.237*** (24.98) | 2.218*** (23.97) |
| N | 262 | 262 | 262 | 262 | 262 | 262 | 262 |
| adj. $R^2$ | 0.042 | 0.038 | 0.013 | 0.029 | 0.019 | 0.013 | 0.013 |

注：本表为考评数据的信息成分的回归结果，小括号里面为 t 值，*、**、*** 分别表示估计系数在 10%、5% 和 1% 的水平上显著。这里的模型（1）为 score1 = f( lnasset、roe、opitypeflg、$CAR^2$、benefit、ture、debt、year08、year09、φ)，score1 分别对应前 6 个变量和控制变量回归模型，即模型（2）至模型（7）。

## 三、稳健性检验

为了验证研究的准确性，考虑到我们采取的窗口是［−3、3］，可能业绩预告的信息还没有完全表现出来，从而影响我们的研究结论，于是我们重新选择了窗口作为验证，分别为［−5、5］、［−10、10］、［−15、15］、［−20、20］、［−25、25］、［−30、30］。稳健性检验回归结果与窗口［−3、3］的回归结果一样。

# 第五节　结论与研究意义

本书以预增和预减在50%以上的业绩预告数据为样本构建模型，验证了学者们常用的信息成分变量在深交所考评等级中的体现程度。结果发现，考评数据在模型设计的变量中除了体现较为显著性特性的规模信息和是否违规信息外，其他的信息成分很少，为今后学者们谨慎选择深交所考评数据作为某些信息成分的代理变量提供了启示，为他们在运用深交所考评等级作为代理变量时选择控制变量等方面提供了事件基础。但是本书只是研究了学者们常用的信息成分变量，而没有详细地罗列出所有的信息成分变量，因而它只是一个提示，并未精确地描述出深交所考评数据的具体的信息特征，需要以后使用更好的研究方法去挖掘考评数据的信息成分。

| 第二章 |

# 信息有用研究：基于财务重述的分析

## 第一节 引 言

### 一、研究背景和研究意义

经济的高速发展要求会计信息提供者给信息需要者提供一般决策需要的信息和做出特殊决策需要的信息，满足不同决策主体的决策需要。财务会计报表作为一项主要的信息提供载体，不断受到来自信息使用者和其他信息提供者的挑战，怎样完善和提供对决策有用的会计信息成为理论界和实务界探索的重要课题。在探索过程中，实务界开始探索以"预测—决策—修正"为指导思想的财务报表公布形式，产生了"业绩预告""年报""财务重述"等多种财务信息表现形式，满足不同的信息使用者决策需要。根据"资本市场有效论"，业绩预告、年报和财务重述的公布结果都会引起资本市场的价格波动。已有研究文献表明，财务重述产生的市场反应多种多样，而且财务重述发生的次数和发生的频率越来越高，公司发布财务重述的目的和动机存在多样性。

鉴于此，本章以"财务重述的信息含量"为研究对象，探讨在"财务重述"背景下是否存在企业盈利操纵行为，为决策者有效决策、信息监督部门完善监督体系从而提高信息透明度提供经验数据。

因此，本章研究具有十分重要的理论意义和现实意义。

第一，国内外对财务重述报告的市场反应研究主要依据重述事件的性质和重述内容差异性的角度研究市场反应。对于财务重述背景下的盈利管理的研究，尤其针对中国的证券市场，还很缺乏。本章基于中国证券市场对此问题进行了分析，希望能够弥补这方面的不足。

第二，国内外学者在对会计差错更正的内容进行分类时，一般将其归纳为：收入重述、成本或费用重述、长期投资损益调整、税务相关和其他内容等几个常见大类。本章从财务重述所阐述内容是好消息还是坏消息入手，从两个角度研究财务重述的信息含量，一是论证财务重述政策的积极效应，二是揭露财务重述外衣下企业的操纵行为。

第三，在对中国证券市场进行研究时，大部分学者所选用的是2004年及以前的年报重述数据，由于中国证券市场还处在发展的初级阶段，我国资本市场无法对比国外发达国家的资本市场，受《企业会计准则》的影响，这些数据所得出的结论在普遍适用性上可能存在不足，因此，本章选取了2007~2010年所有的财务重述数据进行分析，从而提高样本的代表性能力。

第四，论证财务重述的信息含量的积极效应和揭露财务重述背景下企业的操纵行为不仅在学术上有很大的理论意义，而且有助于提高上市公司的信息披露质量、加强投资者保护，对于证券监管机构制定政策具有借鉴意义。

第五，对上市公司而言，本章研究将有助于上市公司明确重述事件的不利影响，降低上市公司通过财务重述进行利润操纵的动机；对投资者而言，将有助于提高投资者对上市公司财务重述的关注度，辨别其中信息含量以及信息含量不显著的原因，挖掘企业的信息释放方式，为其作出正确的投资决策提供参考；对证券监管机构而言，将有助于证券监管机构更深入地了解财务重述的市场影响，制定更加合理的财务重述公告制度，提高证券市场的信息质量。

## 二、财务重述及其信息含量的概念界定

### (一) 财务重述的含义

美国会计原则委员会（APB）在第20号意见书《会计变更》中规定，对于公众公司已经披露的财务报告中存在的会计原则应用错误、计算错误、忽视或误用财务报告日已经存在的事实差错时，必须进行财务重述。对于会计政策变更可以不对财务报告进行重新表述，只要求公司对会计政策变更的累积影响数采用追溯调整的方法调整期初留存收益和其他相关项目。

美国财务会计准则委员会（FASB）认为财务重述是修正前期发布的财

务会计报告并反映报告中错误更正情况的过程。

中国证监会在 2004 年 1 月 6 日发布的《进一步提高上市公司财务信息披露质量的通知》中要求注册会计师对上市公司进行审计时应适当关注企业会计差错更正的原因、处理与披露，对于滥用会计差错更正的情况要进行纠正。

2007 年 1 月 1 日，我国在企业会计准则中提出了"前期差错"重述应当采用的更正方法以及更正要求。前期差错通常包括计算错误、应用会计政策错误、疏忽或曲解事实及舞弊产生的影响以及存货、固定资产盘盈等。

2010 年 1 月 11 日，证监会发布《公开发行证券的公司信息披露编报规则第 15 号——财务报告的一般规定（2010 年修订)》，该规定明确阐述了本期发现的前期会计差错可以采用追溯重述法或未来使用法进行处理，采用追溯重述法处理的，应披露前期会计差错内容、批准处理情况、受影响的各个比较期间报表项目名称以及累积影响数；采用未来适用法处理的，应披露重大会计差错更正的内容、批准处理情况、采用未来适用法的原因。

综上所述，我们可以看出相关部门关于财务重述的理解是基于前期差错的纠正，他们经历了从不披露到必要情况下的强制性披露的过程，但是实质上均是对已经发布的财务会计报告进行补充说明或者修正，具体内容并没有本质的差异，所以本章把财务重述定义为：上市公司在迫于自身动力或者外界压力的情况下，自愿或被强制地对以往会计年度报表披露中存在的错误进行的更正公告或存在的遗漏进行的补充公告。

（二）财务重述的信息含量

信息披露旨在缓解资本市场中各参与主体之间的信息不对称，维护资本市场信息的公平、公开和公正，保护投资者的合法权益。当上市公司发布财务重述公告时，理性的投资者和信息需求者会进行如下的思考：一是上市公司为什么会发布财务重述信息；二是财务重述信息对公司的业绩有什么影响。

在一个有效市场里面，所有财务重述所包含的信息就会全部或者部分地反映于证券的价格之中，因此，如果财务重述事件具有信息含量，就会引发投资者对股票未来盈余和回报的预期作出调整，通过选择购买或者抛出上市公司的股票来影响资本市场的供给与需求，对财务重述公告作出迅速反应。

西方会计界的实证研究结果普遍支持弱式和半强式的市场有效性，而强式的市场有效性没有得到充分的证据。关于国内学者对我国证券市场有效性的检验研究，大多学者认为我国的证券市场已经达到弱式有效或接近半强式有效，这也反映我国证券市场基本能够对历史信息和公开信息进行反映，市场价格基本能够对财务重述信息作出一定的反应。

因此，本章对财务重述的信息含量的研究以市场有效假说为基础，以财务重述公告发布前后引起资本市场的反应来度量其信息含量，财务重述的信息含量包含财务重述公告前的预期效应（用 preCAR 表示）、公告发布时的公告效应（用 nowCAR 表示）和公告发布后的披露效应（用 afterCAR 表示）。如图 2-1 所示，0 时刻表示财务重述公告日，预期效应是指财务重述公告日前 $t_1$ 至公告日前一天所产生的市场效应，公告效应是指财务重述公告日所产生的市场效应，披露效应是指财务重述公告日后 1 天至 $t_2$ 天所产生的市场效应。

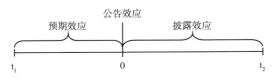

图 2-1　财务重述的信息含量的度量

## 三、财务重述制度在我国的发展

近年来，无论是证监会还是沪深交易所对我国财务重述现象都给予了充分的关注，并颁布了一系列规定以规范上市公司的重述行为。按照财务重述的具体事件和相关法律法规的完善过程，本章将我国财务重述制度的发展过程大致划分为三个阶段。

第一阶段是财务重述制度的萌芽阶段（1999~2003 年）。该阶段以《企业会计准则——会计政策、会计估计变更和会计差错更正》（2001 年修订）的颁布实施为标志①。该规定首次明确规定了本期发现的与前期相关的非重大会计差错和重大会计差错，分在影响损益和不影响损益的条件下应该调整的内容和采取的更正方法，以提高会计信息的有用性，保护投资者的利益。

第二阶段是财务重述制度的发展阶段（2003~2007 年）。该阶段以证监

---

① 1999 年 10 月 10 日《中国证监会关于提高上市公司财务信息披露质量的通知》提及对会计政策、会计估计变更对审计报告的要求。2000 年 12 月 29 日，财政部发布了《企业会计制度》第一百三十六条，在《企业会计准则——会计政策、会计估计变更和会计差错更正》的基础上补充规定企业滥用会计政策、会计估计及其变更，应当作为重大会计差错予以更正。

会 2003 年 12 月 1 日发布的《公开发行证券的公司信息披露编报规则第 19 号——财务信息的更正及相关披露》为标志。它严格规定了更正后的财务信息的格式要求（第四条），并明确要求对以前年度已经公布的年度财务报告进行更正需要聘请相关资格的会计师事务所对更正后的年度报告进行审计（第五条），并且要求更正后的财务报表中受更正事项影响的数据应以黑体字显示。

其中，2004 年 1 月 6 日，证监会发布了《进一步提高上市公司财务信息披露质量的通知》，明示企业经理层应向董事会提交详细说明差错的原因、内容及影响的书面材料，董事会应对差错更正作出专门决议和正确的会计处理。注册会计师审计时应适当关注企业会计差错更正的原因、处理与披露，对于滥用会计差错更正的情况要求纠正；《中华人民共和国证券法》对上市公司及相关人员对于年度报告中虚假记载、误导性陈述或者重大遗漏导致投资者遭受损失的赔偿责任作出了规定，从法律的高度保护投资者。

第三阶段是财务重述制度的成熟阶段（2007 年之后）。该阶段以 2007 年 1 月 1 日开始施行的《企业会计准则第 28 号——会计政策、会计估计变更和会计差错更正》为标志，并提出，企业应当在重要的前期差错被发现的当期财务报表中调整前期相关数据。随后又公布了系列文件，推动财务重述制度走向成熟。

2009 年 4 月 3 日，证监会发布《关于加强上市证券公司监管的规定》，指出如果企业向社会公开披露和向监管部门报送的年度报告中存在重大数据差异，企业应当以临时报告方式及时进行披露并充分说明产生差异的原因。

2010 年 1 月 11 日，证监会发布《公开发行证券的公司信息披露编报规则第 15 号——财务报告的一般规定（2010 年修订)》，规定本期发现的前期会计差错可以采用追溯重述法或未来使用法进行处理，采用追溯重述法处理的，应披露前期会计差错内容、批准处理情况、受影响的各个比较期间报表项目名称以及累积影响数；采用未来适用法处理的，应披露重大会计差错更正的内容、批准处理情况、采用未来适用法的原因。

尽管证监会和沪深交易所对我国财务重述现象都给予了充分关注，规范上市公司重述行为，但对违法违规的信息披露行为作出的界定不够明确，处罚力度不强，为上市公司管理层利用财务重述扰乱资本市场、追求自我利益提供了制度空间。

## 四、研究思路与研究方法

本章在对国内外关于财务重述文献进行梳理的同时，运用相关理论针对我国上市公司财务重述的现状和存在的问题提出了财务重述市场反应和财务重述与盈余管理方面的假设，主要运用了实证研究财务重述的信息含量，运用单因素检验和多元回归分析法检验年报财务重述公告与盈余管理的关系，运用比较研究法对比财务重述公司不同的重述内容导致市场反应的差异，论证提出的假设，证实财务重述制度具有政策效果的同时也揭示了财务重述制度为上市公司进行盈余管理提供了"温床"的现象，并提出进一步完善财务重述制度的建议，具体研究思路如图 2-2 所示。

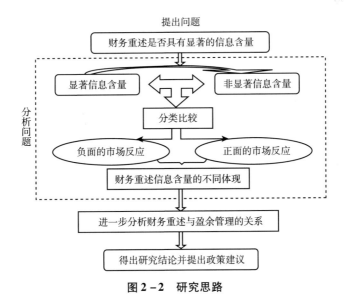

**图 2-2 研究思路**

## 五、研究内容和研究结构

### （一）研究内容

本章以 2007～2010 年沪深上市的所有 A 股上市公司为研究样本，利用事件研究法、多元回归分析法，研究财务重述的信息含量，分析重述制度的效果和揭示财务重述制度外表下的企业操纵行为，并有针对性地提出完善财务重述制度的政策建议。

为达到以上目标，主要做以下分析：分析财务重述公告是否具有信息含量，以验证财务重述公告的政策效果，财务重述公告是否被投资者消化，修正其投资决策；对比分析重述内容不同的公司的市场反应，重点研究重述"好"消息和重述"坏"消息的公司所引起市场反应的差异性，进一步说明财务重述公告具有信息含量；结合已有对财务重述动机的研究，构建多元回归模型，从重述公司对收益重述和应计重述两个方面入手，分析财务重述外表下企业具有操纵利润的行为。

最后，依据前面的分析，得出本章的研究结论，对我国的财务重述制度提出了建议，分析了本章研究的局限性，并提出未来的研究前景。

（二）本章结构

本章在参阅国内外关于财务重述的市场反应以及财务重述背景下的企业操纵行为等文献的基础上，结合我国上市公司财务重述公告的实际情况，采用规范研究与实证研究相结合的方法对财务重述的信息含量进行了深入的研究，并在此基础上深层次研究财务重述背景下的企业操纵行为，以挖掘财务重述信息含量的特有规律。本章的主要研究框架如下。

第一节是引言。介绍了本章的研究背景，提出财务重述的信息含量研究的课题；并简要概括财务重述的含义和财务重述制度在中国的发展，以及研究内容、财务重述信息含量的研究意义和研究思路。

第二节是文献回顾。对国内外财务重述的研究现状进行了综述，比较分析当前国内外研究的重点和研究的盲点，进一步阐述了本章研究的理论意义。

第三节是对本章研究的相关理论基础和所要采用的研究方法的概述。本章对论文研究的理论基础和采用的研究方法进行分析，为后续的研究提供理论支持和方法基础，体现研究的严整性。

第四节是对财务重述的信息含量进行实证分析。从财务重述公告发布前、公布时和公布后三个角度研究市场反应情况，并细分重述内容，从"好消息"和"坏消息"两个方面进行实证检验，论证财务重述公告的政策效果。

第五节是财务重述与盈余管理实证分析。在分析财务重述公告发挥政策效应的同时，构建模型，挖掘财务重述背景下企业的盈利操纵行为，进一步研究财务重述公告的信息含量特征。

第六节得出本章的结论。本节对研究成果进行了总结性的阐述，并对研究的不足进行了说明。

## 六、本章贡献

本章的贡献主要体现在以下方面。

第一，研究范围方面，在以往的研究只把财务重述公告后引起的资本市场的反应作为财务重述信息含量的内容的基础上，本章把财务重述公告前和公告时引起的资本市场的反应也作为财务重述信息含量的构成部分，拓展了信息含量的研究范围。

第二，在研究内容上，在验证财务重述的信息含量中，以往学者都采用异常超额收益率对信息含量进行研究，本章增加观察年报财务重述对超额换手率和收益波动率的影响，使研究更加深化。

第三，从盈余管理研究角度看，以往学者研究财务重述与盈余管理的关系侧重于研究应计操纵的盈余管理或者真实的盈余管理与财务重述的关系，本章综合应计操纵的盈余管理和真实的盈余管理来研究财务重述与盈余管理的关系。

# 第二节　文献回顾

在鲍尔和布朗把实证研究引入会计领域后，多样性的会计信息开始经受客观数据的检验。反映企业财务状况、经营成果和现金流量的财务报告信息不断受到社会的批评和指责，对财务报告的重述信息引起了社会理论界和实务界的广泛关注。特别是自安然、施乐、世通等多家大型跨国公司在财务重述中披露了公司的财务造假丑闻以来，财务重述开始作为一项重要的研究课题激起了学者们的研究热情。自 20 世纪 90 年代以来，上市公司财务重述现象日渐频繁，并成为影响资本市场资源配置和投资者利益保护的重要问题，美国重述公司从 1997 年的 83 家上升到 2005 年 439 家，我国的重述公司也呈现上升趋势，为满足公众对高质量信息需要的要求，提高信息的透明度、保护投资者利益，研究者展开了针对重述课题的多方面研究，产生了大量的研究成果。鉴于国内外的不同研究成果，本章分别从国外和国内两个方面对财务重述的相关研究进行归纳和综述。

## 一、国外研究状况

资本市场在国外发展较为成熟，财务重述现象在国外发生比较早，特别是安然、施乐、世通等多家大型跨国公司在财务重述中披露了公司的财务造假丑闻后，国外专家学者们对财务重述现象更加感兴趣，因此，国外关于财务重述的研究产生了许多成果，且研究视角丰富，主要表现为以下几个方面。

### （一）财务重述的原因研究

已有文献表明，发生财务重述主要分为内部原因和外部原因。

1. 财务重述的内部原因。高管的薪酬契约是企业发生财务重述的基本原因。根据信息不对称理论和委托代理理论，企业高管更倾向于发生追求自身利益甚至以牺牲企业的利益为代价的道德风险，因此，高管的薪酬契约是企业发生财务重述的基本动因，也是引发其他内部动因的总导火线。尽管股权激励可以减少公司代理成本，完善公司治理结构，从而提升公司价值，但股权激励也会诱导管理者的自利行为，损害股东的利益，财务重述可能就是管理者自利行为的结果。实证表明，财务重述公告期间存在内幕交易行为，内部人利用信息优势在财务重述前抛出股票以减少股价未来下跌带来的损失；伯内斯（Beneish）较早地检验了财务重述公司内部人交易行为，发现在财务报告高估盈利期间，这些公司的管理者比配对组公司的管理者更有可能卖出他们的股票和行使股票期权，但是他们没有发现公司高估盈利与违反债务契约或外部债务融资之间的关系，从而得出管理层的自利行为是采取激进会计政策的明显动机的结论；CEO 期权组合对股价的敏感性和财务重述报告的可能性显著相关，而长期激励支出、工资和奖金对股价的敏感性与财务重述的可能性不存在显著的相关关系，持有股权激励的 CEO 更有动机通过财务重述报告影响股价来增加个人财富。

会计确认、计量、记录、报告不符合会计制度和会计准则的要求是财务重述产生的直接原因。美国会计原则委员会在第 20 号意见书《会计变更》中要求企业在发现并纠正前期财务报告差错时应当重新表述以往的财务报告，并把财务重述的处理归纳为计算错误、会计原则运用错误、财务报告公告日已经存在的事实被忽略或者被误用这三大类；美国 2002 年签署的 SOX 法案要求公司首席执行官和首席财务官在定期报告上签署书面证明，保证公司的经营成果与财务状况得到公允的反映，并强化审计委员会对虚假财务报告陈述负有责任。奥厄斯等（Owers et al.，2002）研究了差错、记录不合规定、会计估计、会计政策改变等九类财务重述，发现会计原因引起的财务重述的市场反应是最强烈的，同时发现，针对已公布的法律案件的重新审定导致的财务重述会产生积极的市场反应，这说明最初市场对财务重述的反应过度；德赛等（Desai et al.，2006）发现不正当的收入确认导致的财务重述率达 37%，并导致 −14.89% 的最大负反应，而由不正确的成本确认导致的市场反应也高达 −10.51%；李（Li，2006）选取 1997～2004 年因会计违规导致重述的公司作为样本，从信息的角度来考察内部人交易行为发现，内部人具有信息优势，有动机在重述公告前卖出股票，减少投资的潜在损失：一方面，内部人会尽量选择减少被指控和违反公司政策的交易方式（包括交易时点的选择）；另一方面，内部人利用信息优势，有动机在公告前卖出股票，而在公告后买入股票，以便从中获取正的非常回报。

公司特征与公司治理结构在一定程度上影响财务重述。

一般来说，规模大的公司信誉度比较好，信息披露也比较透明，大公司更可能将财务重述作为信号工具向外界传递公司信息，而小公司的会计系统相对不完善，会计处理有可能出现失误（Ahmed and Goodwin，2007）。因此，公司规模等公司特征对财务重述的影响在理论上并没有获得一致的结论，这得到了实证分析的检验。

财务重述也被认为是低质量的会计制度和会计实践的函数，其背后上市公司治理失效的问题日益凸显。菲罗兹等（Feroz et al.，1991）将中国香港、印度尼西亚等 7 个东亚地区和国家作为研究对象，分析公司所有权结构与会计盈余信息含量的关系，发现会计盈余信息含量与大股东控制权和现金流量权的分离程度显著负相关，当终极控制人的控制权与现金流量权分离时，为了攫取控制权私利，终极控制人会严格控制公司的对外信息披露，从而加剧了终极控制股东与外部中小股东的信息不对称，降低了上市公司会计盈余质量；德肖等（Dechow et al.，1996）的研究发现，审计委员会的存在能够显著降低财务重述的可能性，但是比斯利（Beasley）的研究不支持这一结论。

2. 财务重述的外部原因。资本市场压力是上市公司财务重述的重要外部市场压力。企业进入资本市场就必须接受资本市场的严格检验，因此，关于资本市场准入的资本保全、上市盈利要求、债资比等法律硬性规定成为学者们对财务重述与资本市场压力关系的研究的重要素材，主要表现为以下几个方面。

首先是关于融资需求与财务重述的关系研究。尽管多数学者都认为当企业的盈利达不到融资要求，就可能运用财务重述进行盈余操纵，把融资需求作为财务重述的重要原因之一，但是国际上对融资与财务重述的组合研究却比较少。重述公司对未来盈余增长有更高的市场预期、更高的未偿还负债且高速增长、有更高的外部融资需求，进行盈余操纵的主要动机是获取较低成本的外部融资，重述公司倾向于采用激进的会计处理方法，从而满足市场预期；周晓苏和周琦基于盈余管理动机对财务重述公司进行研究后发现，相对于非重述公司，重述公司的短期经营性应计显著偏高，重述与非重述公司的非经常性损益不存在显著差异，但是伯恩斯和凯迪亚（Burns and Kedia，2006）却没有找到更高的外部融资需求作为管理层盈余管理动机的证据。

其次是关于财务预期与财务重述的关系研究。如果企业业绩没有达到财务预期（包含业绩预告、分析师预测），则可能带来股票价格的负效应，降低公司的声誉，导致公司在业务经营中遭受损失。理查森等（Richardson et al.，2002）的研究显示，市场对于盈余重述公司在未来盈利增长方面给予了更高的期望，因而上市公司管理层迫于资本市场的压力，有动机进行盈余操纵以维持盈利增长或超过预期盈利，上市公司一般会采取激进的会计政策来达到上述目的，而最终导致了更频繁的财务重述。

此外，一些学者从公开上市发行股票动机、避免处罚动机、配股动机、炒作股票动机方面研究财务重述的外部原因。

## （二）财务重述的经济后果研究

财务重述本意在于通过提供更为准确完善的信息来保护投资者，但管理层可能通过财务重述达到自利性目的（Li and Yuan，2006），而且财务重述表明先前财务报告的低质量和不可信（Anderson and Yohn，2002），可能引发投资者对公司财务报告可靠性的质疑和对公司管理者诚信与能力的信任危机。以往文献表现为从财务重述的原因、财务重述的内容、财务重述的发起方向等来研究财务重述的经济后果。研究比较多的是财务重述的市场反应、财务重述的法律诉讼行为、财务重述与管理层变更、财务重述的融资成本以及财务重述的传递效应等。鉴于本章的研究目的，特从市场反应方面对财务重述进行综述。

威尔逊（Wilson，2008）的研究表明，如果是为了更正收入确认错误的重述报表，财务信息含量下降的持续期会更长；李（Li，2006）发现内部人具有信息优势，有动机在重述公告前卖出股票，减少投资的潜在损失；由会计差错引起的财务重述和由会计准则变更引起的财务重述的市场反应的区别显示调减收入的会计差错引起的财务重述具有明显的负面市场反应。这说明财务重述的原因不同，财务重述所引起的市场反应不同。

赫希等（Hirschey et al.，2005）研究发现，在财务重述公告前后 3 天的事件窗内，涉嫌欺诈的重述与未涉嫌欺诈的重述所引起的累计超额收益明显不同，其中，涉嫌欺诈的公司高达 -21.80%，未涉及欺诈的公司为 -7.73%。卡伦等（Callen et al.，2006）的实证结果表明，当重述内容涉及公司收入时，市场反应最为糟糕。

财务重述的发起方不同，市场反应也会不同。帕马洛斯等（Palmerose et al.，2004）的研究发现，由 SEC 所导致的财务重述在宣告日当天及第二天的平均非正常收益为 -4%，而由公司内部发起和由外部审计师发起的财务重述则为 -18% 和 -13%。

（三）财务重述的其他方面的研究

理查森等（2002）分析营运资金变动与财务重述之间的相关性；卡尔波夫等（Karpoff et al.，2007）从法律角度研究财务重述与审计质量的关系研究；卡西亚莲娜（Katsiaryna，2011）把 NASDAQ 市场发生财务重述的上市公司作为低会计信息质量的样本，研究了发生财务重述前一年、重述期间财务信息质量与股票流动性之间的关系。

综上所述，西方发达国家对财务重述这个领域的研究比较广泛，但是对财务重述的信息含量的细化研究和比较研究相对较少，特别是对比业绩预告的分析财务重述的信息含量研究，仅存的文献对此研究结论也不一。西方研究财务重述使用的研究方法几乎都为实证研究方法，运用有效市场假说、信号传递理论、委托—代理理论等构建模型进行分析论证。财务重述是属于会计信息披露范畴的重要内容，面临的环境比理论较为复杂。尽管如此，现有的文献为财务重述研究提供了宝贵的经验和方法论，为后续研究提供了参考。

## 二、国内研究状况

财务重述在国内研究相对于国外要晚得多，鉴于中国自身的特点，我国财务重述和国外相比具有相似点和不同点。虽然财务重述都定义为会计计量、记录、确认和报告出现错误导致对财务报告不可靠性的差错纠正和信息的补充说明，但是我国与国外在法律方面加重公司管理层、企业审计委员会以及外部注册会计师对财务会计报告真实和完整性的相关责任存在显著差异，形成了特有的研究方向。

鉴于此，国内学者对财务重述现象的研究主要集中于财务重述的市场反应、财务重述与外部审计、财务重述与公司治理等方面进行研究，也有部分开始研究我国财务重述与其他地区的差异比较。

（一）财务重述的市场反应研究

关于财务重述的市场反应的研究文献较多，但结论不尽相同，由此产生了财务重述无明显的市场反应和显著市场反应等不确定情形。

魏志华等（2009）以2004～2007年发布年报重述公告的691家公司为样本，研究了我国上市公司年报重述的公告效应。结果表明，重述公告整体而言具有非显著的负面市场反应，且不同类型重述公告的市场反应不同。

陈凌云（2009）以2001～2007年年报发布补充及更正公告的公司作为研究样本，研究发现，年报补充及更正公告是一个具有经济后果的经济行为，市场能够对不同类型的补充及更正公告作出不同的反应，对主动型的补充及更正公告有正向反应、对被动型的补充及更正公告有负向反应。

曾莉（2003）研究了2001年沪市A股所有发生会计差错更正的上市公司会计差错更正的市场传导效应，发现公司年度报告披露前后时窗内的股票交易量和股票交易价格并未存在显著差异。周洋和李若山（2007）以2001～2004年沪深两市上市公司发布的446份补丁公告为样本得出，在事件日（第0天），好消息型补丁公告有显著为正的超常回报，坏消息型补丁公告有显著为负的超常回报，同时，不确定型和无影响型补丁公告都没有表现出显著为正或为负的平均超常回报。

（二）财务重述与外部审计的关系研究

陈丽英（2009）以2004～2007年年报中明确披露审计与非审计费用的

沪深两市 A 股上市公司为研究对象，以财务重述行为的倾向作为审计质量的替代变量，检验了非审计费用与审计质量的关系。结果表明，以费用率表示的非审计费用提高了上市公司重述财务报告的倾向，非审计服务在一定程度上会影响外部审计师的审计质量。但是从马孟君（2006）、周洋（2004）国内财务重述的相关研究可以得出外部审计师会影响上市公司财务重述行为不同反应方向的结论。

曹强（2009）得出财务重述与审计风险评估息息相关，而且不同原因导致的财务重述对审计师风险评估的影响存在显著差异。从会计准则特征到业务复杂性，再到内部控制缺陷，最后到盈余操纵导致的财务重述，其影响程度逐步提高。

### （三）财务重述与公司治理的关系研究

张俊瑞和马晨（2011）以 2005～2009 年中国 A 股上市公司补充与更正报告中出现"会计差错更正"项目的公司为研究对象，以是否发生财务重述为因变量，采用配对样本分析方法考察了股权结构对财务重述的影响。结果发现，股权集中度越高，发生财务重述的概率越低；国有股比例越高，发生财务重述的概率越高；流通股比例越高，发生财务重述的概率越低；管理层持股比例与财务重述之间呈"U"型关系；法人股以及机构投资者抑制财务重述的作用不明显。

何威风和刘启亮（2010）以沪深两市 2003～2007 年上市公司作为研究样本，依据"高层梯队理论"，实证检验了高管背景特征对公司财务重述行为的影响。由此发现：高管团队规模和高管性别与公司财务重述显著正相关，而高管年龄与公司财务重述显著负相关；高管团队与董事长性别差异和年龄差异也对公司财务重述的影响显著正相关；高管团队规模与非欺诈性财务重述显著正相关，高管团队规模和高管性别与非核心业务财务重述显著正相关。

魏志华等（2010）以 2003～2006 年 5 000 多家上市公司为样本，从公司特征、股权结构、内部治理结构、外部治理环境等多个视角，较为系统地剖析了中国上市公司年报重述的影响因素。实证研究表明，影响我国上市公司年报重述的主要因素是股权结构、公司特征和外部治理环境，而内部治理结构对年报重述的约束和影响力较小。

### (四) 关于财务重述的比较研究

万丽平 (2011) 对沪港两市的财务重述进行了比较分析发现：相对于香港资本市场而言，沪市在财务重述监管方面较弱、上市公司利用财务重述进行会计操纵的可能性更大、广大投资者对财务重述的信息反映不足等问题。

张薇 (2006) 对我国和美国财务重述在概念、信息披露、法律后果进行比较研究后发现：两国对财务重述的定义基本一致，但是在财务重述信息披露方式上和法律责任归属上有所区别：美国要求公司在发现已公布的报表存在会计差错时必须重新编制财务报告，而我国是在发现当期调整期初数，不重新编报财务报表；美国建立了保障财务重述得以有效遵循的支撑系统，相应的法律法规都加重了注册会计师、公司审计委员会、公司管理层对财务报告真实、完整所负的责任（刑事责任和民事责任），客观上促使他们发现并纠正财务报告存在的问题，而我国虽有类似的法律法规，但这些条文简略，无法在实践中按照预想的那样进行操作。

万红波和陈婷 (2011) 对财务重述问题的中美异同进行分析发现，中美在财务重述的定义、制度的演进等方面存在明显差异，在财务重述的经济后果与动因方面存在相似性，以期对我国的财务重述问题的研究提出针对性意见。

我国关于财务重述领域的研究转变点在 2006 年。2006 年之前，在研究方法上较多地采用了规范研究，只有少部分文献采用了实证研究。研究财务重述仅仅从公司治理和与外部审计等角度揭示了财务重述公司的普遍特征和外在影响。2006 年后，虽然财务重述的实证文献较多，但是涉及我国上市公司财务重述市场反应以及分析其他公开信息对财务重述的市场反应的影响的文献几乎没有。

## 三、文献研究局限与启示

综上所述，对财务重述的研究，国外学者展开面较广，且取得了丰硕的研究成果，拓展了研究理论和研究方法，值得我们借鉴。但其结论以及实践的指导意义对我国财务报表重述的解释和分析具有一定的局限性：首先，国外资本市场发展程度与我国有显著差异，我国的资本市场开放时间很短，市场有效论在我国市场上有一定的限制；其次，在上市公司的经济环境、制度背景、公司治理的现状等方面，国内外存在差异性；最后，国外关于财务重述的定义和实施与我国也存在很大差异。基于以上三种原因，差异性限制了国外研究结论在中国的适用性。然而在国外，财务重述的信息含量的研究比较成熟，而国内的研究较少，因此在中国这样一个特定的经济环境、制度背景下，借鉴国外的研究方法和研究领域分析我国财务重述的信息含量以及更细致地研究其他信息的披露对财务重述的信息含量的影响，以分析财务重述在我国背景下所表现的独特信息特点具有十分重要的意义。

# 第三节　理论基础

## 一、财务重述信息含量的理论基础

信息含量方面的实证研究的兴起与财务学、西方经济学的发展紧密相关，并且吸收和借鉴了经济学和财务学的基本理论和研究方法。这些基本理论和研究方法主要包含有效市场假说、资本资产定价模型和委托代理理论。

### （一）有效市场理论

有效市场假说是实证会计领域广泛接受和运用的一个理论。芝加哥大学会计家法玛（Fama）在《股票市场价格行为》中提出了市场有效性理论，他认为"在一个证券市场中，如果证券价格能够完全反映所有可能获得或利用的信息，每一种证券的价格永远等于其投资价值，那么就称这样的市场为有效市场"。所谓"完全反应"，即在任意时间内，市场价格均包含了所有的信息，已经调整到与最新信息相适应的水平，因此投资者无法利用拥有可公开获得的信息获取超额利润。如果市场有效性是针对信息集合而言的，那么不同的信息集合就会得到不同程度的有效市场。要达到有效市场必须具备以下四个条件：第一，信息公开的有效性，即有关每一个金融产品的全部信息都能够充分、真实、及时地在市场得到公开；第二，信息从公开到被接收的有效性，即上述被公开的信息能够充分、准确、及时地被关注该种金融产品的投资者所获得；第三，信息接收者对所获得信息作出判断的有效性，即每一个关注该产品的投资者都能够根据所得到的信息作出一致的、合理的、及时的价值判断；第四，信息的接收者依照其判断实施投资的有效性，即每一个关注该产品的投资者能够根据其判断，作出准确、及时的行动。由于信息存在历史交易信息、公开信息和内幕信息三个层次，法玛根据信息层次的不同将市场有效性划分为以下三类。

1. 弱式有效市场。弱式有效市场依据的信息集合为全部历史交易信息。如果在某一个市场上，市场价格能够反映全部历史市场交易信息，则该市场为弱式有效市场。在弱式有效市场上，投资者无法通过对历史数据的分析获得超额收益。

2. 半强式有效市场。半强式有效市场依据的信息不仅包括所有历史的信息，而且包括所有已经公开的信息，亦即现时可公开获得的信息。如果市场价格能够反映全部已经公开的信息，则该市场是半强式有效的。在半强式有效市场上，投资者无法利用公开的分析获取超额利益。

3. 强式有效市场。强式有效市场依据的信息集是指所有与公司有关的信息，包括所有公开的信息和未公开的内幕人所掌握的信息，内幕人掌握的信息即公司内部人员以及政府部门等掌握的但是未予以公开的信息。如果市场价格能够反映所有与公司有关的信息，则该市场就是强式有效市场。在强式有效市场下，市场价格完全反映公司所有的有关信息，换言之，市场价格没有包括在内的信息都是与公司无关的。

因此，我们可以说，在强式有效市场下，信息是完全对称的，任何人都不能隐瞒信息，不能利用信息不对称来获取超额收益。强式有效市场是一种极端的形式，由于信息噪声的存在，这种市场效率只是一种理想中的情况。

从以上论述我们可以看出，法玛对市场有效性的三个分类依据的是信息范围的大小。弱式有效市场的信息是半强式有效市场信息的一部分，半强式有效市场的信息又是强式有效市场的一部分，三种类型市场有效性依次提高。

西方会计界的实证研究结果普遍支持弱式和半强式的市场有效性，而对强式的市场有效性没有得到充分的证据。国内学者对我国证券市场有效性的检验研究，大多也认为我国的证券市场已经达到弱式有效或接近半强式有效，也有学者认为资本市场并不能简单地划分为强式、半强式和弱式有效市场，而是从弱式向强式渐进的相对有效市场，这也反映我国证券市场基本能够反映历史信息和公开信息，市场价格基本能够对财务重述信息作出一定的反映（如股票市场价格的变化），投资者能够在资本市场上识别财务重述公告，并利用重述公告信息进行投资选择，本书研究财务重述的信息含量正是利用市场有效假设和事件研究法来研究财务重述公告引起股票市场价格的变化，为研究在现实的可能性和可行性上提供了理论基础，所以在研究财务重述信息含量之前阐述有效市场理论是十分必要的。

（二）资本资产定价模型

实证会计理论研究市场上的证券价格的变动规律与对市场期望值的估计一般运用一定的模型进行解释。本节利用事件研究法研究财务重述的市场反应，其中，市场期望收益率的计算也是运用一定模型进行估计。这就是西方实证会计理论所述的"资本资产定价模型"。这个模型是由夏普（1964）和林特勒（1965）等会计学家提出来的，旨在表示证券预期收益与风险结构之间的关系。以下是夏普（1964）和林特勒（1965）的资本资产定价模型的推导。

先定义 $R_{jt}$ 为 t 期间内 j 公司股票的就收益率，则：

$$R_{jt} = (P_{jt} + D_{jt} - P_{j,t-1}) \div P_{j,t-1}$$
$$= (P_{jt} + D_{jt}) \div P_{j,t-1} - 1$$

其中，$P_{jt}$ 为 j 公司股票在 t 期末的市场价格，$D_{jt}$ 为 j 公司在 t 期间支付的股利，$P_{j,t-1}$ 为 j 公司股票在期初的市场价格。

现在把收益视为"事后收益"或者"事前收益"，如果我们从 t 期初的立场来计算"预期收益"，可以推导出：

$$E(R_{jt}) = [E(P_{jt} + D_{jt})] \div P_{j,t-1} - 1$$

现在作以下假设，一是在现经济环境中存在一种无风险资产，其收益率为 $R_f$；二是市场是有效的；三是交易费用为 0。由此可以推导出夏普（1964）和林特勒（1965）的资本资产定价模型为：

$$E(R_{jt}) = R_f(1 - \beta_j) + \beta_j E(R_{mt})$$

其中，$R_f$ 为无风险证券资产收益率，$R_{mt}$ 为 t 期间市场组合整体收益率，$\beta_j$ 为证券（股票）j 的风险系数，$E(R_{jt})$ 为证券（股票）j 在 t 时期的预期收益率。

从公式中我们可以发现，资本资产定价模型从事后收益的角度看，它将股票实现的收益分为预期收益和未预期收益两个部分，令 $\alpha_j = R_f \times (1 - \beta_j)$，公式可以变形为 $R_{jt} = \alpha_j + \beta_j R_{mt} + \varepsilon_{jt}$，$\alpha_j + \beta_j R_{mt}$ 表示预期收益，$\varepsilon_{jt}$ 表示未预期或者异常收益。由此形成了后来的市场模型。

根据资本资产定价模型，通过上市公司个别证券的价格或者收益与它的风险之间的简单线性关系，得出一般意义上的"高风险高收益"的结论。有了此理论，我们就可以根据市场收益率估计个股期望收益率，以及运用后来的市场模型来对股票市场的反映进行度量，本节计算财务重述的信息含量时需要计算财务重述公告后证券市场的反映情况，因此该理论为后面利用市场模型估计财务重述的市场含量起了方法论导向作用。

（三）委托代理理论

委托—代理理论是公司治理的核心问题。杰森和麦克林于1976年提出的"企业理论"和"代理人理论"对实证会计理论产生了重要影响。他们把现代公司产生的委托代理问题描述为：以委托代理双方利益最大化为出发点，委托人可以通过建立恰当的机制来减少代理人的越轨行为的程度，但是机制设计本身会产生成本，使得委托人的利益受到损失，这种损失称为"剩余损失"。法玛（1980）提出了与杰森和麦克林（1976）不同的治理机制——经理人劳动市场。在有效市场假说条件下，公司任何由于经理个人的原因导致的效率低下的信息都会传递给经理人市场，从而降低经理人的人力资本价值，导致经理的机会主义行为。由于委托代理关系的存在，经理人为了获取更高的超额报酬和闲暇时间，他们可以运用多种技术手段（如财务重述和业绩预告）影响决策者或者为财务报表数据提供逃避经济管理责任的原因解说。

企业管理者作为董事会的代理人，代理管理公司事务，受利益的驱动，他们将可能利用各种手段操纵企业利润，美化财务报表，呈现给董事会和监管部门对他自身来说最有利的报表。委托代理理论为本节进一步研究财务重述背后的企业盈余操纵提供了理论基础。

## 二、事件研究法

（一）事件研究法简介

事件研究法研究在实证会计领域已经得到了广泛的运用。赫希等（2005）利用事件研究法发现，在财务重述公告前后3天的事件窗内，涉嫌欺诈的重述与未涉嫌欺诈的重述所引起的累计超额收益明显不同，其中，涉嫌欺诈的公司高达 - 21.80%，未涉及欺诈的公司为 - 7.73%；帕马洛斯等

（2004）利用事件研究法研究发现，由美国证券交易委员会（SEC）所导致的财务重述在宣告日当天及第二天的平均非正常收益为 −4%，而由公司内部发起和由外部审计师发起的财务重述则为 −18% 和 −13%；陈凌云（2009）以 2001～2007 年年报发布补充及更正公告的公司作为研究样本，通过研究发现，年报补充及更正公告是一个具有经济后果的经济行为，市场能够对不同类型的补充及更正公告作出不同的反应，对主动型的补充及更正公告有正向反应、对被动型的补充及更正公告有负向反应。

事件研究方法的普遍适用性导致它在研究领域被得以被广泛运用。在财务、会计和金融分析的理论领域，事件分析方法已经被运用于与企业有关的重大事件和经济类事件的分析，例如公司的盈利公布、业绩预告、财务重述、兼并和收购、债券或股票的发行、资产重组、财务报表公布、内幕交易等。事件研究方法还被扩展到法律和其他经济领域，以考察企业价值受环境调整的影响。在大量的应用研究中，事件分析的焦点主要集中于事件对企业特定证券（尤其是股票）价格的影响。

（二）事件研究法的步骤

事件分析一般可以分为以下几个步骤。

1. 定义事件。事件分析的第一步是确定感兴趣的事件，然后就事件对公司证券价格的影响来确定对其进行检验的时间区间。这个时间区间被称为事件窗。例如，为了了解盈利公布对股价的影响，盈利公布就可以看作是事件，事件窗可以选为事件公布的这一天。在实际分析中，事件窗经常被扩展为两天，如公布日和公布日的次日，这样可以较全面地把握盈利公布对股价的影响。扩展事件窗时要注意，事件窗越大，越可以捕捉该事件对股票价格的全部影响，但这种估计容易受到不相干因素的干扰。公布日之前或之后也可作为分析的事件窗，例如，在资产重组中为了探知内幕消息对股价的影响，以及重组后对股东财富的影响、重组对企业经理约束力的影响，就需要对事件前或事件后的股价的变化情况进行分析。本节定义财务重述事件的时间窗为重述公告日前后 10 天，即 [ −10,10]。

2. 样本选取。在确定了所感兴趣的事件后，需要制定一定的原则来确定对哪些公司进行事件研究。可以通过对数据样本的可获得性进行限制来确定选取原则，如只选取在上海证券交易所或深圳证券交易所上市的公司为样本，或者通过对行业进行限制来选取样本。要特别提防由于样本选取所带来的潜在偏差,如所选取的样本不具有代表性等。本节选择的财务重述公告样本要满足以下四个条件:它是关于年报报表的补充或更正公告;年度报表的补充或更正公告发生在本节所研究的期间（2007~2010年）;补充公告或更正公告影响了企业的损益,左右投资者的决策;重述公告在年报公布之后发生。

3. 正常收益和超额收益。为了评价事件的影响,需要对超额收益进行度量。假设事件没有发生或没有这个事件,那么其收益被称为正常收益,一般用事件没有发生时的预期收益来表示。但现在由于事件发生了或确实具有这个事件,其收益成为事后或实际收益,而超额收益是事件窗中的事后收益（实际收益）减去正常收益。本节利用市场模型估计正常收益和计算超额收益。

4. 模型参数估计。一旦确定正常收益的模型被选定,必须要利用一串数据（称为估计窗口的数据）对模型的参数进行估计。在中国股市重大事件信息披露与股价异动的情况下,估计窗口选为事件窗之前的时间区间。例如,本节在事件研究中,选择事件前200天作为估计窗口。事件窗一般不包含在估计窗口中,以避免事件对估计参数的影响。

5. 进行检验。模型参数估计完毕后,就可以计算超额收益。为了检验事件是否对股价产生显著影响,需要设计检验方案,其中,需要重点考虑的是如何确定零假设以及确定对样本公司的超额收益进行累计的方法。

6. 实证结果。根据计量经济学的设计方案,得到实证分析的结果,并对实证分析的结果进行富有新意的诊断。有时候,尤其是在对有限的样本进行研究时,实证结果可能会受到一两个公司的较大影响,使结果出现偏差。因此,要提防这种情况的发生。

7. 解释和结论。在比较理想的情况下,实证结果将进一步帮助我们加深对事件影响证券价格机理的理解。另外,还要对实证结果的其他不同解释进行分析,以表明自己对实证结果的解释具有可靠性和正确性（见图2-3）。

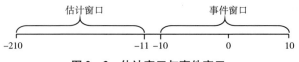

**图2-3　估计窗口与事件窗口**

注:本节定义财务重述事件的估计窗口为 [-210, -11],事件窗口为 [-10,10];"0"代表财务重述公告日。

# 第四节　财务重述信息含量的实证分析

本节主要研究财务重述的信息含量以反映财务重述公告的政策效果，并对所选样本进行描述性统计，对有关政策效果的假设进行分析检验。

## 一、分析与假设

通过以往研究文献发现，财务重述的研究方向、内容、方法的不同，将产生不同的研究结论。但是基于本章的研究重点，即分析财务重述的信息含量，以印证财务重述公告政策在完善信息披露、被投资决策者消化吸收并依据决策方面的效果，故以其与公告前后的市场反应为研究起点，提出研究假设。

从年度财务公告的研究文献可以发现，上市公司的重大事件在正式公告前可能存在泄露的情况，获得内幕信息的投资者可以在信息披露前采取相应的投资对策，使股票价格在信息披露前发生相应的变动。张程睿和林锦梅（2011）以深交所 2007～2009 年年报披露的 A 股上市公司为样本，通过研究表明，年报披露的及时性逐年提高，披露及时性与信息泄露程度显著负相关，及时披露对抑制信息泄露具有显著效果，与信息质量较好的公司比较，信息质量较差的公司因及时披露对信息泄露的抑制效果更显著；何乃非（2004）认为业绩预告具有市场预期效应，在预告公布之前，预亏和预警公司的股价均有明显的提前反应，在 [20, -2] 窗口上，预亏公司的平均累积非正常报酬率为 -8.6%（t 检验的 P 值为 0.000），预警公司的平均累积非正常报酬率为 -7.20%（P 值为 0.001）；在 [-10, -2] 窗口上，预亏公司的平均累积非正常报酬率为 -4.8%（P 值为 0.000），预警公司的均累积非正常报酬率为 -3.2%（P 值为 0.003）；李（Li, 2006）发现内部人具有信息优势，有动机在重述公告前卖出股票，减少投资的潜在损失；由会计差错引起的财务重述和由会计准则变更引起的财务重述的市场反应的区别显示，调减收入的会计差错引起的财务重述具有明显的负面市场反应。

对于财务重述公告的发布，理性的投资者一般会给予两种反应：一是财务重述公告弥补或修正了之前财务报告中遗漏或错误的信息，提高了报告质量，出现正的市场反应；二是财务重述公告发布的说明报表的低质量和不可信，从而产生了信用危机，影响了投资者的信心，从而产生负向的市场反应。

财务重述表明先前披露的财务报告未能充分、可靠、及时地向投资者传达公司信息，无论信息的好坏都直接表明上市公司以往披露信息不实或不充分。而信息披露旨在缓解资本市场中各利益相关者的信息不对称，维护市场的公平、公开和公正，保护投资者的合法权益。周洋和李若山（2007）以2001~2004年沪深两市上市公司发布的446份补丁公告为样本得出，在事件日（第0天），好消息型补丁公告有显著为正的超常回报，坏消息型补丁公告有显著为负的超常回报，同时，不确定型和无影响型补丁公告都没有表现出显著为正或为负的平均超常回报。何乃非（2004）认为上市公司的业绩预告具有披露效应，在第0个交易日，预盈、预警、预增、预亏公司的平均非正常报酬率MAR分别为0.014、－0.004、0.011、－0.005单侧t检验时对应的P值分别为0.038、0.000、0.000、0.010，在α＝0.05水平上均非常显著。姚睿（2010）的研究表明，主动型样本在发布财务重述公告当日，市场的超额报酬率在1%的水平上显著为正，即出现了正方向的市场反应；而监管型的样本在财务重述公告发布的当日，在5%的显著性水平上为负的市场超额报酬率，即存在负方向的市场反应；从样本总体分析，由于两类样本的相互抵消作用，在发布财务重述公告的当日，样本总体并没有观察到显著的市场反应。还有大量文献实证研究表明，财务重述导致严重的负面市场反应，如信息不对称程度加剧、投资者的信心丧失、诉讼风险增大、资本成本提高、分析师行为变动、管理层接管的可能性增大等。同时，财务重述的传染效应会给整个行业带来严重的负面影响。

如果重大事件公告拥有信息含量，投资者就会在公告公布后对股票未来盈余和回报的预期作出调整。我国的资本市场现在已经达到了半强式有效市场或者我国现在已经处于弱式有效市场。我们对财务重述的信息含量的实证研究正是以市场有效的假说为基础的，所以重大事件在公告日后会引起市场反应。帕马洛斯等（2004）研究表明，尽管股票价格在财务重述之前和在［－120,120］区间内都会下降，但是股价最大幅的下降却是发生在0时点和第1天，2日的超额累计报酬率均值为－9.2%（中位数为－4.6010）。李静（2011）通过分析得出重述财务报告发布的前五天，即在［0,5］期间内，每日的平均超额报酬率明显大于重述之前。何乃非（2004）认为就业绩预告事件分析各类公司在预告公布之后的 1 ~ 2 天内，其股价还会继续反应；在预告公布后一天，预盈、预警、预增、预亏公司的平均非正常报酬率分别为0.008，-0.003，0.018，-0.005，并且均在 α = 0.1 水平上显著（前者显著小于 0，后者显著大于 0）。姚睿（2010）的研究表明：在发布财务重述公告的 [0,1] 时间窗内，主动型样本公司的平均累计超额报酬率显著为正，即在市场短期效应的检验期内，有正方向的短期市场反应；而对于监管型的样本公司，平均累计超额报酬率则显著为负，有负的短期市场反应。总之，两类样本在财务重述公告披露后均有显著的短期效应。

李（Li，2006）发现内部人具有信息优势，有动机在重述公告前卖出股票，减少投资的潜在损失；鲁兹和维里克查尔（2000）、程等（Cheng et al.，2005）的研究都表明信息披露与交易量存在相关关系，只是与结论相关的方向不同；然而信息披露有可能导致股票收益波动（Clifford，2000；Cramer，2001），阿德马蒂和普夫莱德勒（Admati and Pfleiderer，1988）认为基于内幕信息的交易既减少了股票流动性，也增加了其收益波动性。

从上分析可以看出，当公司发布了重大事件，会计信息使用者会重新审视财务信息，吸收信息，调整决策。故提出如下假设。

假设 2 - 1：上市公司年报的财务重述具有市场反应。

假设 2 - 1a：上市公司年报的财务重述具有预期效应、公告效应和披露效应。

假设 2 - 1b："好"消息的年报财务重述产生正面的市场反应，"坏"消息的年报财务重述产生负面的市场反应。

## 二、研究设计

### （一）财务重述的计量

关于信息含量的计量，已产生了大量的方法，一般可以归纳为股票累计超额收益率（Sloan and Sweeney，1996）、盈余反应系数（Wu，2002）、股票买卖差价（Sloan and Sweeney，1996）三种计量方法。结合本书的研究假设和研究目的，本节主要运用事件研究法，选用运用最广泛的累计超常收益率的绝对值对信息含量进行度量：用公告日前累计超常收益率的绝对值（pre-CAR）衡量财务重述的预期效用，用公告日后累计超常收益率的绝对值（af-terCAR）衡量财务重述的披露效用，用公告日累计超常收益率的绝对值

（nowCAR）衡量财务重述披露日的市场效用。对于估计期的回归，已有文献如斯隆和斯威尼（Sloan and Sweeney, 1996）的研究中采用市场调整模型、资本资产定价模型、市场模型，此处采用最常用的模型即市场模型来回归估计股票的预期收益。具体计算过程如下。

本节采用市场模型计算超额收益率，即：

$$AR_{it} = R_{it} - \alpha - \beta R_{mt}$$

其中，$AR_{it}$ 表示证券 i 在 t 日的个股收益率，$R_{mt}$ 表示 t 日的市场回报率，$\alpha$、$\beta$ 系数是由证券 i 在 t 日之前的 200 个交易日的个股收益率数据与相应交易日的日市场收益率回归所得。

以财务重述公告日作为事件披露的基准日（t = 0），$AAR_i$ 是证券 i 在年报公告前 $[-t_1, t_2]$ 天的平均累计超额收益率，$preCAR_i$ 是证券 i 在年报公告前 $[-t_1, -1]$ 天的累计超额收益率，after $CAR_i$ 是证券 i 在年报公告后 $[1, t_2]$ 天的累计超额收益率，$nowCAR_i$ 是证券 i 在年报公告日（t = 0）天的超额收益率，在本文中事件窗口为 $[-10, 10]$。具体计算公式如下：

$$CAR_i = \sum_{t=-t_1}^{t=t_2} AR_{it} \quad （其中，-t_1 \leqslant t \leqslant t_2）$$

$$AAR_i = \frac{1}{t_1 + t_2} \sum_{t=-t_1}^{t=t_2} AR_{it} \quad （其中，-t_1 \leqslant t \leqslant t_2）$$

$$preCAR_i = \sum_{t=-t_1}^{t=0} AR_{it} \quad （其中，-t_1 \leqslant t < 0）$$

$$after\ CAR_i = \sum_{t=0}^{t=t_2} AR_{it} \quad （其中，0 < t \leqslant t_2）$$

$$nowCAR_i = \sum_{t=0} AR_{it} \quad （其中，t = 0）$$

李（Li, 2006）发现内部人具有信息优势，有动机在重述公告前卖出股票，减少投资的潜在损失；鲁兹和维里克查尔（Leu and Verrecchia, 2000）、程等（2005）的研究都表明信息披露与交易量存在相关关系，因此，为了论证财务重述信息含量的相关假设，本节也采用了超额换手率和收益波动率指标作为财务重述信息含量的表现形式来论证本节的研究主题。

（二）财务重述的分类标准

本节在研究中把财务重述按照以下三种不同的标准进行分类研究，一是按照国泰安数据库中已明显标识的补充报告和更正报告把数据分为只有补充没有更正的年报重述、只用更正没有补充的年报重述以及同时发生补充和更正的年报重述；二是按照重述内容中是否包含应计项目，把年报财务重述公告分为包含应计项目的年报重述和不包含应计项目的年报重述；三是结合财务重述内容和资本资产定价模型，重述内容为增加收益、减少损失和规避风险定义"好"消息的重述，把重述内容为减少收益、增加损失和发生风险定义为"坏"消息的重述，把与收益、损失、风险无关的重述定义为"中性"消息的重述。

（三）数据来源与处理

因财务重述相关的法律规定从 2001 年开始要求上市公司就财务重述的信息进行披露，2007 年国家开始采用新的会计准则，重述数据经常在两年后才出现，故 2011 年的重述数据还没有完全归总，为了规避会计准则的影响和样本的缺失，故将样本年限设定为 2007～2010 年的年度重述数据。本节所用到财务报表数据、财务重述数据均来自万德数据库和从深圳证券交易所、上海证券交易所、中国证券报的官方网站，其他数据通过 Stata9.0 软件和 Excel 分析整理。

数据处理的步骤如下：

首先，收集 2007～2010 年度发生的所有年度财务报表的补充与更正公告样本，鉴于本节的研究目标，我们筛选的财务重述公告要满足以下四个条件：它是关于年报报表的补充或更正公告；年度报表的补充或更正公告发生在本节所研究的期间（2007～2010 年）；补充公告或更正公告影响了企业的损益，左右投资者的决策；重述公告在年报公布之后发生。

其次，剔除金融企业的补充更正公告样本。

再次，剔除相关数据缺失的样本，剔除重述时间发生在年报公布时间之前的样本。

最后，剔除年度重述次数多于两次的样本（因为多次重述的样本不多，不影响样本的代表性），剩下的为研究样本。

## 三、财务重述描述性统计

（一）全样本发生年度的描述性统计

本节以 2007～2010 年年度财务报告发生的财务重述的 A 股上市公司为样本，经过整理共得到 694 份财务重述公告，其具体分布年份和报告年份如表 2-1 所示。

**表 2 - 1**  样本数据选择过程  单位：家

| | 2007 年 | 2008 年 | 2009 年 | 2010 年 | 合计 |
|---|---|---|---|---|---|
| 全样本（重述 1 次） | 343 | 276 | 238 | 245 | 1 102 |
| 剔除金融公司后的样本 | 299 | 219 | 168 | 185 | 871 |
| 剔除 ST 和无交易数据后的样本 | 252 | 166 | 134 | 142 | 694 |

从表 2 - 1 可以发现，财务重述总公司数目在 2007 年为 343 家，到 2010 年为 245 家，2007～2010 年，重述公司数量从 2009 年起开始逐渐减少，2010 年的重述数量较 2009 年有所回升，经过整理分析后的样本数目也呈现如此分布，这说明了 2007 年后我国公布的一系列文件推动财务重述制度走向成熟，促使财务重述规范化。但是从数量上看，这 4 年时间，每年发生财务重述的公司都超过 200 家，因此研究上市公司财务重述公告对完善我国资本市场信息披露的质量和完善我国资本市场建设、保护投资者利益等方面有着重要的现实意义。

本章的研究目的是探讨财务重述的信息含量特征，验证财务重述制度效果。由于金融企业和 ST 类公司存在许多不确定的影响因素，计算衡量财务重述的市场效果需要利用市场收益率数据，故本节在财务重述样本的取得经过了剔除金融公司和交易数据缺失的公司两个过程。

周洋和李若山（2007）等其他学者认为重述类型和内容影响信息含量，故表 2 - 2 是从财务重述的类型和内容按照本章研究的目的进行描述统计，把财务重述分为补充类、更正类、补充更正类、涉及应计类和涉及收入利润类。从公告类型看，补充类公告占样本比例最高达 49.14%，补充更正类最少为 13.40%；从涉及的内容看，涉及应计的和收入利润类具有实质性会计内容的比例很少，大约为 40%，其中，涉及应计的仅 163 个样本，占 24.35%，涉及收入利润调低（即高报盈余）的占 14.70%。

**表 2 - 2**  财务重述类型和内容统计

| 财务重述类型和内容 | 数量 | 比例（%） | 说明 |
|---|---|---|---|
| Panel1：按照更正补充类别分 | | | |
| 补充类公告 | 341 | 49.14 | 只发生补充更正公告，不发生更正公告 |
| 更正类公告 | 260 | 37.46 | 只发生更正公告，不发生补充公告 |
| 补充更正公告 | 93 | 13.40 | 补充更正都发生 |

续表

| 财务重述类型和内容 | 数量 | 比例（%） | 说明 |
|---|---|---|---|
| Panel2：按照是否包含应计分 | | | |
| 涉及应计项目的重述 | 163 | 24.35 | 涉及往来等会计科目 |
| 不涉及应计项目的重述 | 531 | 75.65 | 不涉及往来会计科目 |
| Panel3：按照是否包含调高盈余分 | | | |
| 涉及收入利润调低类的重述 | 102 | 14.70 | 涉及损益类会计科目 |
| 不涉及收入利润调低类的重述 | 592 | 85.30 | 不涉及损益会计科目 |

表2-3对财务重述的内容按照对投资者决策来说是"好"消息还是"坏"消息进行分类，无关紧要的中性消息数目最多，占62.82%；"好"消息的重述为82个，占比为11.82%；"坏"消息为176个，占比为25.36%。

表2-3　　　　　　　　重述消息的"好""坏"分类

| | 数量 | 比例（%） |
|---|---|---|
| "好"消息 | 82 | 11.82 |
| "坏"消息 | 176 | 25.36 |
| 中性消息 | 436 | 62.82 |

财务重述的内容还有很多其他方面，由于本章是以应计类和重述内容的"好""坏"进行研究，所以只对涉及这些的内容进行统计。

（二）样本在事件窗口内的超额报酬率描述性统计

为了充分挖掘出财务重述包含的信息内容，在实证研究环节先对变量进行描述性统计，然后对财务重述事件计算的累计非正常收益率与各个变量之间的关系建立回归方程，对财务重述事件所包含的信息结构进行详细分析。

为了达到研究的目的，本书运用Stata9.0分析事件窗口内样本公司的超额收益率，对它们进行描述性统计，结果如表2-4所示。

表2-4　　　　　　　　全样本公司的超额收益率

| 时间 | 最小值 | 最大值 | 中位数 | 均值 | 标准差 | T检验 |
|---|---|---|---|---|---|---|
| -10 | -0.098062 | 0.130887 | -0.002851 | -0.00101 | 0.029340 | -0.8748 |
| -9 | -0.100816 | 0.103155 | -0.003278 | -0.00198 | 0.028102 | -1.7875* |
| -8 | -0.077832 | 0.119851 | -0.001459 | 0.000281 | 0.026786 | 0.2666 |

| 时间 | 最小值 | 最大值 | 中位数 | 均值 | 标准差 | T 检验 |
|---|---|---|---|---|---|---|
| −7 | −0.095506 | 0.123877 | −0.004687 | −0.002710 | 0.027962 | −2.4577 ** |
| −6 | −0.091625 | 0.106481 | −0.002001 | −0.000225 | 0.026706 | −0.2137 |
| −5 | −0.095209 | 0.104928 | −0.001667 | 0.000883 | 0.028312 | 0.7915 |
| −4 | −0.10480 | 0.130262 | −0.002610 | −0.000243 | 0.029282 | −0.2106 |
| −3 | −0.102109 | 0.111289 | −0.003060 | −0.001386 | 0.027768 | −1.2661 |
| −2 | −0.106807 | 0.126450 | −0.001888 | −0.000272 | 0.028125 | −0.2453 |
| −1 | −0.109249 | 0.113004 | −0.001930 | −0.001260 | 0.029883 | −1.0692 |
| 0 | −0.106975 | 0.143299 | −0.004863 | −0.001096 | 0.032131 | −0.8653 |
| 1 | −0.096613 | 1.191770 | −0.003236 | −0.000444 | 0.055855 | −0.2017 |
| 2 | −0.106491 | 0.101929 | −0.001847 | −0.000426 | 0.028306 | −0.3820 |
| 3 | −0.134627 | 0.156864 | −0.002585 | −0.000438 | 0.029619 | −0.3756 |
| 4 | −0.083751 | 0.118302 | −0.002105 | −0.000420 | 0.027679 | −0.3850 |
| 5 | −0.131653 | 0.090026 | −0.002103 | −0.000569 | 0.026288 | −0.5494 |
| 6 | −0.101842 | 0.103538 | −0.004459 | −0.003686 | 0.025701 | −3.6373 *** |
| 7 | −0.104538 | 0.153844 | −0.003506 | −0.000831 | 0.028881 | −0.7296 |
| 8 | −0.104911 | 0.135834 | −0.002697 | −0.000948 | 0.028475 | −0.8445 |
| 9 | −0.087161 | 0.093467 | −0.002299 | −0.000990 | 0.026813 | −0.9371 |
| 10 | −0.086503 | 0.144434 | −0.002839 | −0.000728 | 0.026490 | −0.6973 |

注：*** 、** 、* 分别表示在 1%、5%、10% 的水平上显著。

从表 2 − 4 可以看出，全样本公司的超额收益率在事件窗口 [ − 10、10]
中，超额收益率的中位数分布都小于 0，平均数除了 − 5 日的 0.000883 为正
数外，其余均小于 0，但是它们的均值 t 检验除了在窗口 − 9、 − 7 和 6 之外
均不显著。这验证了魏志华等（2009）的结论，说明了重述公告整体而言具
有非显著的负面市场反应，并且证实了假设 2 − 1a，表明了财务重述日前期
具有预期效应（一般预期效应体现于信息泄露效应，因为非操作性的信息披
露在公告发布前，市场几乎平稳），不同窗口日的泄露效应存在差异。在事
件窗口 [ − 10,10] 内，样本公司的日超额报酬率、中位数和均值均为负数，
也验证了国内外很多文献里面得出的普遍结论：财务重述期间，平均超额收
益率显著为负，即重述公告带来的市场反应总体为负面效应。因为财务报告

重述的内容无论是"好消息"还是"坏消息"，预示着之前样本公司少有按照企业会计准则和相关财务会计制度的要求进行披露或者发生舞弊和错报、漏报现象，在实证研究中都表明重述公司存在问题和不良反应，进而导致投资者对重述之后的财务报告的可信程度存在怀疑，从而导致很多投资者出售股票而拉低股票收益率。

另外，我们可以从窗口 [−10, 1] 中，即财务重述报告发布的前 10 天内看出，财务重述每日的市场非正常收益率除了在 −5 日为 0.000883 是正数外，基本为负数，表明财务重述公告具有提前反映市场信息的功能或者具有信息泄露的功能。但是我们从反映的数据的平均值来看，−0.00101、−0.00198、0.000281、−0.002710、−0.000225、0.000883、−0.000243、−0.001386、−0.000272、−0.001260 都非常小，因为 t 检验除了在窗口 −9、−7 和 6 之外均不显著，表明市场对财务重述日前期信息泄露效应非常微弱，提前反应能力比较差，而从窗口 [−10, −1] 中，数据表现出很大的差异，验证了假设 2−1 的结论。

在第 0 日，全样本的超额收益率的中位数和均值分别为 −0.004863、−0.001096，它们的值还小于 −1、13、17、−9，t 检验在窗口 −9、−7 和 6 分别在 10%、5% 和 1% 的水平上显著，表明财务重述在披露日具有一定的效应，但是披露效应比较微弱。其中的原因可能是我国的证券市场处于刚刚起步阶段、配套的法律制度体系还没跟上、投资者的投机色彩比较浓重、没有真正意义上理解公司公告的财务信息，从而也与假设 2−1a 和假设 2−1b 的结论有相同点。

在窗口 [1,10] 中，中值分别为 −0.000444、−0.000426、−0.000438、−0.000420、−0.000569、−0.003686、−0.000831、−0.000948、−0.000990、−0.000728，除了第六日为 −0.003686 比较大，t 值显著外，其余的都不显著，看起来与假设 2−1a 的假设背离，后续有待进一步证明。

综上所述，财务重述的市场反应在公告前、公告时和公告后都有负的市场反应，但是反应的力度不强。财务重述是对企业对财务报表的合法性、合规性、公允性的某一方面或者全面的否定，削弱了企业以前信息的可信性，降低了外界信息使用者对企业信息的依赖性。投资者更加偏好当前的利益。另外，考虑到投资者更倾向于关注当前利益，以及其机会主义倾向，他们对财务重述公告的关注度比较低。

## 四、样本在不同时期内的平均超额报酬率分析

从以上分析可以看出，财务重述的市场反应比较微弱，为了更好地刻画财务重述的市场反应，我们组合事件窗口，通过财务重述的累计市场效用来研究财务重述的市场反应。在本研究中，把样本分为全体财务重述样本、"好"消息的样本、"坏"消息的样本，把整个事件窗口细分为 8 个小组合窗口。在财务重述公告前用三个累积窗口 [−10，−1]、[−5，−1]、[−3，−1]，财务重述发生后用四个累积窗口 [0,1]、[2,3]、[2,5] [2,10]，同时把 [0,1] 作为财务重述日的累积反应窗口，增加一个整体效应窗口 [−10、10] 来进行研究，其具体数据如表 2−5 所示，具体窗口日 "好""坏"消息超额收益率的变动如图 2−4 和图 2−5 所示。

表 2−5　　　样本公司重述公告前后累积窗口内平均超额收益率检验

| 事件窗 | Panel1：全样本 | | |
| --- | --- | --- | --- |
| | AAR | T 值 | Sig（双尾） |
| [−10，−1] | −0.000792 | −2.1185 | 0.0345 * |
| [−5，−1] | −0.000455 | −0.8501 | 0.3956 |
| [−3，−1] | −0.000972 | −1.3429 | 0.1798 |
| [0,1] | −0.000770 | −0.5845 | 0.5591 |
| [2,3] | −0.000432 | −0.5033 | 0.6149 |
| [2,5] | −0.00046 | −0.8141 | 0.4159 |
| [2,10] | −0.001004 | −2.7842 | 0.095 * |
| [−10,10] | −0.000881 | −0.1072 | 0.4201 |
| 事件窗 | Panel2：好消息样本 | | |
| | AAR | T 值 | Sig（双尾） |
| [−10，−1] | −0.000345 | −0.7293 | 0.4668 |
| [−5，−1] | −0.004264 | −0.4990 | 0.7653 |
| [−3，−1] | −0.005580 | 2.2997 | 0.0454 ** |
| [0,1] | 0.008293 | 3.3723 | 0.0087 *** |
| [2,3] | 0.007157 | 0.6987 | 0.0485 ** |
| [2,5] | −0.005507 | −1.4650 | 0.0642 * |
| [2,10] | −0.005016 | −1.7306 | 0.0852 * |
| [−10,10] | −0.001866 | −0.0220 | 0.2447 |

续表

| 事件窗 | Panel3：坏消息样本 | | |
|---|---|---|---|
| | AAR | T 值 | Sig（双尾） |
| ［－10，－1］ | －0.000146 | －0.0259 | 0.8369 |
| ［－5，－1］ | －0.000267 | －0.0299 | 0.6654 |
| ［－3，－1］ | －0.001553 | －1.3572 | 0.0596 * |
| ［0，1］ | －0.002203 | －3.2758 | 0.0072 *** |
| ［2，3］ | －0.001877 | －2.5946 | 0.0456 ** |
| ［2，5］ | －0.000519 | －0.4370 | 0.0837 * |
| ［2，10］ | －0.001026 | －0.0393 | 0.5933 |
| ［－10，10］ | －0.000872 | －0.8347 | 0.3577 |

注：*** 、** 、* 分别表示在1%、5%、10%的水平上显著。

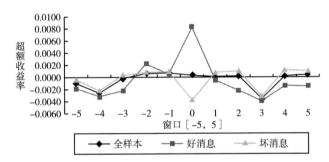

**图 2－4　不同类型样本财务重述公告前后的超额收益率**

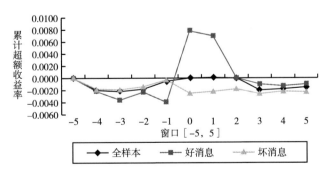

**图 2－5　不同类型样本财务重述公告前后的累计超额收益率**

从表 2－5 可以看出，全样本在窗口 ［－10，－1］、［2，10］ 在双尾1%
的水平上显著，而在其他短窗口均不显著，平均超额收益率在细分的窗口中
均为负数，与前段得出的财务重述弱信息含量相符，这两个累积窗口说明了

财务重述公告前具有市场反应（预期效应）和上市公司的财务重述后具有市场效应（披露效应），验证了假设2－1和假设2－1a，但是累积窗口［0，1］、［2，3］在检验时均显示出不显著，无法验证假设2－1b，故从总体样本中提出"好"消息组和"坏"消息组进行分类。

从"好"消息组看，累积窗口［－10，－1］、［－5，－1］、［－3，－1］、［0,1］、［2,3］、［2,5］、［2,10］、［－10,10］经过由不显著到5%、1%显著，从1%、5%、10%显著到双尾不显著的过程。其中，累积窗口［0,1］、［2,3］的平均超额收益率由前面累积窗口的负数转化为0.008293、0.007157，分别在1%、5%的水平上显著，证实了假设2－1关于上市公司的财务重述日具有市场反应（短期效应），同时也证实了假设2－1b认为上市公司的财务重述日发布"好"消息产生正的市场反应（短期效应）的正确性。累积窗口的变化过程说明了财务重述同时具有预期效用、短期效用和披露效用，但是随着窗口期的延长，显著性减弱，平均非正常收益率趋近于0，体现了投资者消化吸收财务重述效果后的理性行为的结果。

同理，从"坏"消息组看，也得出了同样的结论。其中，累积窗口［0,1］、［2,3］的平均超额收益率由前面累积窗口的负数转化为更大的负数－0.002203、－0.001877，分别在1%、5%的水平上显著，证实了假设2－1a关于上市公司的财务重述日具有市场反应（短期效应）的假设，同时也证实了假设2－1b认为上市公司的财务重述日发布"坏"消息产生负的市场反应（短期效应）这个研究假设。

## 五、财务重述公告的其他表现分析

财务重述公告引起上市公司股票交易产生非正常收益率，说明了财务重述公告具有信息含量，它能够把信息内容通过市场传递给投资者，投资者通过市场交易诠释信息内容。收益率只是投资者通过市场表达理解和收到财务重述公告信息的一种方式，如果产生高的收益率，投资者将大量购买相关股票；如果预期股票价格下跌，理性的投资者将会出售手中的股票，从而导致信息被接受时，股票的交易量会发生大的变化。李（2007）发现内部人具有信息优势，有动机在重述公告前卖出股票，减少投资的潜在损失；鲁兹和维里克查尔（2000）、程等（2005）的研究都表明信息披露与交易量存在相关关系，只是结论相关的方向不同。

然而信息披露有可能导致股票收益波动（Clifford，2000；Cramer，2001），阿德马蒂和普夫莱德勒（1988）认为基于内幕信息的交易既减少了股票流动性，也增加了其收益的波动性。财务重述公告作为信息披露的一种，如果具有信息含量，也可能引起收益波动率的变化。

因此，本节将利用财务重述公告对交易量和收益波动率的影响，以非正常收益率衡量财务重述的信息含量进行更深一步的观察和研究。

依据张程睿（2006）的观点，为消除规模影响，使用年日均交易量除以公司总流通 A 股数量，即使用换手率作为交易量变化的替代变量，如果财务重述公告具有信息含量，则投资者会通过交易量在市场中的变化对财务重述公告进行反映，所以预期交易量与财务重述公告信息的内容高度相关。本节计算的超额换手率采用个股日换手变化率与市场日换手变化率之差来衡量。

$$AT_{it} = \frac{V_{it} - V_{it-1}}{V_{it-1}} - \frac{V_{mt} - V_{mt-1}}{V_{mt-1}}$$

其中，$AT_{it}$ 表示 t 时刻第 i 只股票的超额换手率，$V_{it}$ 表示 t 时刻第 i 只股票个股交易数，$V_{it-1}$ 表示 t − 1 时刻第 i 只股票个股交易数，$V_{mt}$ 表示 t 时刻日市场交易总数率，$V_{mt-1}$ 表示 t − 1 时刻日市场交易总数率。

对收益波动率，本节根据赫夫林等（Heflin et al.，2001、2003）对收益波动性的研究，考察短窗口的收益波动性，股票的收益波动性用超额收益率的平方和来表示。

（一）财务重述公告对超额换手率的影响

1. 样本在事件窗口内的超额换手率的描述性统计。从表 2-6 可以看出，全样本公司的超额换手率在事件窗口 [ − 10、10 ] 中，超额换手率在 − 0.3 到 3 之间，其中在 0.15 附近居多，方差波动性不大，但是超额换手率在各窗口都呈显著状态，验证了重述公告具有市场效应。在窗口 − 3、− 2、− 1、0、1、2、3 超额换手率的标准差分别为 0.727270、16.975850、1.284465、2.499355、73.577780、0.541405、1.293995，在财务重述公告日前依次减少，但是在财务重述公告日附近波动巨大，在其他窗口表现没有规律性，说明了公告快来之前，投资者静观市场，公告后转手变动频繁，证实了假设 2 - 1 和假设 2 - 1a，表明了财务重述日前期具有信息泄露效应，在公告日后具有披露效应。

表 2-6                          全样本公司的超额换手率

| 时间 | 最小值 | 最大值 | 中位数 | 均值 | 标准差 | T 检验 |
|---|---|---|---|---|---|---|
| -10 | -0.858713 | 0.085193 | -0.195091 | -0.236403 | 0.190247 | 0.0000 *** |
| -9 | -0.889073 | 3.714738 | -0.074217 | 0.072476 | 0.573765 | 0.0460 ** |
| -8 | -0.722950 | 10.053020 | -0.019418 | 0.177834 | 0.931411 | 0.0027 *** |
| -7 | -0.911506 | 2.300725 | -0.027111 | 0.108861 | 0.517448 | 0.0010 *** |
| -6 | -0.847070 | 17.586700 | -0.026162 | 0.194605 | 1.308201 | 0.0190 ** |
| -5 | -1.775095 | 5.231279 | -0.066522 | 0.052851 | 0.582881 | 0.1513 |
| -4 | -1.361081 | 12.373110 | -0.068825 | 0.169542 | 1.216793 | 0.0279 ** |
| -3 | -1.685380 | 5.997388 | -0.056241 | 0.138249 | 0.727270 | 0.0028 *** |
| -2 | -1.242865 | 26.287100 | -0.080185 | 1.122660 | 16.975850 | 0.2948 |
| -1 | -1.204085 | 15.846320 | -0.018422 | 0.235779 | 1.284465 | 0.0039 *** |
| 0 | -1.367150 | 26.458260 | -0.000065 | 0.392591 | 2.499355 | 0.0133 ** |
| 1 | -1.486043 | 26.802600 | -0.036165 | 2.512290 | 73.577780 | 0.3166 |
| 2 | -0.838151 | 2.944176 | -0.045802 | 0.061362 | 0.541405 | 0.0732 * |
| 3 | -1.019804 | 17.158350 | -0.051438 | 0.161564 | 1.293995 | 0.0486 ** |
| 4 | -0.643974 | 14.481110 | -0.036569 | 0.145809 | 1.111530 | 0.0383 ** |
| 5 | -0.937549 | 2.239673 | -0.066878 | 0.017802 | 0.420272 | 0.5019 |
| 6 | -2.036741 | 4.677627 | -0.039265 | 0.001627 | 0.561565 | 0.9634 |
| 7 | -0.912853 | 15.241320 | -0.017995 | 0.338801 | 1.669900 | 0.0014 *** |
| 8 | -0.836300 | 4.5479690 | -0.026851 | 0.162261 | 0.718575 | 0.0004 *** |
| 9 | -0.990250 | 3.620966 | -0.022976 | 0.135838 | 0.616990 | 0.0006 *** |
| 10 | -1.149878 | 8.541761 | -0.015349 | 0.096953 | 0.700139 | 0.0288 ** |

注：***、**、*分别表示在1%、5%、10%的水平上显著。

从图 2-6 中可以看出，从窗口 -10 到 0，超额换手率的波动先平稳，然后振幅逐渐加大，但是公告日后超额换手率的波动率突然增大然后变为平稳，也说明了公告之前，投资者静观市场，公告日附近转手变动频繁，证实了假设 2-1 和假设 2-1a。

综上所述，财务重述的市场反应在公告前、公告时和公告后都有市场反应，但是方向不能辨别，主要是"好""坏"消息都会引起超额换手率的提高。距离公告日越近，反应的力度越强，企业利用财务重述公告进行市场操作还是真实的市场反应有待进一步商榷。所以，下面将按照财务重述公告的

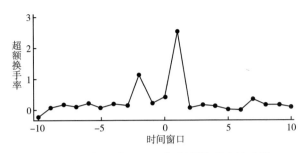

图2-6 窗口 [-10,10] 超额换手率波动图

内容对公告信息进行分类，进一步对本节提出的假设和前面的论证作稳健性检验。

2. 样本在事件累积窗口内的平均超额换手率分析。由于财务重述总体上表现出弱的市场反应，因此，本研究与超额收益率验证财务重述信息含量一样，组合事件窗口，通过财务重述的累计市场效用来研究财务重述的市场反应，也把样本分为全体财务重述样本和"好"消息的样本、"坏"消息的样本，同时按照重述内容是否包含应计和重述内容是否高报盈余标准进行分类。每组事件窗口都细分为8个小组合窗口。在财务重述公告前用3个累积窗口 [-10, -1]、[-5, -1]、[-3, -1]，财务重述发生后用4个累积窗口 [0,1]、[2,3]、[2,5] [2,10]，同时把 [0,1] 作为财务重述日的累积反应窗口，增加一个整体效应窗口 [-10、10] 来进行研究，具体数据如表2-7所示。

表2-7　　　样本公司重述公告前后累积窗口内平均超额换手率检验

| Panel1：按照分"好"消息和"坏"消息比较 | | | |
| --- | --- | --- | --- |
| 时间 | "好"消息 | "坏"消息 | T 检验 |
| [-10, -1] | 0.001282 | 0.001179 | -2.8966*** |
| [-5, -1] | 0.001271 | 0.001195 | -2.7470*** |
| [-3, -1] | 0.001261 | 0.001211 | -1.7394* |
| [0,1] | 0.001169 | 0.001246 | 1.7166* |
| [2,3] | 0.001240 | 0.001152 | -1.7113* |
| [2,5] | 0.001239 | 0.001129 | -2.6583** |
| [2,10] | 0.001224 | 0.001081 | -3.5353*** |
| [-10,10] | 0.001247 | 0.001144 | -2.7188** |

| Panel2：按照是否包含"应计"重述比较 | | | |
|---|---|---|---|
| 时间 | 包含"应计"重述 | 不含"应计"重述 | T 检验 |
| ［-10，-1］ | 0.001351 | 0.001175 | -1.6384 |
| ［-5，-1］ | 0.001351 | 0.001181 | -1.5873 |
| ［-3，-1］ | 0.001302 | 0.001206 | -1.1930 |
| ［0，1］ | 0.001465 | 0.001114 | -2.7860 ** |
| ［2，3］ | 0.001626 | 0.001021 | -1.8621 * |
| ［2，5］ | 0.001526 | 0.001041 | -2.5691 ** |
| ［2，10］ | 0.001488 | 0.001010 | -3.8418 *** |
| ［-10，10］ | 0.001421 | 0.001099 | -1.0508 |
| Panel3：按照是否高报盈余比较 | | | |
| 时间 | "高报盈余"重述 | 非"高报盈余"重述 | T 检验 |
| ［-10，-1］ | 0.001107 | 0.001284 | 1.3529 |
| ［-5，-1］ | 0.001089 | 0.001300 | 0.9476 |
| ［-3，-1］ | 0.001076 | 0.001312 | 0.7019 |
| ［0，1］ | 0.001111 | 0.001263 | 2.6872 ** |
| ［2，3］ | 0.000994 | 0.001290 | 1.2354 |
| ［2，5］ | 0.000978 | 0.001278 | 1.7866 * |
| ［2，10］ | 0.000948 | 0.001243 | 2.6785 *** |
| ［-10，10］ | 0.001039 | 0.001265 | 2.9216 *** |

注：***、**、*分别表示在1%、5%、10%的水平上显著。

首先，从"好"消息和"坏"消息的差异性分析看，样本在累计窗口［-10，-1］、［-5，-1］、［-3，-1］、［0，1］、［2，3］、［2，5］［2，10］依次表现为在1%的水平上显著、在5%的水平上显著、在10%的水平上显著，然后又依次表现为在10%的水平上显著、在5%的水平上显著、在1%的水平上显著，说明了财务重述公告信息在超额换手率上表现微弱，累计就显示出比较强的信息含量。累积窗口［-10，-1］在1%的水平上显著，说明了财务重述公告具有预期效应；累积窗口［0，1］在10%的水平上显著，说明了财务重述公告具有公告效应；累积窗口［2，10］在1%的水平上显著，说明了财务重述公告具有披露效应。两种消息在不同的累积窗口均表现在不同水平上的显著水平，验证了假设2-1和假设2-1a，但是对假设2-1b市场反映的方向没有办法验证，因为"好"消息的财务重述会引起超额换手率的增加，"坏"消息的财务重述也会引起超额换手率的增加。尽管如此，它为假设 2-1 的验证提供了新的经验数据。

其次，从是否包含"应计"重述的差异性分析和是否包含"高报盈余"的差异性分析看，他们在累计窗口 [-10, -1]、[-5, -1]、[-3, -1] 均表现为不显著，但是在累计窗口 [0,1]、[2,3]、[2,5]、[2,10] 在 5% 到 1% 的水平上显著，说明了财务重述的公告效应和披露效应要强于预期效应，这也为财务重述公告具有信息含量提供了检验证据。

（二）财务重述公告对收益波动率的影响

本节运用的收益波动率采用的是超额异常收益率的平方，根据前面分析，"好消息"产生正的超额收益率，"坏消息"产生负的超额收益率，因此在进行波动率分析时，无论是"好消息"还是"坏消息"均会产生正的波动率，故在本节验证财务重述公告对收益波动的影响时分为全样本和只保留了全部"好消息"和"坏消息"样本进行分析，窗口 [-10,10] 收益波动率如图 2-7 所示。

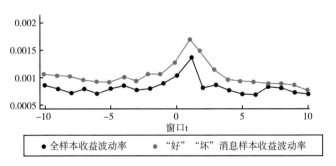

**图 2-7　窗口 [-10,10] 收益波动率波动图**

从全样本看，收益波动率在窗口 [-10, -6] 之间波动性不大，越靠近财务重述公告日，波动性越显著，特别是窗口 [-3,2] 波动特别明显，窗口 2 以后的窗口收益波动率逐渐变得平坦。但是从"好消息"和"坏消息"的组合组看，它们的收益波动率远在全样本组之上，在窗口 [-3,2] 波动更加明显。从图中反映的现象可以发现，财务重述公告能够被市场反映，投资者运用了财务重述公告信息进行投资决策，但是在财务重述公告日附近，收益波动率变化的不同寻常也反映了财务重述公告信息可能被操纵，投资者可能会误解这些信息，投机交易也会因此增多，从而导致股票收益波动性增加（Cramer，2001）。

为进一步分析财务重述对收益波动率的影响，对比"好消息"和"坏消息"对收益波动率的差异，发现短窗口段的差异不明显，如表2-8所示，窗口［-5，-1］、［-3，-1］、［0,1］、［2,3］、［2,5］单因素检验均不显著，长窗口［-10，-1］、［2,10］和［-10,10］分别在5%水平、5%水平和10%水平上显著。

表2-8　　　　　样本公司重述公告前后累积窗口内收益波动率检验

| 时间 | "好"消息 | "坏"消息 | T检验 |
|---|---|---|---|
| ［-10，-1］ | 0.00107 | 0.00084 | 0.0377** |
| ［-5，-1］ | 0.001006 | 0.000809 | 0.1799 |
| ［-3，-1］ | 0.000756 | 0.000915 | 0.3431 |
| ［0,1］ | 0.001339 | 0.000891 | 0.1145 |
| ［2,3］ | 0.001161 | 0.000742 | 0.1259 |
| ［2,5］ | 0.001023 | 0.000774 | 0.1815 |
| ［2,10］ | 0.001070 | 0.000807 | 0.0390** |
| ［-10,10］ | 0.001093 | 0.000829 | 0.0010*** |

注：***、**分别表示在1%、5%的水平上显著。

## 六、小结

本节通过分析超额收益率、超额换手率、收益波动率对年报财务重述的市场反应发现，整体上财务重述对超额收益率的反应显示出弱的反应特征，对超额换手率表现强的市场反应。但是对窗口段进行分析，"好"消息重述和"坏"消息重述的超额收益率、超额换手率以及收益波动率的长窗口段呈现显著的差异，而收益波动率的差异在短窗口段表现不明显，基本验证了本节提出的假设，从多层面说明了年报财务重述具有信息含量。

## 第五节　财务重述与盈余管理实证分析

通过以上分析，在财务重述公告披露前后的市场反应特征在整体上表现了弱信息含量的特征，细分财务重述消息包含的内容，采用组合窗口会发现财务重述现象出现显著的预期效应、短期效应和披露效应。为了更深层次探讨财务重述信息含量的特征，透过预期效应、短期效应和披露效应，仔细观察股票收益率的变动趋势是否正常变动，进一步揭示财务重述背景下企业操纵盈余的现象，研究财务重述信息含量的特征。图2-4和图2-5分别展示了不同类型样本财务重述前后股票非正常收益率和累计非正常收益率的波动情况。从图中可以看出，两个图形都表现了"好"消息重述具有较大的正的非正常收益率，"坏"消息具有较大的负的非正常收益率，都吻合了假设2-1、假设2-1a和假设2-1b。但是"坏"消息的超额收益率在公告日突然下降然后反弹至原来水平，"好"消息的超额收益率在公告日突然上升，然后反弹至原来水平。无论是好消息还是坏消息，其正的市场效应或者负的市场效应均没有得到一段时间的延续，由此猜想上市公司是否有利用财务重述信息扰乱市场、影响投资者行为的自利动机？这为后面细分财务重述内容、研究财务重述外表下的企业盈余操纵行为提供了参考依据。

财务重述作为对年报披露信息的补充与修正，但是其补充和修正的内容和格式又没有统一的规定，这样为企业借助财务重述管理盈余迎合监管部门和投资者的业绩预测要求提供了舞弊的可行性空间。本节参考萧英达著作的《国际比较审计》的研究方法和万丽平（2011）沪港两市的财务重述比较分析法，运用比较研究法，对比特定样本公司财务重述的信息含量在预期效应、短期效应和披露效应方面的表现特征，挖掘财务重述背景衬托下的企业盈余操纵行为，进一步研究财务重述的信息含量特征。

## 一、分析与假设

财务重述信息含量的研究在国内外已经产生了大量的文献，但是结论却不完全一致。赫希等（2005）发现涉嫌欺诈的重述与未涉嫌欺诈的重述所引起的累计超额收益明显不同；帕马洛斯（2004）研究表明公司内部发起和外部审计师发起的财务重述的市场反应差异巨大；陈凌云（2009）以2001～2007年年报发布补充及更正公告的公司作为研究样本，发现市场能够对不同类型的补充及更正公告作出不同的反应，对主动型的补充及更正公告有正向反应、对被动型的补充及更正公告有负向反应；魏志华等（2009）研究结果表明，重述公告整体而言具有非显著的负面市场反应，且不同类型重述公告的市场反应不同；曾莉（2003）研究的 2001 年沪市 A 股所有发生会计差错更正的上市公司会计差错更正的市场传导效应发现，公司年度报告披露前后时窗内的股票交易量和股票交易价格并未存在显著差异。

但是，结合财务重述公告的政策效果与财务重述背景下的企业操纵行为研究在国内外寥寥无几。本节运用比较研究法首次对比研究信息含量，以挖掘财务重述信息含量的特有价值。

财务重述公司样本可以分为补充类公告、更正类公告、补充更正类公告。其中，补充类公告主要是对股东登记、企业未来发展规划、企业以往财务报告的细致说明，大部分与企业的盈余没有直接关系或者不影响企业过去的财务报表数据，但是对于更正类报表，除了少数涉及非财务数据的其他数据的变化，大多是有关于会计数据的更正，特别是对往来等应计项目的更正，从而形成重述以前报表的高报或者低报现象。可见这种现象说明了企业管理者故意甚至恶意伪造变造会计数据，对应计项目进行操纵，从而借助重述达到合理、合法且不易被发现的盈余操纵的目的。

一旦财务重述被合理化为企业完善信息披露的途径，企业便会一次甚至多次重述财务信息，这样的制度会间接滋生和鼓励管理者利用应计项目操纵盈余。周晓苏和周琦（2011）认为短期的盈余项目是一种普遍的盈余管理工具，并且与财务重述行为的发生有显著的正相关关系，于是提出如下假设。

假设 2－2：相对于其他财务重述内容，包含应计项目的重述公司的年报具有更高的盈余管理水平。

应计项目和真实活动盈余管理是上市公司操作盈余的两种主要方式，财务重述公司通过调高盈余，如操纵销售、采购等活动，高报利润，少报亏损，形成以牺牲将来利益来博取现在的短时利益，以应收、折旧、坏账等项目实现本期利润的增加目标。然而，业绩是企业一段时间经营成果的体现，是时间积累的结晶，业绩的变化不是一蹴而就，完全是随着企业价值链活动与政策效果缓慢演变而来的，这样操纵当前盈余迎合当前法律和董事会的认可将导致将来的财务重述。周晓苏和周琦基于盈余管理动机对财务重述公司进行研究后发现，相对于非重述公司，重述公司的短期经营性应计显著偏高；理查森等（2002）认为市场对于盈余重述公司在未来盈利增长方面给予了更高的期望，因而上市公司管理层迫于资本市场的压力，有动机进行盈余操纵以维持盈利增长或超过预期盈利，上市公司一般会采取激进的会计政策来达到上述目的，最终导致了更频繁的财务重述。

于是，提出如下假设。

假设 2 - 3：相对于其他财务重述内容，高报盈余的重述公司的年报具有更高的盈余管理水平。

## 二、模型构建

### （一）变量设计

1. 因变量——盈余管理的衡量。实证研究选择操控性应计的绝对值和异常经营现金流作为盈余管理的代理变量，分别衡量应计操纵的盈余管理和真实的盈余管理。

盈余管理水平的衡量方法很多，本部分使用可操控性应计利润和异常经营现金流来衡量作为盈余管理的替代变量。

操控性应计的估计模型以考虑公司绩效的修正的琼斯模型（1991）为基础。与修正的琼斯模型不同的是琼斯模型（1991）不考虑应收账款变化对非操控性应计利润的影响。科塔里等（Kothari et al.，2005）发现将每个公司的可操控性总应计利润与同行业业绩相近公司的可操控性总应计利润之差作为盈余管理的衡量指标，可以提高盈余管理研究结论的可靠性。本节参照科塔里等（2005）的论述，计算可操控性应计利润和不可操控性应计利润。具体计算如下：

$$TA_{it}/A_{it-1} = B_{01} + B_{11}(1/A_{it-1}) + B_{21}(\Delta REV_{it} - \Delta AR_{it})/A_{it-1}$$
$$+ B_{31}(PPE_{it}/A_{it-1}) + B_{41}(ROA_{it-1}/A_{it-1} + \varepsilon)$$

$$NA_{it} = B_{02} + B_{12}(1/A_{it-1}) + B_{22}(\Delta REV_{it} - \Delta AR_{it})/A_{it-1} + B_{32}(PPE_{it}/A_{it-1})$$
$$+ B_{42}(ROA_{it-1}/A_{it-1})$$

$$DA_{it} = (TA_{it}/A_{it-1}) - NA_{it}$$

其中，i 表示公司；t 表示财务报告发生错误的年份，即被重述年份；TA 表示总应计，等于会计利润减去经营活动现金流；$A_{t-1}$ 表示年初总资产；$\Delta REV$ 表示营业收入变动额；$\Delta AR$ 表示应收账款变动额；PPE 表示固定资产原值；$ROA_{t-1}$ 表示滞后一期的资产收益率。以上变量均用年初总资产进行调整。NA 表示正常应计，DA 表示操控性应计。

异常经营现金流的计算借鉴罗伊乔杜里（Roychowdhury，2006）中描述的方法。具体计算过程如下：

$$\frac{\mathrm{CFO}_{it}}{\mathrm{Assets}_{it-1}} = k_1 \frac{1}{\mathrm{Assets}_{it-1}} + k_2 \frac{\mathrm{REV}_{it}}{\mathrm{Assets}_{it-1}} + k_3 \frac{\Delta\mathrm{REV}_{it}}{\mathrm{Assets}_{it-1}} + \varepsilon_{it}$$

其中，i 表示公司；$\mathrm{CFO}_t$ 表示财务报告发生错误的年份（被重述年份）的经营活动现金流；$\mathrm{Assets}_{t-1}$ 表示年初总资产；$\mathrm{REV}_t$ 表示当期营业收入；$\Delta\mathrm{REV}_t$ 表示营业收入变动额。

异常经营现金流 RCFO 为经营现金流实际值与用模型估计出的系数计算出的正常现金流水平的差异，即：

$$\mathrm{RCFO}_{it} = (\mathrm{CFO}_{it}/\mathrm{Assets}_{it-1}) - [\hat{k}_1(1/\mathrm{Assets}_{it-1}) + \hat{k}_2(\mathrm{REV}_{it}/\mathrm{Assets}_{it-1})$$
$$+ \hat{k}_3(\Delta\mathrm{REV}_{it}/\mathrm{Assets}_{it-1})]$$

2. 自变量的衡量。本书把财务重述公司根据其重述内容按照两个不同的标准进行分类研究：一是按照重述内容是否包含应计项目进行分类进行研究建立模型，设置财务重述哑变量，如果包含应计重述，取值为"1"，否则取值为"0"；二是按照重述内容是否包含调低盈余，即原报表高报盈余，进行分类并建立模型。设置财务重述哑变量，如果包含高报盈余重述，取值为"1"，否则取值为"0"。

3. 控制变量的选取。金尼和丹尼尔（1989）的研究认为重述公司规模较小、负债比例更高、成长性较差，并且面临着更高的不确定性，但是德方等、艾哈迈德、古德温的研究却得出了相反的结论。魏志华等（2010）从公司特征、股权结构、内部治理结构、外部治理环境等多个视角，较为系统地剖析了中国上市公司年报重述的影响因素。借鉴相关文献，选择公司的业绩、成长性、股权结构、公司规模、重述年度作为控制变量来研究，它们的计算和代号如表2-9所示。

**表2-9**                     **被解释变量和控制变量的定义**

| 变量类型 | 变量名称 | 变量符号 | 变量含义及描述 |
|---|---|---|---|
| 解释变量 | 盈余管理水平 | abs（DA） | 用可操控性应计利润的绝对值作为盈余管理的替代变量 |
| | | RCFO | 用异常经营现金流作为盈余管理的替代变量 |
| 因变量 | 财务重述 | Refinace1 | 重述为包含应计内容的为1，否则为0 |
| | | Refinace2 | 重述为高报盈余的为1，否则为0 |

续表

| 变量类型 | 变量名称 | 变量符号 | 变量含义及描述 |
|---|---|---|---|
| 控制变量 | 公司的业绩 | roe | 用年末净利润/年末股东权益表示 |
| | 公司负债水平 | Lev | 以滞后一期的资产负债率表示 |
| | 股权集中度 | Top5 | 前五位大股东持股比例 |
| | 公司规模 | Size | 总资产的自然对数 |
| | 重述年度 | year08、year09、year10 | 年度哑变量，以 2007 年为基准，设置 year08、year09、year10 三个变量 |

### （二）回归模型

为了研究财务重述背景下的企业操纵行为以及反映财务重述信息含量体现的不同特征，特建立以下多元回归模型。

模型一：$abs(DA) = \alpha_{01} + \alpha_{11} \times Refinace1 + \alpha_{21} \times roe + \alpha_{31} \times Lev + \alpha_{41} \times Top5 + \alpha_{51} \times Size + \alpha_{61} \times year08 + \alpha_{71} \times year09 + \alpha_{81} \times year10 + \varepsilon_{11}$

模型二：$abs(DA) = \alpha_{02} + \alpha_{12} \times Refinace2 + \alpha_{22} \times roe + \alpha_{32} \times Lev + \alpha_{42} \times Top5 + \alpha_{52} \times Size + \alpha_{62} \times year08 + \alpha_{72} \times year09 + \alpha_{82} \times year10 + \varepsilon_{12}$

模型三：$RCFO = \alpha_{03} + \alpha_{13} \times Refinace1 + \alpha_{23} \times roe + \alpha_{33} \times Lev + \alpha_{43} \times Top5 + \alpha_{53} \times Size + \alpha_{63} \times year08 + \alpha_{73} \times year09 + \alpha_{83} \times year10 + \varepsilon_{13}$

模型四：$RCFO = \alpha_{04} + \alpha_{14} \times Refinace2 + \alpha_{24} \times roe + \alpha_{34} \times Lev + \alpha_{44} \times Top5 + \alpha_{54} \times Size + \alpha_{64} \times year08 + \alpha_{74} \times year09 + \alpha_{84} \times year10 + \varepsilon_{14}$

其中，abs(DA)、RCFO 分别表示可操控性应计利润的绝对值和异常经营现金流，代表公司的盈余管理水平；Refinace1 表示是否包含应计内容的重述，Refinace2 表示是否包含高报盈余的重述。它们的计算和其他变量的含义参考表 2 - 9 中的描述。

## 三、描述性统计

表 2 - 10 给出了两种不同分类研究样本的因变量和控制变量的描述性统计，从表中可以看出，包含应计内容的重述公司的 DA 较高，均值为 0.0335；不包含应计内容的重述公司的 DA 较低，均值分别为 0.0335 和 0.0013。两者在 1% 水平上显著，说明管理层在重述事件发生年度利用应计项目操控盈余影响财务报表的信息质量，说明了假设 2 - 2 包含应计项目的

重述，相对于其他财务重述公告更具盈余管理水平的预测正确性。

**表 2 - 10**　　　　　　　　　　样本的描述性统计及均值 t 检验

| 变量 | 财务重述分类（一） | | | 财务重述分类（二） | | |
|---|---|---|---|---|---|---|
| | 包含应计的重述（均值） | 不包含应计的重述（均值） | T 检验 | 高报盈余的重述公司（均值） | 其他重述公司（均值） | T 检验 |
| abs(DA) | 0.0335 | 0.0013 | 2.1766 *** | 0.0207 | 0.0008 | 2.2837 *** |
| roe | − 0.0443 | − 0.0132 | − 3.1335 *** | − 0.0717 | − 0.0226 | − 2.7691 *** |
| Lev | 1.6044 | 1.3033 | 1.8804 * | 1.8576 | 1.2249 | 1.6391 * |
| Top5 | 0.1643 | 0.1654 | 1.2557 | 0.1694 | 0.1662 | 1.0224 |
| Size | 19.0499 | 19.1103 | 0.0061 | 19.0736 | 19.0506 | 0.0027 |
| 样本量 | 163 | 531 | | 102 | 592 | |

注：***、* 分别表示在 1%、10% 的水平上显著。

　　同时，从高报盈余的重述公司和其他重述公司比较来看，高报盈余公司的 DA 水平也显著高于其他重述公司，并且在 1% 的水平上显著，说明了假设 2 - 3 中高报盈余的重述公司相对于其他财务重述公司更具盈余管理水平的正确性。

　　从控制变量看，两种分类导致的 roe 和 Lev 分别在 1% 的水平上显著（双尾），在 10% 的水平上显著，Top5 和 Size 不显著，与以往学者的研究结果类似。

## 四、多元回归实证分析

　　针对模型一和模型二，我们做了多元线性回归分析，具体结果如表 2 - 11 所示。模型一的自变量为按照是否包含应计内容的财务重述，从表中可以看出，因变量操控性应计 abs（DA）与自变量显著正相关，回归系数为 0.079，模型在 5% 的水平上显著，表明与不包含应计内容的财务重述公司相比，包含应计内容的重述公司在财务报告 abs（DA）水平较高，验证了假设 2 - 2，即包含应计项目的重述相对于其他财务重述公告更具盈余管理水平。

表 2 - 11　　　　　　　　　　操控性应计多元回归结果

| 变量 | 模型一 | | 模型二 | |
|---|---|---|---|---|
| | 系数 | t 值 | 系数 | t 值 |
| 常数项 | - 16.835 | - 13.271 *** | - 13.872 | - 20.015 *** |
| Refinace1 | 0.079 | 8.547 *** | | |
| Refinace2 | | | 0.038 | 6.469 *** |
| roe | 0.657 | 1.363 | 0.452 | 3.833 *** |
| Lev | - 0.047 | 4.401 *** | 0.003 | 1.227 |
| Top5 | 0.039 | 1.743 * | 0.044 | 1.552 |
| Size | - 0.094 | - 1.325 | - 0.015 | - 1.209 |
| 样本量 | 694 | | 694 | |
| Adj R-squared | 0.2166 | | 0.1648 | |
| 方程显著性 F 值 | 18.1198 ** | | 24.4587 *** | |

注：***、**、*分别表示在1%、5%、10%的水平上显著。

模型二的自变量为按照是否为高报盈余的财务重述，从表中可以看出，因变量操控性应计 abs（DA）与自变量显著正相关，回归系数为 0.038，在 1% 的水平上显著，表明与其他财务重述公司相比，高报盈余的重述公司在财务报告发生错误的年份 abs（DA）较高，管理层采取了能提高当期盈余的会计政策进行盈余操纵，假设 2 - 3 中高报盈余的重述公司相对于其他财务重述公司更具盈余管理水平的论断得到证明。

## 五、进一步分析

为进一步研究财务重述与盈余管理的关系，在利用 DA 的绝对值作为应计项目的盈余管理水平的代理变量研究财务重述与应计项目的盈余管理之间关系的基础上，本节借用罗伊乔杜里（2006）的方法，用异常经营现金流替代可操控性应计利润，作为真实活动盈余管理的替代变量进行研究财务重述与盈余管理的关系，结果发现（见表 2 - 12），模型一中 Refinace1 在 1% 的水平上显著，roe 在 5% 的水平上显著，其他的控制变量均不显著；模型二中 Refinace2 在 1% 的水平上显著，roe 在 1% 的水平上显著，Lev 和 Size 在 10% 的水平上显著。异常经营现金流作为真实活动盈余管理的替代变量与自变量的关系的结果与可操控性应计利润作为应计项目盈余管理变量的结果类似，但是控制变量发生了变化，说明了财务重述与真实的盈余操纵有关，验证了本节的假设。

表 2-12                    异常经营现金流多元回归结果

| 变量 | 模型一 | | 模型二 | |
|---|---|---|---|---|
| | 系数 | t 值 | 系数 | t 值 |
| 常数项 | -18.167 | -14.333*** | -9.244 | -16.101*** |
| Refinace1 | 0.066 | 7.539*** | | |
| Refinace2 | | | 0.038 | 8.327*** |
| roe | 0.889 | 2.667** | 0.676 | 4.381*** |
| Lev | -0.036 | 1.314 | 0.012 | 1.755* |
| Top5 | 0.058 | 1.449 | 0.083 | 1.617 |
| Size | -0.073 | -1.409 | -0.024 | -1.816* |
| 样本量 | 689 | | 689 | |
| Adj R-squared | 0.3004 | | 0.2366 | |
| 方程显著性 F 值 | 20.7737** | | 26.5559*** | |

注：（1） ***、**、* 分别表示在1%、5%、10%的水平上显著。
（2） 计算异常经营现金流时有5个样本的财务数据不全而被删除，故样本只剩下689个。

# 第六节  结    论

本章首先对本书的主要研究结论进行总结和归纳，然后对改善中国上市公司在财务重述公告披露方面的政策制定及其对资本市场的健康发展的影响提出建议，并指出本书研究的不足和后续的研究方向。

## 一、研究结论

本章以2007~2010年沪深两市所有A股上市公司为研究样本，利用事件研究法、多元回归分析法，研究财务重述的信息含量，分析重述制度的效果和揭示财务重述制度外表下的企业操纵行为。主要进行了以下分析：分析财务重述公告是否具有信息含量，从异常收益率、超额换手率、收益波动率三个角度验证财务重述公告的政策效果、财务重述公告被投资者消化、修正投资决策；对比分析财务重述内容不同的公司的市场反应，重述"好"消息和重述"坏"消息的公司的市场反应的差别，进一步说明财务重述公告具有信息含量；结合应计性盈余操纵和真实性盈余操纵两个方面，构建多元回归模型，分析财务重述外表下企业操纵利润行为。

通过以上分析得出如下结论：虽然财务重述公告总体上表现弱的信息含量，但是对财务重述的内容进一步分类发现，"好"消息的重述具有显著的正面市场反应，"坏"消息的重述具有显著的负面市场反应；包含应计内容和调增盈利的重述公司具有更高的盈余管理水平。

## 二、几点启示

财务重述公告发布频繁，整体市场反应却较弱，但是不同重述内容，特别是重述"好"消息和"坏"消息的市场反应显著。从本章的分析中，特别是从财务重述的信息含量在公告前、公告时和公告后的表现以及企业盈余操纵行为的揭露，得出了如下启示。

1. 财务重述事件具有预期效应、短期效应和披露效应，特别是"好"消息具有显著的正的市场效应，"坏"消息具有显著的负的市场效应。政府要求披露财务重述事件具有良好的政策效果，能够完善资本市场信息披露质量，引导投资者的投资行为，因此要求上市公司严格执行财务重述政策，提高信息透明度。

2. 尽管财务重述公告效应的市场反应比较弱，上市公司的财务重述现象披露不但频繁化，还由被动变为主动，一方面，反映了优秀的公司借以完善本企业的信息披露质量，建立企业的信息质量品牌，通过披露以往财务报告的不完善和不准确之处向投资者传递优秀的企业形象，便于投资者正确决策，促进资源的优化配置；另一方面，一些业绩较差的企业把财务重述作为扰乱市场信息的工具，影响投资者的正确决策，从中欺骗投资者而获取暴利。

特别针对包含应计项目的重述和高报盈余的公司更倾向于利用重述事件管理操纵企业盈余，为避免资本市场上的"劣币驱逐良币现象"，可以规定财务重述公告标准，通过建立标准的财务重述格式、内容和要求，让投资者识别财务重述的真正用意，充分利用重述信息进行投资决策。

3. 现阶段我国有一部分上市公司的信息披露透明度有待进一步提高。鉴于此，应不断加强对投资者的财务投资知识培训，使投资者像关注修正业绩预告信息一样关注财务重述现象，塑造理性投资的资本市场环境，促进资本市场的正常运作。

4. 政府监管当局应该加强监管资本市场，完善财务重述披露制度，建立有效可行的问责机制，提高财务报告信息的质量，促进财务重述披露的良性使用。理论上财务重述报告是对以前年度财务报告信息的更正或补充，是为了进一步提高上市公司财务报告的正确性和完整性并提高信息披露质量，但是事与愿违，所以完善信息披露制度、加强监管、建立有效的问责制度，使上市公司的信息披露在第一次发布时就具有高质量和高透明度，并且投资者能及时根据重述信息进行修正投资决策，就显得更为必要。

## 三、研究不足与展望

本书研究财务重述的信息含量特征，不仅在研究范围和研究方式上有重要的学术意义，而且有助于提高上市公司的信息披露质量、加强对投资者保护以及为证券监管机构的政策制定提供借鉴意义。

具体来说：对上市公司而言，本书的研究将有助于督促上市公司运用年报信息释放方式的多样性提高财务报告的披露质量，降低上市公司通过财务重述进行利润操纵的动机；对投资者而言，本书的研究将有助于提高投资者对上市公司发布财务重述的理性认识，辨别其中隐含的信息含量以及针对信息含量不显著的原因进行分析，挖掘企业的信息释放手段，为其作出正确的投资决策提供借鉴意义；对证券监管机构而言，本书的研究将有助于证券监管机构更深入地了解财务重述的市场影响，组合业绩预告、年报披露和财务重述的优劣势从而制定更加合理的信息披露制度，提高证券市场的信息质量。

由于时间和知识能力有限，本书的研究仍存在一定的局限性，有待未来进一步深化和拓展。

首先，在计量方法上，本书计算财务重述的信息含量运用事件研究法，但是基于此法在计量信息含量方面还存在一定的争议，由此研究新的切实可行的信息含量计量方法在财务重述的信息含量研究上将会是个新的突破。

其次，在研究内容上，本书在研究财务重述背景下的企业盈余管理中，只是针对三种内容分类进行分析，但是财务重述本身的内容多种多样，存在不同分类，因此从其他角度进行研究和探讨将是个新的研究视角。

# 第三章

# 信息比较研究：财务重述与业绩预告比较分析

上市公司的年度财务信息的释放按照时间顺序依次呈现出业绩预告、年报公布、发布财务重述公告三种形式，这三种形式的公告不断受到理论界和实务界的关注，特别是业绩预告和财务重述事件引起的市场反应与公司的治理特征、财务特征、管理层的动机有着密切关系。因此，本书运用比较研究法，对比业绩预告信息含量的特征和表现形式（后面会提及预期效应、短期效应和披露效应），从不同视角来研究财务重述的信息含量，以期为理论研究财务重述提供新的研究视角，为实践提供经验数据。

通过前面的分析，财务重述公告披露前后的市场反应特征均表现为弱特征，但是财务重述现象层出不穷。为了更深层次探讨财务重述信息含量的特征，本书以年报信息含量为桥梁，构建财务重述信息含量与业绩预告信息含量的比较模型，研究财务重述信息含量的特征。

财务重述与业绩预告，一个是年报后的补充与修正，另一个是年报前的预测，它们对保护投资者利益、完善业绩预告和财务重述相关的制度均有重要的意义。本书参考萧英达《国际比较审计》一书的研究方法和万丽平（2011）沪港两市的财务重述比较分析法，运用比较研究法，对比业绩预告的信息含量和财务重述的信息含量，挖掘两者信息含量的差异性，进一步研究财务重述的信息含量特征。

## 第一节　研究假设

### 一、预期效应

年报的第一次报出日与财务重述日之间存在时滞，在一定程度上降低了会计信息的可靠性，我国也没有具体的规定和限定要求的财务重述的时间间隔，并且发布财务重述公告的时间也比较灵活，由上市公司的管理层决定。因此，财务重述发生与否的信息使证券市场的参与者，特别是投资者并不十分感兴趣，即使发布，因其没有经过审计，其可靠性也会动摇投资者的信心，致使证券市场不敢轻举妄动。然而业绩预告（以年报为研究对象，下同）在我国已经成为一种强制行为，如果公司没有按照要求对其发生亏损、扭亏为盈、盈利发生较大幅度变动进行披露或者披露不及时都会受到相应的处罚，甚至对业绩预告的强制性披露的范围也进行了严格的规定。

业绩是企业一段时间经营成果的体现，是时间积累的结晶，业绩的变化不是一蹴而就的，完全是随着企业价值链活动与政策效果缓慢演变而来的。业绩预告只是对这种变化结果的猜测，猜测主体是具有一定经验、知识且对企业经营业绩、经营过程和内部操作非常熟悉的人。企业的经营管理者能够根据企业的经营活动、内部管理等方面对企业的业绩进行预测，那么作为相对于企业内部人士的外部投资者也会从企业的相关信息方面洞察企业的业绩变化，完全可以预测到企业业绩的变化，致使他们在业绩预告之前就开始修正、完善，甚至改变经营决策，证券市场的股票价格相应地随之波动。

财务重述是对已经披露了的业绩进行补充、修正或者说明，是对过去业绩的披露，作为投资者，他们关注更多的是企业现在和将来的经营业绩，对过去的业绩的敏感度远不如对现在和未来企业业绩的洞察。

于是，提出如下假设。

假设3-1：上市公司的财务重述的预期效应显著低于业绩预告的预期效应。

## 二、短期效应

我国上市公司财务重述倾向于披露负面消息，这是由于我国会计准则对会计差错更正有明确的规定，而且财务报表重大差错更正代价也相对较小，甚至几乎没有惩罚力度，因此有时成为了企业粉饰利润、推迟发布的一种手段。年度业绩预告，无论是"坏"消息还是"好"消息，投资者都会从企业的经营过程效果方面得到一些估计，但是对大多数依靠公司的业绩作出决策的、处于信息弱势的投资者来说有了依靠。

投资者的利益与企业当期的经营业绩紧密相连，在信息发布的当天更倾向于关注业绩预告而非财务重述信息。于是，提出有关于信息披露的假设。

假设3-2：上市公司的财务重述的短期效应显著低于业绩预告的短期效应。

### 三、披露效应

财务重述后股票回报率和会计盈余的相关性程度小于财务重述之前，财务重述后股票回报率和每股现金流量的相关性程度大于财务重述前，这说明财务重述公告的发布使投资者重新认识了企业财务数据，财务重述之后，投资者在做投资决策时，开始寻求不易被操控的指标，投资者由依靠财务数据作出相关投资决策转变为参考财务数据，甚至反财务数据而行作决策，致使证券市场价格波动，在财务重述事件披露后，市场反应显著，这已得到研究者证实。例如，李静（2011）的分析得出重述财务报告发布的前五天，即在[0,5]期间内，每日的平均超额报酬率明显大于重述之前。何乃非（2004）得出各类公司在预告公布之后的短期之内，一般为1~2天，其股价还会继续反应，在预告公布后一天，预盈、预警、预增、预亏公司的平均非正常报酬率在 $\alpha = 0.1$ 水平上均显著（前者显著小于0，后者显著大于0），同样表明业绩预告信息公布后的市场反应十分显著。

我国的证券市场处于刚刚起步阶段，配套的法律制度体系还没跟上，投资者的投机色彩比较浓重，并没有在真正意义上理解公司公告的财务信息，加之我国会计差错更正具有一定的随意性，因此财务重述并没有提高报表信息的可靠性和相关性，致使每日的平均超额报酬率明显大于重述之前。

于是，提出如下假设。

假设3-3：上市公司的财务重述的披露效应不低于业绩预告的披露效应。

## 第二节　整体财务重述与业绩预告信息含量的比较

尽管本书选择的财务重述与业绩预告事件均为年度事件，但由于两者相差的时间间隔比较远，即使是同一企业在这段时间内也可能发生许多影响上市公司股价变动的诸多因素。因此为了比较财务重述与业绩预告的信息含量，挖掘出财务重述信息含量的特征，本书以年报作为桥梁，分析同时发生业绩预告、年报和财务重述的上市公司的业绩预告、年报、财务重述三事件在事件窗口 ［-10,10］之间的差异，来分析财务重述的特征。通过前面的分析了解到财务重述具有弱信息含量，在本段分析中使用累计非正常收益率来对比各种事件本身在事件窗口 ［-10,-1］与 ［1,10］中所呈现的差异性。上市公司在 ［-10,10］窗口中的超额收益率比较如表3-1所示。

表3-1　　　　上市公司在 ［-10,10］窗口中的超额收益率比较

| 样本 | ［-10,-1］累计非正常收益率 | ［1,10］累计非正常收益率 | 在公告日的非正常收益率的 T 检验 | ［-10,-1］和 ［1,10］累计非正常收益率 T 检验 |
|---|---|---|---|---|
| 全样本 | | | | |
| 财务重述 | -0.0036935 | -3.900511 | -0.5036 | -6.8e+02 *** |
| 业绩预告 | 0.0136391 | -0.5625921 | -2.1237 ** | -85.0270 *** |
| 年报 | 0.0075915 | -4.098046 | -4.1432 *** | -7.2e+02 *** |
| 2007 年 | | | | |
| 财务重述 | -0.0149542 | -3.900511 | -0.5924 | -4.2e+02 *** |
| 业绩预告 | 0.0059088 | -0.5625921 | -0.9121 | -50.2697 *** |
| 年报 | 0.0002292 | -4.098046 | -3.8675 *** | -4.5e+02 *** |
| 2008 年 | | | | |
| 财务重述 | 0.0080345 | -3.900511 | 0.2980 | -5.3e+02 *** |
| 业绩预告 | 0.0274007 | -0.5625921 | -2.4131 ** | -70.1824 *** |
| 年报 | 0.0195626 | -4.098046 | -1.4650 | -5.3e+02 *** |
| 2009 年 | | | | |
| 财务重述 | 0.0020246 | -3.900511 | 0.1980 | -2.3e+02 *** |
| 业绩预告 | 0.0346534 | -0.5625921 | -1.9436 *** | -60.1657 *** |
| 年报 | 0.0145437 | -4.098046 | -2.0023 ** | -4.7e+02 *** |
| 2010 年 | | | | |
| 财务重述 | 0.0046866 | -3.900511 | -1.6274 | -2.2e+02 *** |
| 业绩预告 | -0.0103026 | -0.5625921 | 0.1453 *** | -38.3627 *** |
| 年报 | -0.0093064 | -4.098046 | -1.2616 ** | -2.9e+02 *** |

注：***、**分别表示在1%、5%的水平上显著。

从表3-1可以看出，对于全样本，在窗口 ［1,10］累计非正常收益率在财务重述、业绩预告和年报分别为 -3.900511、-0.5625921、-4.098046，

均为负数，与年报效应方向一致，说明了财务重述与业绩预告一样具有信息含量。再把窗口［1，10］和窗口［-10，-1］的累计非正常收益率做 t 检验，发现三者均在 1% 水平上显著，说明财务重述的累计效应具有显著的信息含量，尽管前面章节发现财务重述的信息含量比较弱。

## 第三节　预期效应的比较

从表 2-11、表 2-12 中可以看出，在窗口［-10，-1］中，财务重述的超额收益率均表现为非显著性，然而在从窗口中特别是 -2 和 -1 中在 1% 的水平上显著，突出了财务重述弱信息含量的特点。

但是在表 3-1 中，通过计算窗口［-10，-1］累计非正常收益率来计算财务重述的预期效应，全样本累计非正常收益率为 -0.0036935，分年份得出 2007 ～ 2010 年的非正常收益率分别为 -0.0149542、0.0080345、0.0020246、0.0046866，除了 2007 年外，其累计非正常收益率的绝对值均低于相对应的年报和业绩预告的累计非正常收益率，并且业绩预告的累计非正常收益率的绝对值除了 2007 年外为最大，从而印证了上市公司的财务重述的预期效应显著低于业绩预告的预期效应。其原因主要是财务重述是对已经披露的业绩进行补充、修正或者说明，是对过去业绩的披露，作为投资者，他们关注更多的是企业现在和将来的经营业绩，对过去的业绩的敏感度远不如对现在和未来企业业绩的洞察，业绩预告则是对这种变化结果的猜测，猜测主体是具有一定经验、知识且对企业经营业绩、经营过程和内部操作非常熟悉的人，企业的经营管理者能够根据企业的经营活动、内部管理等方面对企业的业绩进行预测，那么作为相对于企业内部人士的外部投资者也会从企业的相关信息方面洞察企业的业绩变化，完全可以预测到企业业绩的变化，致使他们在业绩预告之前就开始修正、完善，甚至改变经营决策，证券市场的股票价格相应地随之波动。从而在比较业绩预告和财务重述时，财务重述的信息泄露效应就表现得比业绩预告低。

## 第四节　短期效应的比较

从表 3-1 中可以看出，在公告当日的披露效应方面，财务重述的非正常收益率的 t 检验值无论是对全样本还是按照年度检验，均不表现出显著，而业绩预告的非正常收益率在披露当日均为在 1% 水平上呈显著状态。可能由于财务重述告知的为历史信息，投资者经过一段时间的决策修正，历史信息的信息含量基本被释放出来，直至公告日，投资者不会产生任何反应，也可能是决策者在作出未来相关的投资决策时更多考虑未来获利的稳定性，导致公告日非正常收益率接近 0。而业绩预告信息正好满足投资未来的信息需要，年度业绩预告，无论是坏消息还是好消息，投资者都会从企业的经营效果方面得到一些估计，但是对大多数依靠公司的业绩作出决策的信息弱势的投资者来说有了决策依靠，提前释放了上市公司经营业绩的信息。说明了在重大事件公布当日，上市公司的财务重述的信息含量显著低于业绩预告的信息含量。

## 第五节　信息披露效应的比较

从表 3 - 1 中可以看出，在公告信息披露后，在窗口 [1, 10] 中，财务重述、业绩预告与年报的整体和分年度超额收益率的均值分别为 - 3.900511、- 0.5625921、- 4.098046，在把窗口 [1,10] 与窗口 [-10, -1] 作 t 检验时却表现出在 1% 水平上显著，重述样本的超额收益率绝对值接近业绩预告的超额收益率的绝对值，这验证了在重大事件公布后，上市公司的财务重述的信息含量显著性可以媲美业绩预告的信息含量。

| 第四章 |

# 信息逆向使用研究：基于审计意见购买视角

## 第一节　引　　言

关于投资者保护的研究是当今理论界的一项重要课题，根据信息不对称理论和有效市场的假设，鉴于多层委托代理关系的存在，投资者特别是中小投资者的利益受到来自多面的吞噬。上市公司内部人为了达到自利目的、满足企业法律法规的强制性规定以及完成与委托方签订的契约使命，通过诸如业绩预告、年报、财务重述等公告，向投资者和相关利益群体传递企业信息，影响他们对上市公司发行股票的购买需求。以财务重述公告①为例，进行财务重述的上市公司数目逐年递增，根据美国会计总署（United States General Accounting Office，GAO）的统计，美国的财务重述公司在 1997～2005 年增加了 356 家，比例由同期的 0.9% 提升到 6.8%，并且许多世界知名企业榜上有名；在澳大利亚，财务重述作为会计滥用的手段之一备受关注。在我国的证券市场上也出现类似情况，上市公司年报重述的整体发展趋势不容乐观，重述公司数量和比例居高不下、重述原因性质严重、重述内容对公司价值存在一定的负面影响等，在全部 A 股上市公司中，1998 年 20 家，比例为 2.59%；1999 年 91 家，比例为 10.48%；2000 年 142 家，比例为 14.16%；2004 年 279 家，比例为 21.14%；2006 年 223 家，比例为 15.93%；在 1998～2006 年重述

---

① 本文的财务重述含义，参照美国会计总署（United States General Accounting Office，GAO）的定义，凡是在上市公司自愿或者在审计师、监督管理机关的强制下更改和补充以前公告的公共财务信息。

公司共 1 368 家，比例为 13.47%①。我国的监管机构针对重述现象，不断完善重述披露制度，规范披露格式和标准，对上市公司及相关人员对于年度报告中虚假记载、误导性陈述或者重大遗漏导致投资者遭受损失的赔偿责任作出了规定，从法律责任追究制度的高度保护投资者。

纵观资本市场的发展趋势和重述现象的严重性与普遍性，学者们从多方面研究财务重述现象，并取得了可喜成果。这些成果主要体现在以下方面的研究中：第一，财务重述经济后果的研究。帕马洛斯等（2004）、吴（Wu，2002）等从市场反应层面进行研究，凯迪亚和菲利蓬（Kedia and philippon，2006）、阿尔默等（Almer et al.，2008）从公司层面进行研究。第二，财务重述动机进行的研究。斯密斯和瓦特（Smith and Watts，1992）、阿格拉沃尔和库珀（Agrawal and Cooper，2008）、伯恩斯和凯迪亚（2006）等从财务重述的内外部原因进行分析，还有一些学者从来自资本市场的压力、管理者薪酬、盈余管理等方面进行研究，如理查森等（Richardson et al.，2003）、列夫等（Lev et al.，2007）。第三，财务重述影响因素的研究。金尼和丹尼尔（1989）、艾哈迈德和古德温（Ahmed and Goodwin，2007）对公司基本特征与财务重述的关系研究，德肖等（1996）对公司治理与财务重述的关系研究，还有些学者从审计、公司业务特征、监管制度等多方面进行研究。

从实质上看，以上研究都是基于委托代理机制和有效市场假设研究财务重述现象表征的前因后果，从一种现象推导或挖掘另一种现象，而结合市场需求和中国特色的市场机制的研究涉及程度较浅。

本书尝试将市场交易与审计学科结合起来研究财务重述现象。本书发现，业绩优秀的上市公司变更会计师事务所和注册会计师会显著降低财务重述的概率，但业绩差的上市公司变更会计师事务所和注册会计师会显著增加财务重述的概率，选择"四大"会计师事务所能显著降低财务重述的概率，但支付高的审计费用对财务重述的概率有显著影响，如果选择非"四大"会计师事务所可以降低重述的概率，而如果选择是"四大"会计师事务所会增加重述的概率。

① 魏志华，李常青，王毅辉. 中国上市公司年报重述分析：1999～2007 [J]. 证券市场导报，2009 (6)：31-38.

## 第二节 研究思路与研究假设

财务重述是上市公司自愿或者在审计师、监督管理机关的强制下更改和补充以前公告的公共财务信息，为了研究的方便，真实地反映中国市场经济，本书把以前公告的公共财务信息限定为年度财务会计报告。年度报告中的财务会计报告应当经具有证券、期货相关业务资格的会计师事务所审计[①]，财务重述为经过审计的年度报告需要更改和补充，对审计提出了挑战，使审计和企业的会计信息的双重质量受到质疑。财务重述的出现也是审计风险的提示，审计风险又为固有风险、控制风险和检查风险三者之积，检查风险是企业年度会计报告有错报漏报，注册会计师通过检查却没有发现错报漏报，这种"未发现"是主观原因还是客观原因造成的，很难分辨，结合中国特有的市场环境和交易行为，笔者设计了以下研究思路：上市公司各层代理方存在多方面的动机，最基本的动机就是委托方能获得有利于企业生存、发展和盈利的条件，代理方要满足委托方的要求获取自身的利益（可以是物质利益，也可以是精神利益），两者合二为一，就是要购买标准的审计报告；审计报告是审计师提供的；存在审计市场；谈判价格，促成交易。财务重述与否则成为审计市场选择的结果（见图4-1）。

| 需求：标准审计报告 | 进入市场 | 选购市场产品 | 事务所声誉 改变事务所 改变会计师 | 谈判价格与成交 | 后果：财务重述与否 |

**图4-1 财务重述影响审计市场选择**

科菲（Coffee，2003）以安然事件为例，认为发生财务重述公司的审计师独立性差，因为利益关系迫使审计师采用激进的会计政策。独立性和威望声誉好的事务所与会计师会更加爱惜自己的威望和声誉，而提供较高的审计质量，降低检查风险，减少财务重述的概率。已有的文献发现，"四大"会计师事务所有较高的国际声誉和独立性（Teoh and Wong，1993；Defond and Jiambalvo，1993；Defond et al.，2000；Simon et al.，1986，1992）。在中国

---

① 2007年《上市公司信息披露管理办法》第十九条的规定。

市场上,"四大"会计师事务所也同样能够提供更高的审计质量（Defond et al., 1999；胡旭阳，2002；漆江娜等，2004；陈关亭和关凌，2004）。王鹏和王咏梅（2006）也发现，中国资本市场更认同"四大"会计师事务所的审计质量①。"四大"会计师事务所被公认为独立性好，非"四大"会计师事务所被公认为独立性差。于是，本书提出是否为"四大"会计师事务所与财务重述的关系的假设。

假设4-1：上市公司选择"四大"会计师事务所审计年度财务报告，可以减少检查风险，降低财务重述的概率，如果选择非"四大"会计师事务所则增加财务重述的概率。

"适者生存，不适者淘汰"。当企业选择的会计师事务所和会计师不能满足企业的需要时，企业会选择变更会计师事务所和注册会计师。一般而言，业绩优秀的企业更倾向于选择优秀的会计师事务所和能力强的注册会计师，披露真实的报表信息，同时能够提供建设性的指导和建议，而业绩差的上市公司对变更会计师事务所和注册会计师可能存在一些非正常需求。斯密斯和瓦特（1992）、方红星等（2009）的研究表明业绩好的公司信息披露状况较好。于是提出注册会计师和会计师事务所变更假设。

假设4-2a：业绩优秀的上市公司变更会计师事务所和注册会计师是为了选择声誉更好的会计师事务所和能力更强的注册会计师，因而会降低财务重述的概率。

假设4-2b：业绩差的上市公司变更会计师事务所和注册会计师是为了便于舞弊与操纵会计师事务所和注册会计师，隐藏财务风险，因而会提高财务重述的概率。

《公开发行证券的公司信息披露规范问答第6号——支付会计师事务所报酬及其披露》对上市公司年度财务报告审计中支付给会计师事务所报酬的内容和形式作了具体的规定，并要求上市公司应当分别按照财务审计费用和财务审计以外的其他费用进行披露。贝尔等（Bell et al., 2001）指出，审计师感知的诉讼风险虽不影响单位小时收费水平，但与审计总小时数正相关，从而与总的审计费用正相关；非审计服务增加了上市公司的费用，提高了审计师对客户的依赖性，影响了审计师的独立性（Parkash and Venable, 1993；Firth, 1997；SEC, 2000；Frankel et al., 2002），但是阿什博等（Ashbaugh

---

① 王鹏，周黎安.中国上市公司外部审计的选择及其治理效应 [J].中国会计评论，2006，4 (2)：321 - 334.

et al.，2003）、刘星等（2006）、董普等（2007）的研究却得出相反的结论。国外的研究不一定适合国内的国情，鉴于此，提出审计收费假设。

假设4-3a：高的审计费用可以弥补会计师事务所的风险损失，会降低审计的质量，提高财务重述的概率。

假设4-3b：审计质量差的会计师事务所获得高的审计费用，为了避免社会的质疑，从而严格审计，提高审计质量，会降低财务重述的概率。

假设4-3c：审计质量好的会计师事务所获得高的审计费用，社会不会质疑，从而放松审计，降低审计质量，会提高财务重述的概率。

# 第三节　研究设计

## 一、模型选择与变量设计

通过研究思路与研究假设的描述，我们使用 Logistic 回归构建以下多元回归模型来研究财务重述是否为市场选择的结果，变量及其解释见表4-1。

$$Logistic(refinacecord) = f(accfirflg, accfirchange, cpachange, auditfee, size, roa, grow, lev, year_{02-09})$$

表4-1　　　　　　　　　　　变量说明

| 变量类型 | 变量名称 | 预测符号 | 经济含义 | 解释 |
|---|---|---|---|---|
| 被解释变量 | refinacecord | Logistic 分析 | 财务重述 | 某公司发生财务重述为1，否则为0 |
| 解释变量 | accfirflg | - | 会计师事务所类型选择 | 聘请的会计师事务所是"四大"为1，否则为0 |
| | accfirchange | 不确定 | 公司对会计师事务所的选择 | 某公司选择变更会计师事务所为1，否则为0 |
| | cpachange | 不确定 | 公司对会计师的选择 | 某公司选择变更会计师为1，否则为0 |
| | auditfee | 不确定 | 公司对审计费用的选择 | 审计费用的自然对数 |

| 变量类型 | 变量名称 | 预测符号 | 经济含义 | 解释 |
|---|---|---|---|---|
| 控制变量 | size | + | 衡量公司规模 | 总资产自然对数 |
|  | roa | − | 衡量公司的盈利能力 | 净资产收益率 |
|  | grow | − | 衡量公司的成长能力 | 营业收入增长率 |
|  | lev | + | 衡量公司的偿债能力 | 资产负债率 |
| 虚拟变量 | $year_{02-09}$ | 不确定 | 年度哑变量 | 表示财务重述发生的年度。8个年度设置8个哑变量，财务重述发生在本年度为1，否则为0 |

已有文献研究表明，发生重述的公司与没有发生重述的公司相比，规模大、偿债能力强的公司倾向高的财务重述；而盈利能力强、成长性良好的企业倾向于低的财务重述（Agrawal and Chadha，2005；Kinney and Daniel，1989；Richardson et al.，2003；Callen et al.，2003；Lev et al.，2007；魏志华等，2009；方红星等，2009；董普等，2007；王鹏和周黎安，2006；刘星等，2006）。另外，我国政府以及证券管理机构分别于1999年、2004年、2006年出台了一系列有关于财务重述的法律、法规与制度，因此，本书选自 size，roa，grow，lev 这四个控制变量和2002~2009年的虚拟变量。

## 二、样本选择

本书研究的财务重述只探讨其发生与否，以及重述公司与非重述公司在市场主体自愿选择购买相关服务行为的差异，而不涉及具体的财务重述内容，故样本来源于年度内全部上市公司。自1999年来，财务重述才刚刚引入，又要考虑相邻年度企业购买选择行为的变化，故本书限制的研究时间为2001~2009年，数据查询从2000年开始，数据收集与整理的顺序见表4-2，研究样本的具体年度分布见表4-3。

表4-2　　　　　　　　　　　样本选择过程　　　　　　　　　　　单位：个

| 总样本 | 12 347 | 入选样本 | 9 391 |
|---|---|---|---|
| 减：解释变量缺失的数据 | 2 956 | 其中：财务重述样本 | 1 621 |
| 控制变量缺失的数据 | 0 | 非财务重述样本 | 7 770 |

表 4 - 3 样本分布

| 项目 | 2001 年 | 2002 年 | 2003 年 | 2004 年 | 2005 年 | 2006 年 | 2007 年 | 2008 年 | 2009 年 |
|---|---|---|---|---|---|---|---|---|---|
| 重述样本数量（个） | 255 | 134 | 148 | 244 | 212 | 222 | 181 | 124 | 101 |
| 非重述数量（个） | 662 | 819 | 821 | 821 | 801 | 759 | 815 | 1 068 | 1 204 |
| 重述的比例（%） | 27.81 | 14.06 | 15.27 | 22.91 | 20.93 | 22.63 | 18.17 | 10.42 | 7.74 |

由于上市公司财务重述是对历史盈余的更正，因此模型的控制变量采用的是财务重述发生前一年的财务数据。表 4 - 2 中入选的总样本是在剔除了金融行业、剔除发生其他重大事件的公司后统计出来的。如果同一年度有多次重述则选最后一次重述。

财务重述公告的数据均来自 Wind 金融终端系统和巨潮资讯网站 www.cninfo.com.cn，通过手工收集获得；财务数据与公司治理数据来源于北京色诺芬信息有限公司 CCER 数据库与国泰安 CSMAR 数据库。统计工具采用 Excel 和 Stata 9.0。

# 第四节 实证检验与分析

## 一、描述性统计

### （一）财务重述的变化规律描述

表 4 - 3 显示，财务重述样本数量在 2004 年达到最高，共有 244 个样本，占该年全部公司的 22.91%，在 2004 年两侧重述数量开始递减。而 2001 年、2004 年、2007 年是拐点，重述公司数量发生显著变动，这与 2001 年修订《企业会计准则——会计政策、会计估计变更和会计差错更正》、2004 年中国证监会发布《进一步提高上市公司财务信息披露质量的通知》、2006 年重新发布《企业会计准则第 28 号——会计政策、会计估计变更和会计差错更正》这 3 个制度的颁布密切相关，印证了样本时间跨度选择的科学性和控制年度虚拟变量的必要性。

（二）变量的描述性统计与单变量检验

本书对所有上市公司的上述所有变量按照是否发生财务重述进行描述性统计（见表4-4）和 t 检验（见表4-5）。由表4-4可知，发生财务重述样本的 accfirflg、auditfee、size、lev 都显著低于未发生财务重述样本，验证了假设；财务重述的公司所占比率较高，除了 grow、lev 外，标准差相差不大，因此可以选择对单变量的 t 检验。表4-5也报道了重述公司和非重述公司在 accfirflg，accfirchange，cpachange，auditfee，size，roa，grow，lev 的差异以及单因素检验结果，除了 accfirchange、roa、lev 没有体现显著性外，其他变量有一定的显著差异。

表4-4　　　　　　　　　　变量的描述性统计

| 变量 | refinacecord | 观测值 | 最小值 | 最大值 | 均值 | 标准差 |
|---|---|---|---|---|---|---|
| accfirflg | 1 | 1 621 | 0.000 | 1.000 | 0.043 | 0.202 |
| | 0 | 7 770 | 0.000 | 1.000 | 0.056 | 0.229 |
| accfirchange | 1 | 1 621 | 0.000 | 1.000 | 0.468 | 0.499 |
| | 0 | 7 770 | 0.000 | 1.000 | 0.446 | 0.497 |
| cpachange | 1 | 1 621 | 0.000 | 1.000 | 0.861 | 0.346 |
| | 0 | 7 770 | 0.000 | 1.000 | 0.845 | 0.362 |
| auditfee | 1 | 1 621 | 11.156 | 17.312 | 13.063 | 0.651 |
| | 0 | 7 770 | 10.597 | 17.968 | 13.097 | 0.636 |
| size | 1 | 1 621 | 14.937 | 26.369 | 21.144 | 1.075 |
| | 0 | 7 770 | -9.210 | 27.346 | 21.288 | 1.188 |
| roa | 1 | 1 621 | -81.407 | 81.698 | 0.035 | 3.265 |
| | 0 | 7 770 | -166.083 | 75.968 | -0.007 | 2.897 |
| grow | 1 | 1 621 | -1.000 | 3 782.713 | 3.761 | 105.391 |
| | 0 | 7 770 | -1.046 | 1 497.156 | 0.602 | 18.429 |
| lev | 1 | 1 621 | 0.009 | 11.967 | 0.566 | 0.511 |
| | 0 | 7 770 | 0.000 | 142.72 | 0.604 | 3.039 |

表4-5　　　　　　　　　　均值差异的 t 检验

| 变量 | 均值之差 | t 值 | P 值 | 变量 | 均值之差 | t 值 | P 值 |
|---|---|---|---|---|---|---|---|
| accfirflg | -0.013 | 2.1240 | 0.0337 ** | size | -0.144 | 4.5322 | 0.0000 *** |
| accfirchange | 0.022 | -1.6141 | 0.1065 | roa | 0.042 | -0.5214 | 0.6021 |

续表

| 变量 | 均值之差 | t 值 | P 值 | 变量 | 均值之差 | t 值 | P 值 |
|---|---|---|---|---|---|---|---|
| cpachange | 0.016 | −1.6469 | 0.0996 * | grow | 3.159 | −2.4681 | 0.0136 ** |
| auditfee | −0.034 | 1.9385 | 0.0526 * | lev | −0.038 | 0.4995 | 0.6175 |

注：*、**、*** 表示在10%、5%、1%的水平上显著。

### （三）相关系数分析

表4-6报告了各变量之间的Pearson（Spearman）相关系数。根据表4-6可知，上市公司发生财务重述的概率与accfirchange显著正相关，上市公司发生财务重述的概率与accfirflg显著负相关，这都说明选择"四大"会计师事务所的上市公司发生财务重述的概率显著低于选非"四大"会计师事务所的上市公司。而上市公司发生财务重述的概率与accfirchange没有显著的相关关系，cpachange的显著性不强，此结果与之前的假设有关，两者之间的真实关系需结合多元回归结果并对业绩和accfirflg分类进行比较。同时，财务重述与公司的grow显著相关，公司grow越大，发生财务重述的可能性越高。这些结果与以往的文献结果是一致的。

表4-6　　　　Pearson（Spearman）相关系数

| | refinacecord | accfirflg | accfirchange | cpachange | auditfee | size | roa | grow | lev |
|---|---|---|---|---|---|---|---|---|---|
| refinacecord | 1 | | | | | | | | |
| accfirflg | −0.022 ** | 1 | | | | | | | |
| accfirchange | 0.0170 | −0.034 *** | 1 | | | | | | |
| cpachange | 0.017 * | 0.00300 | 0.149 *** | 1 | | | | | |
| auditfee | −0.020 * | 0.400 *** | −0.0110 | −0.044 *** | 1 | | | | |
| size | −0.047 *** | 0.265 *** | −0.035 *** | −0.020 * | 0.610 *** | 1 | | | |
| roa | 0.00500 | 0.00600 | −0.00300 | −0.0100 | 0.00100 | 0.065 *** | 1 | | |
| grow | 0.025 ** | −0.00400 | 0.017 * | 0.00700 | 0.00300 | 0.00100 | 0.00200 | 1 | |
| lev | −0.00500 | −0.0110 | 0.0110 | 0.00200 | −0.00700 | −0.180 *** | −0.316 *** | 0 | 1 |

注：*、**、*** 分别表示在10%、5%、1%的水平上显著。

## 二、多元回归结果分析

表4-7列示了财务重述和事务所类型、会计师变更、事务所变更、审计费用的多元Logistic回归结果。模型（1）是对全部样本的回归，在控制

size，roa，grow，lev，year$_{02-09}$相关变量的基础上，事务所是否为"四大"会计师事务所与财务重述发生与否在5%的水平上呈显著的负相关关系，验证了假设4-3a。为了进一步研究财务重述与事务所变更和会计师变更、审计费用的关系，本书分别按照公司的业绩和审计是否为"四大"会计师事务所，对样本进行分类，模型（2）和模型（3）是按照公司的业绩（本书选择 roa 大于0与否），如果 roa 大于0，为业绩优秀组；roa 小于0，为业绩较差组。模型（4）和模型（5）是按事务所类型分为"四大"组和非"四大"组。

模型（2）报道了业绩优秀组中，事务所变更和会计师变更与财务重述显著负相关，即业绩优秀的公司选择变更事务所和会计师，会降低财务重述的概率；模型（3）报道了业绩较差组中，事务所变更和会计师变更与财务重述显著正相关，即业绩优秀的公司选择变更事务所和会计师会提高财务重述的概率。这两个模型验证了假设4-3b。

模型（4）列示了选择"四大"会计师事务所中，审计费用与财务重述显著正相关，而模型（5）报告的选择非"四大"会计师事务所中，审计费用与财务重述显著负相关，这两个结果证明了假设4-3a。

从5个模型的控制变量看，公司规模与财务重述显著负相关，但与公司的盈利能力、偿债能力的关系不同，与公司的成长能力的显著性不明显。说明上市公司发生财务重述的概率与公司的业绩和财务杠杆相关：业绩越好，上市公司发生财务重述的概率越低；财务杠杆越高，上市公司发生财务重述的概率越高。回归结果表明，上市公司为了掩饰其操纵审计报告的真实目的而大胆操纵市场选择行为是导致财务重述现象泛滥的主要原因。总的来看，模型的回归系数与之前估计的系数符号一致，回归结果也与描述统计结果相一致。

表4-7　　　　　　　　　　　　　　Logistic 回归结果

| 项目 | 模型（1） | 模型（2）优秀 | 模型（3）差 | 模型（4）"四大" | 模型（5）非"四大" |
|---|---|---|---|---|---|
| auditfee | 0. 137 **<br>（2. 36） | 0. 0906<br>（1. 46） | 0. 455 **<br>（2. 45） | 0. 549 ***<br>（2. 53） | - 0. 0801 **<br>（1. 29） |
| accfirflg | - 0. 247 **<br>（- 1. 71） | - 0. 263 **<br>（- 1. 71） | 0. 0553 *<br>（0. 12） | | |
| accfirchange | 0. 0568<br>（0. 95） | - 0. 0377 ***<br>（0. 58） | 0. 169 **<br>（1. 02） | - 0. 419<br>（- 1. 32） | 0. 0813<br>（1. 32） |

续表

| 项目 | 模型（1） | 模型（2）优秀 | 模型（3）差 | 模型（4）"四大" | 模型（5）非"四大" |
|---|---|---|---|---|---|
| cpachange | − 0.0960<br>（− 1.17） | − 0.0697 ***<br>（− 0.78） | 0.289 ***<br>（− 1.33） | 0.529<br>（1.20） | − 0.115<br>（− 1.36） |
| size | − 0.106 ***<br>（− 3.48） | − 0.100 ***<br>（− 3.08） | − 0.0613<br>（− 0.62） | − 0.471 ***<br>（− 2.84） | − 0.0985 ***<br>（− 3.17） |
| roa | 0.00474<br>（0.39） | | | − 0.0745<br>（− 0.21） | 0.00453<br>（0.38） |
| grow | 0.00117 *<br>（1.69） | 0.00118 *<br>（1.71） | 0.118<br>（1.14） | 0.0888<br>（1.25） | 0.00117 *<br>（1.68） |
| lev | − 0.00763<br>（− 0.55） | − 0.000482<br>（− 0.03） | − 0.0209<br>（− 0.55） | 2.400 ***<br>（3.05） | − 0.00765<br>（− 0.54） |
| Ienddt 2002 | − 0.830 ***<br>（− 6.93） | − 0.777 ***<br>（− 6.11） | − 1.205 ***<br>（− 3.29） | − 1.622 **<br>（− 2.52） | − 0.790 ***<br>（− 6.45） |
| Ienddt 2003 | − 0.728 ***<br>（− 6.21） | − 0.727 ***<br>（− 5.82） | − 0.688 **<br>（− 2.00） | − 1.785 ***<br>（− 2.69） | − 0.688 ***<br>（− 5.77） |
| Ienddt 2004 | − 0.215 **<br>（− 2.04） | − 0.223 **<br>（− 1.98） | − 0.167<br>（− 0.55） | − 0.877<br>（− 1.45） | − 0.202 *<br>（− 1.89） |
| Ienddt 2005 | − 0.334 ***<br>（− 3.10） | − 0.388 **<br>（− 3.28） | − 0.162<br>（− 0.59） | − 1.310 **<br>（− 2.01） | − 0.306 ***<br>（− 2.80） |
| Ienddt 2006 | − 0.257 **<br>（− 2.38） | − 0.290 **<br>（− 2.50） | 0.0698<br>（0.23） | − 1.203 *<br>（− 1.74） | − 0.232 **<br>（− 2.13） |
| Ienddt 2007 | − 0.522 ***<br>（− 3.10） | − 0.515 ***<br> | − 0.455<br> | 0.0164<br> | − 0.561 ***<br> |
| Ienddt 2008 | − 1.181 ***<br>（− 9.74） | − 1.140 ***<br>（− 8.68） | − 1.518 ***<br>（− 4.66） | − 0.941<br>（− 1.56） | − 1.209 ***<br>（− 9.70） |
| Ienddt 2009 | − 1.509 ***<br>（− 11.68） | − 1.482 ***<br>（− 10.61） | − 1.663 ***<br>（− 4.56） | − 0.792<br>（− 1.27） | − 1.560 ***<br>（− 11.68） |
| cons | − 0.451<br>（− 0.66） | − 0.0165<br>（− 0.02） | − 5.193 **<br>（− 2.67） | 0.404<br>（0.16） | 0.130<br>（0.18） |
| N | 9 391 | 8 283 | 1 068 | 501 | 8 890 |
| Loglikelihood | − 4 174.8055 | − 3 637.1487 | − 510.80814 | − 180.48045 | − 3 972.0854 |

注：* 、** 、*** 分别表示在10% 、5% 、1% 的水平上显著。

## 三、稳健性检验

本书从三个方面对上述结论作了稳健性检验，首先更改回归方法，采用 probit、logit 的回归，结果也没有改变；其次，本书更改对控制变量的度量，把对会计师事务所的排名顺序作为对审计质量的度量，用托宾 Q 代替营业收入增长率对公司的成长性进行度量，用公司流通市值规模的自然对数表示代替上市公司年末资产总额的自然对数表示公司规模，对书中的模型重新回归，结果也没有改变，这表明我们关于财务重述的市场选择效应的研究结论是具有稳健性的。

# 第五节　结　　论

本书的研究证实了企业操纵审计市场行为的存在性以及被操纵市场的初步表现，笔者以 2001~2009 年的 A 股上市公司为样本实证发现，业绩优秀的上市公司变更会计师事务所和注册会计师会显著降低财务重述的概率，但业绩差的上市公司变更会计师事务所和注册会计师会显著增加财务重述的概率；选择"四大"会计师事务所能显著降低财务重述的概率，但支付高的审计费用对财务重述的概率有显著影响，如果选择的非"四大"会计师事务所可以降低重述的概率，如果购买的是"四大"会计师事所反会增加重述的概率。

因此，监管部门应对上市公司财务重述行为进行有效的管理和监督，进一步加强对审计市场的监督，建立健全审计市场机制。在司法实践中，应强调财务重述与审计失败的联系，建立会计师事务所的责任和赔偿制度。

| 第五章 |

# 信息正向使用研究：基于第三次分配视角

## 第一节　引　　言

收入不平等这一世界超级问题已引起各界人士普遍关注。厉以宁（1994）在《股份制与现代市场经济》一书中指出，市场经济条件下收入应有第三次分配。第三次分配的实质是对社会财富的再分配，但凡社会财富拥有者自愿将其财产捐赠他人，就属于第三次分配的范畴（叶姗，2012）。依靠道德、文化、习惯等因素推动，第三次分配以慈善捐赠形式，校正第一次分配的贫富差距，弥补第二次分配的资源不足（Spence，1973）。2004 年以来，我国政府逐渐认识到慈善捐赠在经济发展中的作用，开启制度化推动慈善捐赠事业发展之路，颁布《中国慈善事业发展指导纲要（2006～2010年)》，出台《慈善法》。进入新时代，我国经济已由高速增长阶段转向高质量发展阶段，高质量发展是未来经济发展的主旋律。党的十九届四中全会指出，要"重视发挥第三次分配作用，发展慈善等社会公益事业"，推动经济高质量发展。2020 年 10 月，《中共中央关于制定国民经济和社会发展第十四个五年规划和二〇三五年远景目标的建议》再次强调要"发挥第三次分配作用，发展慈善事业，改善收入和财富分配格局"，第三次分配和慈善捐赠被提到了全新的高度。在政府大力推动下，我国慈善捐款事业不断发展，款物捐赠呈上升趋势。根据历年中国慈善捐助报告整理可得，如图 5 - 1 所示，2015～2020 年我国内地接受款物捐赠总体呈上升趋势，2020 年我国内地接受款物捐赠共计 2 086.13 亿元，同比增长 38.21%。其中，企业捐赠总额1 218.11 亿元，占 58.39%，尽显责任担当，为促进我国第三次分配高质量发展作出巨大贡献。经典企业理论认为，企业根本目标在于追求利润最大化，而捐赠意味着企业要将一部分资源用于不以获利为目的的社会活动，无疑增加了企业营运成本，与利润最大化目标存在利益冲突，隐喻企业不应捐赠。但有学者研究发现，业绩下滑、亏损（李四海等，2012）的企业并没有因为自身利润下降或亏损而减少捐赠。那么，企业慷慨捐赠背后的动机是什么？哪些因素影响了企业捐赠决策？

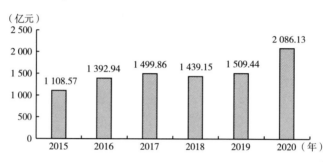

**图 5 - 1　2015 ~ 2020 年中国慈善捐赠发展趋势**

资料来源：根据历年中国慈善捐助报告整理。

学者们聚焦于财务绩效、公司治理、管理层异质性和企业面临的外部环境等视角深入探究企业捐赠的影响因素。一是财务绩效。拥有闲置资金是企业捐赠的基础（Waddock and Graves，1997），良好的财务绩效赋予企业更多的闲置资金（Adams and Hardwick，1998），提高了企业捐赠的可能性（山立威等，2008；李四海等，2016），而高资产负债率则减少了企业可利用闲置资金，降低了企业捐赠意愿（Brown et al.，2006）。二是公司治理。董事会成员数量（Brown et al.，2006）和股东数量（Bartkus et al.，2002）对企业捐赠具有正向影响，管理层持股比例越高，企业捐赠意愿越高（古志辉，2015），但股权集中度对企业捐赠的意愿和水平呈负向影响（Bartkus et al.，2002；古志辉，2015；江新峰和李四海，2019）。主要的解释是股东与管理层之间、大股东与中小股东之间存在代理冲突。一方面，高股权集中度赋予股东监督管理层的激励与权力，当股东利益与管理层利益产生冲突时，利本位思想使得股东倾向抑制管理层的捐赠决策（Bartkus et al.，2002；李诗田和宋献中，2014）。另一方面，股权集中度越高，大股东对企业控制力度越强，越有可能忽视企业捐赠形成的声誉，转而侵占中小股东利益（古志辉，2015）。但也有学者指出，当控股股东存在股权质押时，出于拉升股价或寻租动机，企业的捐赠水平显著增加（胡珺等，2020）。此外，企业规模越大，越容易受到外界关注与监督，为符合大众预期，企业捐赠意愿越强，捐赠水平越高（山立威等，2008）。三是管理层异质性。诸如管理层宗教信仰（曾建光等，2016）和性别（杜兴强和冯文韬，2012）等都对企业捐赠意愿和捐赠水平存在影响。四是企业面临的外部环境。税收激励（王硕等，2019）和行业协会（陈贵梧和胡辉华，2018）等决定着企业捐赠意愿和捐赠水平。

一些学者认为，会计信息透明度提高了企业经营成本（Botosan and Stanford，2005）和披露风险（王可第，2021），但更多的学者认为会计信息透明度有利于发挥会计治理功能，这主要体现在以下三方面：一是会计信息透明度的提高减少了资本市场利益相关者的信息不对称（逯东等，2012），一方面有效保护投资者权益（邱静和王琪，2020），另一方面优化了资本市场资源配置（周中胜和陈汉文，2008），进而改善企业绩效（李英利和谭梦卓，2019）。二是会计信息透明度的提高缓解了股东与管理层、股东与债权人（Armstrong et al.，2010），以及大股东和中小股东（黎文靖和孔东民，2013）之间的信息不对称，优化了公司治理。三是会计信息透明度的提高使得资本市场利益相关者更加了解企业，显著提升了企业风险承担水平（王嘉鑫等，2020），进而降低企业的债务资本成本（张兴亮和夏成才，2015）和股权资本成本（曾颖和陆正飞，2006）。

梳理以上文献可以发现，学者们研究捐赠的影响因素以及会计信息透明度的经济后果已有了丰硕的成果。一些学者从财务绩效、公司治理等企业内部特征和企业外部环境等角度探索和研究了企业捐赠的影响因素，也有学者从企业绩效、公司治理和资本成本的角度剖析了会计信息透明度的经济后果，但鲜有文献研究会计信息透明度对第三次分配的影响。

本书基于2008~2020年的深沪上市的A股公司数据，实证检验了会计信息透明度与第三次分配的关系。研究结果表明，会计信息透明度与企业捐赠意愿和捐赠水平显著正相关；路径研究发现，会计信息透明度通过改善企业绩效、提高公司治理水平和积极履行企业的社会责任，提高捐赠意愿和捐赠水平；异质性研究发现，相对于低融资约束和小规模企业，高融资约束和大规模企业的会计信息透明度对企业捐赠意愿的影响程度更高。本书可能的创新如下：一是本书把第三次分配与会计信息透明度结合在一个框架进行研究，揭示了会计信息透明度显著影响第三次分配的现象，丰富了第三次分配的影响因素和会计信息透明度的社会后果的相关文献，为合理引导第三次分配管理提供了参考，也为监管部门发挥会计信息宏观治理作用提供了经验证据；二是本书对会计信息透明度影响第三次分配的机理进行了解释，即通过公司业绩、内部治理水平和企业社会责任，促进企业参与第三次分配；三是本书解释了会计信息透明度影响了第三次分配，把会计信息从微观作用提升到了会计治理的高度，可以促进会计信息更好地服务资本市场。

# 第二节　理论分析与研究假设

## 一、制度背景

马克思认为，分配"指的是对产品中归个人消费的部分的各种索取权""一定的分配关系只是历史地规定的生产关系的表现"（宋林飞，2007）。分配与生产关系密切相关，其本质是与生产关系相适配的人与人之间的利益关系。构建起以人民为中心、扎实推进共同富裕为目标的收入分配制度，是党为中国人民谋幸福、为中华民族谋复兴的初心和使命的体现。

市场经济条件下，我国收入包括三次分配。第一次分配强调的是市场的作用，主要由市场主导，依靠企业，重在提高经济效率。第二次分配强调的是政府的作用，主要依靠政府推进，借助税收、扶贫或社会保障统筹等手段进行再分配，调节社会财富差距，注重再分配公平。但社会经济发展实践证明，市场或政府均存在分配失灵现象，重财富分配轻社会权力资源分配，重分配效率而轻分配公平。进入新时代，我国社会主要矛盾已经转化为人民日益增长的美好生活需要和不平衡不充分的发展之间的矛盾，人民追求的是公平、正义、安全、环保、健康等更高层次的美好生活。第三次分配克服了第一次分配的弊端、弥补了第二次分配不足，是托起社会的"第三只手"（宋林飞，2007），对于缩小我国收入分配差距、合理分配社会财富、扎实推进共同富裕极具现实意义。党的十九届五中全会指出，要发挥第三次分配作用，发展慈善事业，改善收入和财富分配格局。自此，我国以企业捐赠为主力军的慈善捐赠事业迎来蓬勃发展，第三次分配成为实现人民追求美好生活的重要分配方式。

我国已经开启了向第二个百年奋斗目标奋进的新征程，经济增长已由高速增长阶段转向高质量发展阶段，制度优势和治理优势不断凸显，市场配置资源的决定性作用显著增长。党的二十大报告明确指出，要使市场在资源配置中起决定性作用，更好发挥政府作用，两者实现皆依赖客观、公允、高质量会计信息的支持（武辉和王竹泉，2019）。作为资源配置决策依据，会计信息既影响微观主体的决策，也对宏观层面的国家治理产生重要影响（张先治和石芯瑜，2018），提升会计信息透明度、发挥会计治理功能、助力国家治理体系和治理能力现代化是会计发展与发展的应有之义（殷俊明等，2020）。

2016 年 10 月 8 日，财政部印发《会计改革与发展"十三五"规划纲要》。"十三五"期间，《中华人民共和国会计法》的修订取得阶段性进展，并出台了《财政部关于加强国家统一的会计制度贯彻实施工作的指导意见》等 16 项规范性文件。2021 年 11 月 24 日，财政部印发《会计改革与发展"十四五"规划纲要》。会计法治环境的形成与完善为助力国家治理体系和治理能力现代化夯实了基础，有助于实现第三次分配高质量发展。从市场配置资源的角度看，一方面，会计信息为企业管理层决策提供基础信息，引导管理层将企业资源投向高回报率项目，以实现更高盈余，为企业捐赠提供资金基础；另一方面，会计信息透明度的提升缓解信息不对称，让资本市场利益相关者基于充分信息理性看待企业捐赠，作出合理投资决策。从国家治理角度看，会计信息为国家宏观层面的资源调配提供基础信息，充分考虑治理对象的实际情况，促进政府、市场和社会资源的有效配置。基于此，本书检验企业会计信息透明度对第三次分配的影响，探讨会计信息透明度能否帮助资本市场利益相关者理性看待企业捐赠，引导企业捐赠，实现第三次分配高质量发展，并探讨会计信息透明度影响第三次分配的路径。

## 二、理论分析与研究假设

推进我国基本分配制度高质量发展，要强调第一次分配的决定性作用，更好地发挥第二次分配的调节功能，高度重视第三次分配的补充作用。因此，研究会计信息透明度是否能优化第三次分配是个有趣的话题，也是对推进我国第三次分配高质量发展的有益探讨和研究，具有重要的理论价值和实践意义。

良好的财务绩效、完善的公司治理和企业面临的外部环境等因素决定了企业捐赠意愿和捐赠水平，而会计信息透明度的功能就在于降低信息不对称：一方面，会计信息透明度的提高降低了企业资本成本，优化了公司治理，提高了企业绩效，进而影响企业的捐赠决策；另一方面，会计信息透明度让资本市场利益相关者识别企业是否存在慈善捐赠等社会责任行为，进而作出理性投资决策，促进我国第三次分配高质量发展。

从委托代理角度看，会计信息透明度影响着企业捐赠的目标和内部治理基础，较高的会计信息透明度有效地降低企业的信息不对称，完善企业内部治理，减少委托代理成本，约束企业管理者的利己性目标，企业捐赠等追责任目标得以较透明地披露。一方面，在两权分离情境下，股东委托管理层代为作出捐赠决策，然而股东与管理层的利益存在偏差，两者之间存在委托代理冲突。当代理冲突越大时，囿于信息不对称，管理层越发倾向增加利己性目标，以实现自身利益最大化（如声誉、政治业绩等），捐赠支出则可能由股东最终承担，降低了股东财富，因此在企业中具有主导地位的控股股东对外捐赠存在着"慷他人之慨，谋一己之私"的嫌疑。另一方面，企业代理者出于保护自己的目标，在捐赠上产生逆向选择，可能跟风捐赠或者产生不捐赠行为，在高透明的会计信息系统中，会计信息的治理作用可能有效抑制管理者的逆向选择行为，提高企业的捐赠。

从信号传递角度看，囿于信息不对称，资本市场利益相关者无法充分了解企业，使得企业无法快速获取资源，因此会计信息透明度会影响企业的捐赠环境和捐赠氛围。捐赠就是一种有选择性的、积极的信号传递，降低了捐赠的信息不对称，增强利益相关者的投资信心，企业得以从资本市场获取更多资源。一方面，捐赠是企业积极履行社会责任的表现，容易被利益相关者感知和识别，有助于提升企业的社会形象，赢得良好的社会声誉，提升利益相关者对企业的信赖度；另一方面，闲置资金和良好业绩是捐赠的基础，在信息不对称的情境下，捐赠可以对外传递企业经营状况良好的信号，降低了利益相关者对企业业绩下滑的风险感知，亏损企业的捐赠意愿和捐赠水平尤为突出。然而，信息透明度影响着企业上述信号的有效传递和相关风险信号的披露，利益相关者对企业捐赠的不同反应和态度会通过信息披露系统，影响着企业捐赠是否继续和增加。

会计治理功能是利用在特定环境下产生的会计信息，它能缓解信息不对称与代理问题，提高公司治理效率，促进经济发展。一方面，会计信息透明度的提升缓解了股东与管理层、股东与债权人、大股东与中小股东之间的信息不对称，优化了公司治理，保障企业理性捐赠；另一方面，会计信息引导市场和政府的资源配置，会计信息透明度的提升优化了市场资源配置及政府资源调配，改善企业绩效，夯实企业捐赠基础，进而促进我国第三次分配高质量发展。

具体而言，在信息传递作用下，信息透明度通过改善公司治理、提高企业绩效等路径发挥会计治理功能，促进企业捐赠，进而实现我国第三次分配高质量发展。

一是会计信息透明度的提升改善了企业绩效，提高了企业捐赠意愿与捐赠水平。会计信息透明度的提升缓解了企业与资本市场利益相关者之间的信息不对称，一方面，优化了市场的资源配置，使得优质企业能从资本市场迅速获取发展所需资源，提高企业绩效；另一方面，助力实现国家治理能力现代化，科学评价政府资源调配，促进经济资源有效配置，充分发挥企业优势，提高企业绩效。众多文献研究表明，企业捐赠与企业绩效存在紧密关联关系。闲置资金是企业捐赠的基础，良好的企业绩效赋予了企业更多的闲置资金，提高了企业捐赠意愿和水平。山立威等（2008）的研究证实，企业的捐赠水平受自身经济能力影响，业绩越好的企业的捐赠意愿与水平越高。

二是会计信息透明度的提升优化了公司治理，提高了企业捐赠意愿与捐赠水平。会计信息透明度的提升从三个层面优化了公司治理：其一，会计信息透明度的提升缓解了股东与管理层之间的信息不对称，有利于股东了解企业经营管理，优化管理层的经营决策；其二，会计信息透明度的提升缓解了股东与债权人之间的信息不对称，让债权人得以了解企业财务状况，提高债权人对企业财务决策的监督；其三，会计信息透明度的提升缓解了大股东与中小股东之间的信息不对称，降低了中小股东参与公司治理的成本，减少大股东资金占用和掏空行为的可能性。公司治理的优化也提高了企业捐赠质量：一方面，随着股东对企业经营决策了解程度的提高，管理层的捐赠意愿和捐赠水平决策必将引起股东的关注与问询，不利于实现企业利润最大化的捐赠决策很可能受到抑制；另一方面，中小股东积极参与公司治理，亦能影响管理层的捐赠决策。

三是会计信息透明度的提升增强了企业的社会责任，提高了企业捐赠意愿与捐赠水平。企业会计信息披露中包含了企业社会责任相关信息，伴随着会计信息透明度的提升，企业社会责任相关的信息披露水平也随之提高，投资者对企业社会责任履行情况越发了解。捐赠作为企业履行社会责任的重要表现形式，与其企业社会责任行为相比，具有更强的公众效应，更容易被利益相关者所感知，企业捐赠意愿越强，捐赠水平越高。一方面，企业捐赠作为一种企业社会责任行为，具备经济基础性和可选择性。经济基础性指的是企业捐赠需要流出真金白银，其他企业模仿需要成本；可选择性指的是企业捐赠行为不具备外部强制性，捐赠与否由企业自由裁量。慈善捐赠的强大经济基础与可选择性有可能增强企业捐赠意愿。另一方面，经济基础性与可选择性使得企业捐赠具备信号传递功能，捐赠需要流出真金白银，企业捐赠水平高，对外传递企业目前现金流等财务状况良好或对未来业绩持积极乐观态度的信号，有助于企业从资本市场获取更多企业发展所需关键资源。企业慈善捐赠的利己动机提高了企业捐赠的水平。

因此，本书提出如下假设。

假设 5 - 1：提高会计信息透明度能够提高企业的慈善捐赠意愿和捐赠水平，促进我国第三次分配高质量发展。

# 第三节 研究设计

## 一、模型构建

为了验证本书的研究假设，参考胡珺等（2020）的做法，本书构建如下模型：

$$\text{Donat}_{i,t} = \alpha_0 + \alpha_1 \text{Trans}_{i,t} + \alpha_2 \text{Control}_{i,t} + \psi_i + j_t + \zeta_{i,t}$$

其中，i 表示第 i 支 A 股上市公司，t 表示年度，Donat 和 Trans 分别表示样本公司的捐赠和会计信息透明度，Control 表示控制变量，$\psi_i$ 表示行业控制变量，$j_t$ 表示年度控制变量，$\zeta_{i,t}$ 表示回归残差。本模型对回归系数的标准误差在公司层面上进行 Cluster 调整。根据本书的理论分析和研究假设部分的分析，本书预测 Trans 的回归系数 $\alpha_1$ 为正，即预测会计信息透明度与企业慈善捐赠正相关。

## 二、变量测度

### （一）被解释变量：慈善捐赠

本书采用上市公司年报披露的捐赠支出代表慈善捐赠，为了刻画捐赠过程，本书分别从捐赠意愿和捐赠水平两个方面进行衡量，其中关于捐赠意愿，我们采用是否存在捐赠虚拟变量，如果存在捐赠为 1，否则为 0；捐赠水平采用捐赠绝对水平和相对水平衡量，用捐赠额的自然对数衡量捐赠绝对水平，采用捐赠总额与企业总资产的比重衡量相对水平。

（二）解释变量：会计信息透明度

文献中会计信息透明度指标一般采用公开披露的数据和自建指标数据等多种衡量方法进行测度。在公开数据披露方面，部分学者采用深圳证券交易所公开披露的年度考评数据对会计信息透明度进行衡量。为了促进公平的股市交易，保护投资者的利益，深圳证券交易所颁布了《深圳证券交易所上市公司信息披露工作考核办法》，从及时性、准确性、完整性、合法性四方面分等级对上市公司及董事会秘书的信息披露工作进行考核。自从 2001 年开始发布上市公司信息披露工作考核办法以来，就陆续地依据此考核办法对上市公司按照"优秀""良好""及格或者合格""不及格或者不合格"四个等级进行排名。张程睿和王华（2007）采用最能体现透明度差异的优秀和不及格两类等级对公司透明度进行分类量化，优秀等级公司透明度较高取值为 1，不及格公司透明度较低取值为 0。

在自建指标方面，梳理风险发现通常采用盈余管理指标、审计质量指标等衡量企业的会计信息透明度。因为盈余管理的计量存在多样化，导致衡量企业的会计信息质量计算方式多样化。也有部分学者认为企业的会计信息越透明，分析师越愿意跟踪企业的信息进行预测，因此，有学者采用分析师预测精准度衡量企业的会计信息透明度。为了让会计信息透明度测度更准确，辛清泉等（2014）使用综合方法计算会计信息透明度：首先，计算公司盈余质量、分析师盈余预测准确度；其次，收集深圳证券交易所对上市公司的年度考评数据、分析师跟踪人数和是否属于"四大"会计师事务所审计数据；最后，根据上述五个指标计算会计信息透明度的综合指标，其间若其中一个或多个公司上述指标缺失，则取剩余变量的样本百分等级的平均值衡量。在该模型中，公司盈余质量根据调整的德肖等（2002）的模型（DD 模型）计算；如果属于"四大"会计师事务所审计取值为 1，否则为 0；上市公司信息披露工作考核结果依据上市公司信息披露质量从高到低划分为 A、B、C、D 四个等级，即优、良、及格和不及格，分别赋值为 4、3、2、1。分析师盈余预测准确度的计算步骤如下：首先，计算同一年不同分析师预测的每股盈余的中位数减去实际每股盈余之差；其次，对差值除以上年度的每股股价取绝对值；最后，取上一步的相反数便得到盈余预测的精准度指标值。

鉴于我国资本市场的特点和现有国情，企业的管理层会认真考虑自身利益和社会影响进行捐赠活动，有学者发现控股股东在股权质押情境下的慈善捐赠行为同时表现为拉抬股价和寻租动机，因此，综合考虑择德肖等（2002）的模型计算会计信息透明度、深交所的考评数据和分析师跟踪人数衡量我国的捐赠市场会计信息透明度会更加准确，故本书采用辛清泉等（2014）的方法计算会计信息透明度（Trans1），采用分析师跟踪人数（Trans2）对会计信息透明度作稳健性检验。

（三）控制变量

为了控制公司治理和公司特征等因素对企业捐赠的影响，本书参考胡珺等（2020）的做法，选择公司规模（Size）、资产负债率（Lev）、净资产收益率（Roe）、上市年限（Age），以及年度和行业虚拟变量。考虑企业捐赠的滞后性和反向因果关系增加了前一期的捐赠水平（$Y_{t-1}$），同时根据前面的理论分析，现金流比率（Cashflow）、股权性质（Soe）、股权集中度（Balance）、董事长与总经理兼任（Dual）、独立董事比率（Indep）作为控制变量。主要变量详细表述如表5-1所示。

表5-1　　　　　　　　　控制变量的定义及度量

| 变量名称 | | 变量符号 | 变量定义 |
|---|---|---|---|
| 因变量 | 第三次分配的捐赠 | Donat1 | 存在捐赠为1，否则为0 |
| | 捐赠绝对水平 | Donat2 | 总捐赠加1后取自然对数 |
| | 捐赠相对水平 | Donat3 | 捐赠总额与总资产之比 |
| 自变量 | 会计信息透明度 | Trans1 | 辛清泉等（2014）的使用综合的方法计算 |
| | | Trans2 | 跟踪分析师的人数加1取对数 |
| 控制变量 | 公司规模 | Size | 总资产的自然对数 |
| | 资产负债率 | Lev | 企业的总负债与总资产之比 |
| | 净资产收益率 | Roe | 资产净利润率 |
| | 前一期捐赠 | $Y_{t-1}$ | 因变量的前一期值 |
| | 现金流比率 | Cashflow | 经营活动产生的净现金流与总资产之比 |
| | 股权性质 | Soe | 如果是国有控股企业为1，否则为0 |
| | 上市年限 | Age | 公司当年年份减去上市年份加1的自然对数 |
| | 股权集中度 | Balance | 第二到第五大股东持股数与第一大股东持股数之比 |
| | 董事长与总经理兼任 | Dual | 如果董事长与总经理同一个人为1，否则为0 |
| | 独立董事比率 | Indep | 独立董事人数除以董事总人数 |
| | 年度 | year | 年度哑变量，如果是当年为1，否则为0 |
| | 行业 | Industry | 行业哑变量，如果是本行业为1，否则为0 |

### 三、样本选择与数据来源

因财务数据受 2007 年我国执行新的企业会计准则的影响，本书选择 2008～2020 年深沪所有上市的 A 股公司为样本。深交所披露的考评数据采用手工收集；企业捐赠数据通过 Python 提取企业年报披露的相关信息获取；公司财务数据和公司治理、分析师跟踪人数等数据来自国泰安数据库和 Wind 数据库。为了排除异质样本和极端值样本的影响，参照文献的通用做法，删除了金融类 ST、*ST、PT 和存在数据缺失的公司样本，删除了捐赠值小于 0 的样本，对所有连续变量 1% 和 99% 处进行缩尾处理。最终得到样本 2 283 个，本书的统计和分析工具为 Excel 2017 和 Stata16.0。

## 第四节　实证检验与分析

### 一、描述性统计

#### （一）单变量描述性统计

表 5 - 2 报告了主要变量的描述性统计结果。结果显示：捐赠（Donat1）的标准差是 0.3027，捐赠（Donat3）的平均值是 0.0003，而中位数是 0.0001，捐赠（Donat2）的中位数是 12.6、平均值是 11.5、最小值是 0、最大值是 20.6，表明样本公司之间捐赠的差别较大，因为捐赠决策和捐赠数额受企业决策层综合考虑的结果，每个公司决策层的决策存在较大的异质性；会计信息透明度（Trans1）的中位数是 0.45，标准差是 0.25，会计信息透明度（Trans2）的中位数是 7.77，标准差是 10.05，表明会计信息透明度采用综合指标衡量和采用单一指标衡量都表明样本公司之间会计信息透明度差别较大，一方面受我国资本市场的发展程度的影响，另一方面受会计信息是否被感知的决策者揣测的影响；公司规模（Size）的均值是 22.25，标准差是 1.25，表明样本公司在规模上存在较大异质性；国有控股企业（Soe）的平均数是 0.37，表明捐赠公司中大约 37% 的样本公司是国有控股企业。

表 5 - 2　　　　　　　　　　　变量的描述性统计

| 变量 | 样本量 | 平均值 | 中位数 | 标准差 | 最小值 | 最大值 |
|---|---|---|---|---|---|---|
| Donat1 | 22 831 | 0.8979 | 1.0000 | 0.3027 | 0.0000 | 1.0000 |
| Donat2 | 22 831 | 11.4849 | 12.6115 | 4.3470 | 0.0000 | 20.6464 |
| Donat3 | 22 831 | 0.0003 | 0.0001 | 0.0007 | 0.0000 | 0.0229 |
| Trans1 | 22 831 | 0.4488 | 0.4367 | 0.2531 | 0.0100 | 1.0000 |
| Trans2 | 22 831 | 7.7716 | 4.0000 | 10.0510 | 0.0000 | 75.0000 |
| Size | 22 831 | 22.2473 | 22.0734 | 1.2475 | 19.3502 | 26.3951 |
| Lev | 22 831 | 0.4442 | 0.4421 | 0.2017 | 0.0274 | 0.9901 |
| Roe | 22 831 | 0.0682 | 0.0745 | 0.1318 | −1.1123 | 0.4464 |
| Cashflow | 22 831 | 0.0493 | 0.0481 | 0.0702 | −0.2244 | 0.2825 |
| Soe | 22 831 | 0.3701 | 0.0000 | 0.4828 | 0.0000 | 1.0000 |
| Age | 22 831 | 2.1618 | 2.3026 | 0.7362 | 0.6931 | 3.3673 |
| Balance | 22 831 | 0.7045 | 0.5338 | 0.5990 | 0.0164 | 2.9614 |
| Dual | 22 831 | 0.2580 | 0.0000 | 0.4376 | 0.0000 | 1.0000 |
| Indep | 22 831 | 0.3736 | 0.3333 | 0.0533 | 0.2500 | 0.6000 |

(二) 相关性分析

单变量描述性统计可以简单了解样本的特征和异质性，而对模型中的主要变量进行了 Pearson 相关系数检验可以初步判断模型的可行性和避免多重共线性（见表 5 - 3）。从相关系数看，各个变量与被解释变量大部分是显著相关的，初步证明模型的正确性。从显著性看，除国有控股比例（Soe）及企业捐赠（Donat2）不显著外，其他主要解释变量和控制变量与企业捐赠（Donat2）均存在显著的相关关系，其中，Trans1、Trans2 与企业捐赠的相关系数分别是 0.215、0.220，均在 1% 的水平上显著，初步说明会计信息透明度会促进企业发生捐赠，积极参与第三次分配活动，也初步论证了会计的宏观治理能力，但是它们之间确切的关系需要进一步论证。

尽管各变量之间的相关性较为显著，通过 VIF 检验，但是各个方差膨胀因子值均小于 10，综合 VIF 值为 3.08，表明各个变量间不存在严重的多重共线性。

**Pearson 相关系数**

表 5 - 3

| 变量 | Donat1 | Donat2 | Donat3 | $Y_{t-1}$ | Trans1 | Trans2 | Size | Lev | Roe | Cashflow | Soe | Age | Balance | Dual | Indep |
|---|---|---|---|---|---|---|---|---|---|---|---|---|---|---|---|
| Donat1 | 1.000 | | | | | | | | | | | | | | |
| Donat2 | 0.891 *** | 1.000 | | | | | | | | | | | | | |
| Donat3 | 0.129 *** | 0.308 *** | 1.000 | | | | | | | | | | | | |
| $Y_{t-1}$ | 0.015 ** | 0.097 *** | 0.410 *** | 1.000 | | | | | | | | | | | |
| Trans1 | 0.103 *** | 0.215 *** | 0.050 *** | -0.009 | 1.000 | | | | | | | | | | |
| Trans2 | 0.095 *** | 0.220 *** | 0.106 *** | 0.031 *** | 0.665 *** | 1.000 | | | | | | | | | |
| Size | 0.144 *** | 0.320 *** | -0.068 *** | -0.064 *** | 0.405 *** | 0.348 *** | 1.000 | | | | | | | | |
| Lev | 0.039 *** | 0.084 *** | -0.123 *** | -0.101 *** | 0.036 *** | -0.024 *** | 0.492 *** | 1.000 | | | | | | | |
| Roe | 0.083 *** | 0.153 *** | 0.110 *** | 0.035 *** | 0.361 *** | 0.356 *** | 0.101 *** | -0.174 *** | 1.000 | | | | | | |
| Cashflow | 0.046 *** | 0.094 *** | 0.115 *** | 0.034 *** | 0.204 *** | 0.227 *** | 0.012 * | -0.188 *** | 0.290 *** | 1.000 | | | | | |
| Soe | -0.012 * | 0.004 | -0.083 *** | -0.067 *** | 0.129 *** | 0.007 | 0.310 *** | 0.282 *** | 0.004 | 0.006 | 1.000 | | | | |
| Age | 0.016 ** | 0.053 *** | -0.074 *** | -0.048 *** | 0.018 *** | -0.049 *** | 0.404 *** | 0.351 *** | -0.088 *** | -0.017 *** | 0.391 *** | 1.000 | | | |
| Balance | 0.016 ** | 0.017 *** | 0.022 *** | 0.027 *** | -0.040 *** | 0.027 *** | -0.089 *** | -0.133 *** | -0.041 *** | -0.004 | -0.263 *** | -0.158 *** | 1.000 | | |
| Dual | -0.014 *** | -0.024 *** | 0.024 *** | 0.012 * | -0.055 *** | 0.005 | -0.152 *** | -0.142 *** | -0.009 | -0.014 ** | -0.280 *** | -0.224 *** | 0.064 *** | 1.000 | |
| Indep | -0.017 * | -0.011 * | -0.004 | 0.004 | -0.012 * | 0.019 *** | 0.016 ** | -0.018 *** | -0.025 *** | -0.016 *** | -0.059 *** | -0.026 *** | -0.018 *** | 0.116 *** | 1.000 |

注：*、**、*** 分别表示在 10%、5%、1% 的水平上显著。

# 二、回归分析

## (一) 基准回归结果

表5-4报告了会计信息透明度对企业捐赠的影响的回归结果。由于Donat1代表捐赠意愿，采用是否发生捐赠，属于0和1二元选择变量，故表5-4中第（1）列和第（2）列的模型采用probit回归，其他列的模型采用简单线性回归模型。结果表明会计信息透明度与企业捐赠均在1%的水平上正相关，表明会计信息透明度发挥了会计在第三次分配的宏观领域中能够发挥治理作用，说明国家推动会计发挥治理作用的方向正确性，实证结果支持了本书的假设。

表5-4 　　　　　　　　　　　　基准回归结果分析

| 变量 | (1)<br>Donat1 | (2)<br>Donat1 | (3)<br>Donat2 | (4)<br>Donat2 | (5)<br>Donat3 | (6)<br>Donat3 |
|---|---|---|---|---|---|---|
| Trans1 | 0. 2567 ***<br>(4. 2959) | | 0. 8828 ***<br>(7. 0536) | | 0. 00015 ***<br>(4. 1744) | |
| Trans2 | | 0. 0083 ***<br>(4. 6657) | | 0. 0253 ***<br>(7. 9396) | | 0. 00005 ***<br>(9. 4937) |
| $Y_{t-1}$ | 38. 2400 ***<br>(4. 3279) | 37. 0442 ***<br>(4. 1888) | 304. 8705 ***<br>(17. 9057) | 300. 4201 ***<br>(17. 6453) | 0. 1711 ***<br>(66. 0829) | 0. 1704 ***<br>(65. 9028) |
| Size | 0. 2641 ***<br>(16. 8629) | 0. 2617 ***<br>(16. 7432) | 1. 2623 ***<br>(40. 2506) | 1. 2480 ***<br>(39. 6545) | - 0. 0000<br>( - 1. 3823) | - 0. 0000 ***<br>( - 3. 7692) |
| Lev | 0. 0679<br>(0. 8813) | 0. 0651<br>(0. 8453) | - 0. 2079<br>( - 1. 2048) | - 0. 2017<br>( - 1. 1703) | - 0. 0001 ***<br>( - 2. 6764) | - 0. 0001 **<br>( - 2. 1217) |
| Roe | 0. 6845 ***<br>(7. 2164) | 0. 6905 ***<br>(7. 3069) | 2. 7533 ***<br>(12. 1456) | 2. 7196 ***<br>(12. 0261) | 0. 0003 ***<br>(9. 5838) | 0. 0003 ***<br>(8. 3878) |
| Cashflow | 0. 3059 *<br>(1. 6665) | 0. 2808<br>(1. 5217) | 1. 7246 ***<br>(4. 2249) | 1. 5823 ***<br>(3. 8617) | 0. 0005 ***<br>(8. 1820) | 0. 0005 ***<br>(7. 2714) |
| Soe | - 0. 1905 ***<br>( - 6. 1515) | - 0. 1787 ***<br>( - 5. 7633) | - 0. 6550 ***<br>( - 9. 8324) | - 0. 6120 ***<br>( - 9. 1731) | - 0. 0001 ***<br>( - 5. 3472) | - 0. 0000 ***<br>( - 4. 6622) |
| Age | - 0. 0728 ***<br>( - 3. 6045) | - 0. 0676 ***<br>( - 3. 3284) | - 0. 2894 ***<br>( - 6. 6461) | - 0. 2842 ***<br>( - 6. 5269) | - 0. 0000 ***<br>( - 3. 0080) | - 0. 0000 **<br>( - 2. 4022) |

续表

| 变量 | (1)<br>Donat1 | (2)<br>Donat1 | (3)<br>Donat2 | (4)<br>Donat2 | (5)<br>Donat3 | (6)<br>Donat3 |
|---|---|---|---|---|---|---|
| Balance | 0.0365 *<br>(1.7205) | 0.0329<br>(1.5488) | 0.1365 ***<br>(2.9919) | 0.1193 ***<br>(2.6129) | − 0.0000<br>(− 0.5117) | − 0.0000<br>(− 0.9767) |
| Dual | − 0.0329<br>(− 1.1499) | − 0.0359<br>(− 1.2531) | − 0.0232<br>(− 0.3686) | − 0.0366<br>(− 0.5815) | 0.0000<br>(0.5070) | 0.0000<br>(0.2206) |
| Indep | − 0.6671 ***<br>(− 2.9722) | − 0.6843 ***<br>(− 3.0459) | − 1.7166 ***<br>(− 3.4913) | − 1.8105 ***<br>(− 3.6827) | − 0.0001<br>(− 1.5034) | − 0.0001 *<br>(− 1.7130) |
| 常数项 | − 3.6972 ***<br>(− 11.1736) | − 3.5772 ***<br>(− 10.6287) | − 14.6047 ***<br>(− 22.0518) | − 14.0004 ***<br>(− 20.5552) | 0.0004 ***<br>(4.0800) | 0.0007 ***<br>(6.4303) |
| 年度与行业 | 控制 | 控制 | 控制 | 控制 | 控制 | 控制 |
| N | 22 831 | 22 831 | 22 831 | 22 831 | 22 833 | 22 833 |
| F | — | — | 126.8284 | 127.2034 | 158.9378 | 161.0957 |
| adj. $R^2$ | — | — | 0.1967 | 0.1972 | 0.2348 | 0.2373 |

注：(1) *、**、*** 分别表示在10%、5%、1%的水平上显著，括号内为T值。(2) 当因变量为 Donat1 时，$Y_{t-1}$ 代表上一期的 Donat1；当因变量为 Donat2 时，$Y_{t-1}$ 代表上一期的 Donat2；当因变量为 Donat3 时，$Y_{t-1}$ 代表上一期的 Donat3，下同。

## (二) 基准回归结果分析

从解释变量的影响结果看，表 5 - 4 的第 (1) 列和第 (2) 列中，Trans1 和 Trans2 的回归系数分别是 0.2567 和 0.0083，说明采用综合指标计算的会计信息透明度对企业捐赠的作用系数更高，同时说明捐赠意愿深受会计信息透明度的影响。表 5 - 4 的第 (3) 列和第 (4) 列中，Trans1 和 Trans2 的回归系数分别是 0.8828 和 0.0253，在回归系数上远远超过表 5 - 4 的第 (1) 列和第 (2) 列中的模型，表明企业会计信息度影响企业的捐赠水平是超过企业的捐赠意愿的。表 5 - 4 的第 (3) 列和第 (4) 列计算的捐赠是采用相对水平测度的，可能企业捐赠只是企业总资产的很少一部分，在回归中，Trans1 和 Trans2 尽管在 1% 的水平上显著，但是由于系数太少，本表在回归结果上多保留了一个小数。因此，基准回归结果验证了本书提出的假设。

从控制变量的影响结果看，表 5 - 4 的 6 个模型均反映了企业的捐赠是受上期捐赠影响的，在 6 个模型中 $Y_{t-1}$ 的系数分别是 38.24、37.04、304.87、300.42、0.1711、0.1704，系数不但大而且均在 1% 的水平上显著，表明构建模型需要控制前一期额捐赠水平，论证了本书选择 $Y_{t-1}$ 作为控制变量的必要性。其他控制变量不一一陈述，详细情况如表 5 - 4 所示。

## 三、稳健性检验

### （一）改变度量变量

选择深交所披露的考评数据（Dscore）作为会计信息透明度的替代变量进行检验。借鉴张程睿和王华（2007）的做法，把考评按照好坏依次为 4、3、2、1 打分。模型估计结果显示会计信息透明度与企业捐赠显著正相关，结果与前面结果无差异，表明结果稳健，具体见表 5 - 5 的第（1）列、第（2）列、第（5）列。

后续分别采用分析师跟踪人数、是否属于"四大"会计师事务所审计作为会计信息透明度的替代变量进行检验，结果没有实质性变化。

### （二）采用倾向性匹配得分

为了预防样本特征差异导致研究结果不稳健，本书采用 PSM 配对后对企业捐赠进行回归。将会计信息透明度采用中位数处理，样本大于中位数的取 1，小于或者等于中位数的取 0；然后把 $Y_{t-1}$、Size、Lev、Roe、Cashflow、Soe、Age、Balance、Dual、Indep 作为协变量计算倾向得分值，采用 1∶1 近邻方法匹配，并删除了无法匹配的样本，进而得出会计信息透明度对企业捐赠的净影响。匹配后回归结果见表 5 - 5 所示，第（3）列和第（4）列模型的因变量采用捐赠的绝对值衡量，第（6）列和第（7）列的因变量采用企业捐赠的相对数衡量，因为相对数衡量回归系数偏小，故结果保留了五位小数。回归后除第（6）列外，均体现会计信息透明度与企业捐赠的系数显著，所有模型的系数方向与基准回归一致，支持了原假设。

表 5 - 5 　　　　　　　　　稳健性检验回归结果分析

| 变量 | (1) Donat1 | (2) Donat2 | (3) Donat2 | (4) Donat2 | (5) Donat3 | (6) Donat3 | (7) Donat3 |
|---|---|---|---|---|---|---|---|
| Dscore | 0. 0707 *** (2. 6060) | 0. 2333 *** (3. 8680) | | | 0. 00003 ** (2. 2881) | | |
| Trans1 | | | 0. 7049 *** (2. 9176) | | | 0. 00002 (1. 0740) | |

续表

| 变量 | （1）<br>Donat1 | （2）<br>Donat2 | （3）<br>Donat2 | （4）<br>Donat2 | （5）<br>Donat3 | （6）<br>Donat3 | （7）<br>Donat3 |
|---|---|---|---|---|---|---|---|
| Trans2 | | | | 0.0171 ***<br>（4.6018） | | | 0.00004 ***<br>（5.5068） |
| 控制变量 | 控制 | 控制 | 控制 | 控制 | 控制 | 控制 | 控制 |
| 年度行业 | 控制 | 控制 | 控制 | 控制 | 控制 | 控制 | 控制 |
| N | 13 193 | 13 539 | 11 396 | 11 396 | 13 540 | 11 396 | 11 396 |
| F | | 66.9268 | 68.9146 | 69.2790 | 99.9858 | 111.1991 | 112.1478 |
| adj. $R^2$ | | 0.1791 | 0.2108 | 0.2117 | 0.2459 | 0.3012 | 0.3030 |

注：**、***分别表示在5%、1%的水平上显著，括号内为 T 值。

## 四、内生性问题讨论

考虑到会计信息透明度一方面与企业慈善捐赠之间存在比较严重的反向因果问题，即重视慈善捐赠的社会责任表现较好的企业，另一方面可能会具有较高的信息透明度，因为除企业会计信息透明度外，企业的捐赠行为可能受其他政策行为的影响，企业的捐赠的变化也可能由于其他变量的变化引起。因此，企业捐赠和会计信息透明度之间可能存在内生性问题，企业捐赠行为的变化可能不是由于会计信息透明度的变化引起的。本书采用 2SLS 回归模型降低可能存在的内生性问题。借鉴金和鲁（Kim and Lu，2011）的研究，选择公司 i 的透明度减去同年度同行业剔除公司 i 的其他公司透明度均值作为工具变量。

表 5－6 第（1）列和第（4）列报告了第一阶段的回归结果，第一阶段的回归 F 值大于 10，而且 mTrans1 和 mTrans2 的系数分别为 0.9116 和 0.9097，均在 1% 的水平上显著，拒绝了弱工具变量假设。第二阶段的回归 Hansen J 值不显著，表明选择工具变量是外生的；工具变量与自变量显著相关，表明同年度同行业的会计信息透明度减去自身外其他公司会计信息透明度均值作为工具变量符合相关性要求。表 5－6 第（2）列、第（3）列、第（5）列、第（6）列报告了第二阶段的回归结果，从第二阶段回归结果可以看出，在控制内生性后，会计信息透明度与企业捐赠的回归系数显著相关，表明结果稳健。

表5-6 内生性检验回归结果分析

| 变量 | (1)<br>Trans1<br>（第一阶段） | (2)<br>Donat2<br>（第二阶段） | (3)<br>Donat3<br>（第二阶段） | (4)<br>Trans2<br>（第一阶段） | (5)<br>Donat2<br>（第二阶段） | (6)<br>Donat3<br>（第二阶段） |
|---|---|---|---|---|---|---|
| mTrans1 | 0.9116 ***<br>(256.8956) | | | | | |
| mTrans2 | | | | 0.9079 ***<br>(248.4388) | | |
| Trans1 | | 0.7164 ***<br>(2.8975) | 0.00011 ***<br>(2.8403) | | | |
| Trans2 | | | | | 0.0246 ***<br>(4.0008) | 0.00004 ***<br>(5.4992) |
| 控制变量 | 控制 | 控制 | 控制 | 控制 | 控制 | 控制 |
| 年度行业 | 控制 | 控制 | 控制 | 控制 | 控制 | 控制 |
| N | 22 833 | 22 831 | 22 833 | 22 833 | 22 831 | 22 833 |
| F | 255.1043 | 125.6608 | 158.6601 | 241.0072 | 125.8757 | 159.3182 |
| adj. $R^2$ | 0.8295 | 0.1953 | 0.2345 | 0.8254 | 0.1955 | 0.2353 |

注：*** 表示在1%的水平上显著，括号内为 T 值。

# 第五节 影响机制研究

在理论分析中发现，更高水平的会计透明度有利于企业产生更好的业绩和完善内部治理水平，促进企业提高捐赠水平，参与第三次分配。同时，企业捐赠也是一种企业社会责任行为，高水平的会计信息透明度的企业会通过企业社会责任行为提高自己的声誉和规避市场对企业的错误识别，因此，企业会通过自身的社会责任表现，促进企业提高捐赠意愿和捐赠水平。因此，本书将从信息透明度的业绩效应、治理效应和社会责任效应三个角度研究企业信息透明度对企业捐赠的影响机制。为此，建立了如下模型：

$$M_{i,t} = \alpha_0 + \alpha_1 Trans_{i,t} + \alpha_2 Control_{i,t} + \psi_i + j_t + \zeta_{i,t}$$

$$Donat_{i,t} = \beta_0 + \beta_1 Trans_{i,t} + \beta_2 M_{i,t} + \beta_3 Control_{i,t} + \psi_i + j_t + \zeta_{i,t}$$

其中，M 代表机制路径，如果 $\alpha_1$ 和 $\beta_2$ 显著，表明路径存在。

## 一、信息透明度的业绩效应

总体上，较高的会计信息透明度有利于提高证券市场资源配置效率，正向作用于企业财务绩效，提升企业价值，为企业捐赠提供了资金支持。企业业绩分为长期业绩和短期业绩，本书参考麦克康奈尔等（Mcconnell et al.，1990）的做法，使用 TobinQ 衡量企业的价值，用总资产收益率（Roa）和 TobinQ 分别代表企业的短期绩效和长期绩效，总资产收益率（Roa）和 TobinQ 数据来自国泰安数据库。表 5 - 7 展示了信息透明度的业绩效应分析结果。表 5 - 7 的第（1）~ 第（4）列代表企业短期业绩效应的分析结果，考虑到 Roa 与 Roe 的多重共线性关系，这四个模型中控制变量去掉了 Roe；表 5 - 7 的第（5）~ 第（8）列代表企业长期业绩效应的分析结果；表 5 - 7 的第（1）、第（2）、第（7）、第（8）列以 Trans2 衡量企业的会计信息透明度；表 5 - 7 的第（3）~ 第（6）列以 Trans1 衡量企业的会计信息透明度。在四个中介变量回归中［第（1）、第（3）、第（5）、第（7）列］，中介变量对 Trans1 或者 Trans2 均在 1% 水平上显著为正；在四个对中介变量回归中［第（2）、第（4）、第（6）、第（8）列］，中介变量对 Trans1 或者 Trans2 均在 1% 水平上显著为正，而且对中介变量 Roa 显著为正，但是对长期绩效 TobinQ 显著为负。说明了企业参与第三次分配存在短期和长期的业绩效应中介，在短长期中、高质量的企业的信息透明度均可以提高企业的业绩，但是短期业绩效应促进企业参与捐赠意愿和捐赠水平，但是长期绩效却反向影响了企业的捐赠意愿和水平，这可能与企业所处的价值观导向有关，有学者基于企业长期价值最大化目标认为捐赠增加了企业成本，加剧了第二类代理冲突，不鼓励企业对外捐赠。

表 5 - 7　　　　　　　　　　信息透明度的业绩效应分析

| 变量 | (1) Roa | (2) Donat2 | (3) Roa | (4) Donat2 | (5) TobinQ | (6) Donat2 | (7) TobinQ | (8) Donat2 |
|---|---|---|---|---|---|---|---|---|
| Trans1 | | | 0. 0707 *** (44. 1532) | 0. 0604 *** (6. 3372) | 0. 9254 *** (28. 5106) | 0. 8087 *** (7. 3257) | | |
| Trans2 | 0. 0319 *** (45. 3941) | 0. 0227 *** (7. 0257) | | | | | 0. 0431 *** (54. 6065) | 0. 0303 *** (8. 8922) |

| 变量 | (1)<br>Roa | (2)<br>Donat2 | (3)<br>Roa | (4)<br>Donat2 | (5)<br>TobinQ | (6)<br>Donat2 | (7)<br>TobinQ | (8)<br>Donat2 |
|---|---|---|---|---|---|---|---|---|
| Roa | | 6.3542 ***<br>(12.6367) | | 6.4787 ***<br>(12.9104) | | | | |
| TobinQ | | | | | | −0.0628 **<br>(−2.4242) | | −0.1098 ***<br>(−4.0547) |
| 控制变量 | 控制 | 控制 | 控制 | 控制 | 控制 | 控制 | 控制 | 控制 |
| 年度行业 | 控制 | 控制 | 控制 | 控制 | 控制 | 控制 | 控制 | 控制 |
| N | 22 833 | 22 831 | 22 833 | 22 831 | 22 457 | 22 455 | 22 457 | 22 455 |
| F | 309.4918 | 127.6271 | 305.7380 | 127.3671 | 271.3849 | 122.6342 | 344.3005 | 123.3361 |
| adj. $R^2$ | 0.3687 | 0.1977 | 0.3658 | 0.1974 | 0.3476 | 0.1976 | 0.4033 | 0.1985 |

注：** 、*** 分别表示在 5% 、1% 的水平上显著，括号内为 T 值。

为了排除第二类代理冲突影响 TobinQ 对企业捐赠的作用，本书用 TobinQ_1 衡量。TobinQ_1 计算如下：首先，采用修正的 Jones 计量模型计算 DA 值，计算过程参考陆建桥（1999）的做法；其次，采用模型（5 - 4）计算 TobinQ 的回归残差，参考已有文献，模型（5 - 4）的 Control 取公司规模（Size）、资产负债率（Lev）、净资产收益率（Roe）、上市年限（Age）、现金流比率（Cashflow）、股权性质（Soe）、股权集中度（Balance）、董事长与总经理兼任（Dual）、独立董事比率（Indep）；最后，采用残差作为 TobinQ_1 的代理变量，衡量剔除第二类代理冲突影响后的企业长期绩效。

$$TobinQ_{i,t} = \alpha_0 + \alpha_1 DA_{i,t} + \alpha_2 Control_{i,t} + \psi_i + j_t + \zeta_{i,t}$$

表 5 - 8 的第（1）~ 第（4）列代表信息透明度的长期业绩效应分析（剔除第二类代理冲突影响）的结果，表 5 - 8 的第（1）列和第（2）列以 Trans1 衡量企业的会计信息透明度，表 5 - 8 的第（3）列和第（4）列以 Trans2 衡量企业的会计信息透明度。从表 5 - 8 可以看出，在中介变量回归中 [第（1）列和第（3）列]，中介变量 TobinQ_1 对 Trans1 或者 Trans2 均在 1% 水平上显著为正；在回归第（2）列和第（4）列中，Donat2 对 Trans1 或者 Trans2 均在 1% 水平上显著为正，而且对 TobinQ_1 显著为正，解析了前面 Donat2 与 TobinQ 反向影响的矛盾。

然后，本书用 DA 的相反数衡量代理成本，如果 DA 的相反数越大，则代理成本越小。用 DA 的相反数与 TobinQ 的乘积作为 TobinQ_1 的代理变量衡量低代理成本对企业长期绩效的边际效应，实证结果也证明了 TobinQ_1 对 Trans1 或者 Trans2 均在 1% 水平上显著为正。同时，Donat2 对 Trans1 或者 Trans2 也均在 1% 水平上显著为正，并且对 TobinQ_1 显著为正。

综合分析可得，企业的会计信息透明度存在显著的短期业绩效应和长期绩效中介效应，促进企业参与第三次分配。

最后，企业捐赠采用 Donat1 和 Donat3 做稳健性检验，中介变量对 Trans1 或者 Trans2 的影响显著性和方向与企业捐赠采用 Donat2 相比，未发生实质性变化。

表 5 - 8　　信息透明度的长期业绩效应分析（剔除第二类代理冲突影响）

| 变量 | （1）<br>TobinQ_1 | （2）<br>Donat2 | （3）<br>TobinQ_1 | （4）<br>Donat2 |
|---|---|---|---|---|
| Trans1 | 0.9254 ***<br>(28.5106) | 0.5811 ***<br>(2.9659) | | |
| Trans2 | | | 0.0431 ***<br>(54.6065) | 0.0243 ***<br>(6.4605) |
| TobinQ_1 | | 0.1812 **<br>(2.4132) | | 0.1989 ***<br>(3.6610) |
| 控制变量 | 控制 | 控制 | 控制 | 控制 |
| 年度行业 | 控制 | 控制 | 控制 | 控制 |
| N | 22 457 | 22 455 | 22 457 | 22 455 |
| F | 271.3849 | 120.1207 | 344.3005 | 121.0130 |
| adj. $R^2$ | 0.3476 | 0.1978 | 0.4033 | 0.1990 |

注：** 、*** 分别表示在 5% 、1% 的水平上显著，括号内为 T 值。

## 二、信息透明度的内部治理效应

较高的信息透明度有利于改善内部控制环境，减少信息不对称，抑制盈余管理，为企业捐赠提供了内部基础保障。本书使用企业内部治理指数的自然对数代表企业的内部治理水平，企业内部治理指数（nbkzzs）来自迪博数据库。表 5 - 9 展示了信息透明度的内部治理效应的分析结果。表 5 - 9 的第（1）列和第（2）列以 Trans2 衡量企业的会计信息透明度，表 5 - 9 的第（3）列和第（4）列以 Trans1 衡量企业的会计信息透明度。在两个中介变量回归中［第（1）列和第（3）列］，nbkzzs 对 Trans1 或者 Trans2 均在 1% 水平上显著为正；在两个对 nbkzzs 回归中［第（2）列和第（4）列］，中介变量对 Trans1 或者 Trans2 均在 1% 水平上显著为正，而且对中介变量 nbkzzs 显著为正。说明了企业参与第三次分配存在信息透明度的内部治理效应中介，高质量的企业的信息透明度均可以提高企业的内部治理水平，同时，高的内部治理水平促进企业参与捐赠意愿和捐赠水平，说明了企业的会计信息透明度存在显著的内部治理效应中介。

随后，企业捐赠采用 Donat1 和 Donat3 作稳健性检验，中介变量对 Trans1 或者 Trans2 的影响显著性和方向与企业捐赠采用 Donat2 相比，未发生实质性变化。

表 5 - 9　　　　　　　　　　信息透明度的内部治理分析

| 变量 | （1）<br>nbkzzs | （2）<br>Donat2 | （3）<br>nbkzzs | （4）<br>Donat2 |
|---|---|---|---|---|
| Trans1 | | | 0.2440 ***<br>（9.7270） | 0.1757 ***<br>（7.4044） |
| Trans2 | 0.0325 ***<br>（3.9303） | 0.0273 ***<br>（8.2895） | | |
| nbkzzs | | 0.1309 ***<br>（3.6357） | | 0.1211 ***<br>（3.3569） |
| 控制变量 | 控制 | 控制 | 控制 | 控制 |
| 年度行业 | 控制 | 控制 | 控制 | 控制 |
| N | 21 147 | 21 145 | 21 147 | 21 145 |
| F | 27.0512 | 117.0809 | 28.9506 | 116.6964 |
| adj. $R^2$ | 0.0534 | 0.1998 | 0.0569 | 0.1993 |

注：*** 表示在 1% 的水平上显著，括号内为 T 值。

## 三、信息透明度的社会责任效应

较高的会计信息透明度是企业对社会履行责任和保护相关者利益的一种表现，因此，较高的会计信息透明度有利于企业积极承担社会责任，为企业捐赠营造了好的责任环境。因为和讯网上市公司社会责任报告专业评测体系从股东责任、员工责任、供应商、客户和消费者权益责任、环境责任和社会责任五项考察，各项分别设立二级和三级指标对社会责任进行全面的评价，其中涉及二级指标 13 个，三级指标 37 个，相比较全面客观。本书使用的企业社会责任数据（zerenzdf）来自和讯网披露的企业社会责任指数。鉴于和讯网披露的企业社会责任总指数包含了捐赠，因此，在此中介效应检验中，企业社会责任数据（zerenzdf）为不包含捐赠的社会责任指数之和，即 zerenzdf 为股东责任、员工责任、供应商、客户和消费者权益责任和环境责任之和，以检验除捐赠以外的其他企业社会责任是否为企业营造捐赠环境的中介路径。表 5 - 10 展示了信息透明度的社会责任效应的分析结果。表 5 - 10 的第（1）列和第（2）列以 Trans2 衡量企业的会计信息透明度，表 5 - 10 的第（3）列和第（4）列以 Trans1 衡量企业的会计信息透明度。在第（1）列和第（3）列两个中介变量回归中，中介变量 zerenzdf 对 Trans2 在 1% 水平上显著为负，Trans1 均在 1% 水平上显著为正；在第（2）列和第（4）列对 zerenzdf 回归中，中介变量对 Trans1 或者 Trans2 均在 1% 水平上显著为正，而且对中介变量 zerenzdf 显著为正。说明了企业参与第三次分配存在信息透明度的社会责任效应中介，高质量的企业的信息透明度均可以提高企业披露和履行企业社会责任，同时，高的社会责任水平促进企业参与捐赠意愿和捐赠水平，说明了企业的会计信息透明度存在显著的社会责任效应中介。

随后，企业捐赠采用 Donat1 和 Donat3 作稳健性检验，中介变量对 Trans1 或者 Trans2 的影响显著性和方向与企业捐赠采用 Donat2 相比，未发生实质性变化。

表 5 - 10　　　　　　　　　　信息透明度的社会责任分析

| 变量 | （1）zerenzdf | （2）Donat2 | （3）zerenzdf | （4）Donat2 |
|---|---|---|---|---|
| Trans1 | | | 0.2342 ***<br>(11.3983) | 0.1126 ***<br>(5.9158) |
| Trans2 | - 0.0012 **<br>(- 2.4375) | 0.00011 ***<br>(6.7782) | | |
| zerenzdf | | 0.1946 ***<br>(3.4272) | | 0.1583 ***<br>(2.7763) |
| 控制变量 | 控制 | 控制 | 控制 | 控制 |
| 年度行业 | 控制 | 控制 | 控制 | 控制 |

续表

| 变量 | （1）<br>zerenzdf | （2）<br>Donat2 | （3）<br>zerenzdf | （4）<br>Donat2 |
|---|---|---|---|---|
| N | 21 147 | 21 147 | 21 147 | 21 147 |
| F | 345. 6254 | 83. 7932 | 351. 2112 | 83. 4738 |
| adj. R$^2$ | 0. 4453 | 0. 1663 | 0. 4493 | 0. 1658 |

注：** 、*** 分别表示在 5%、1% 的水平上显著，括号内为 T 值。

# 第六节　进一步研究

## 一、融资约束对会计信息透明度与企业捐赠的异质性分析

企业是否捐赠取决于企业是否具有捐赠意愿以及企业是否具有捐赠能力。捐赠能力由企业是否具有提供捐赠的资金流决定。在实务中，一般高融资约束的企业在捐赠领域心有余而力不足，但是也存在亏损企业积极参与慈善捐赠。因此，本书将对样本公司融资约束的大小进行分类，区别融资约束不同水平的样本公司对会计信息透明度与企业捐赠的影响是否存在异质性进行检验，融资约束指数（Sa）参考哈洛克等（Hadlock et al.，2010）的方法构建，其中，$Sa = (-0.737 \times Size) + (0.043 \times Size^2) - (0.040 \times Age)$ 按照 Sa 的中位数将样本分为高融资约束和低融资约束组来分析会计信息透明度对企业捐赠意愿的异质性，回归结果见表 5－11 的第（1）～第（4）列，其中第（1）列和第（2）列为高融资约束组，第（3）列和第（4）列为低融资约束组。从 Trans1 衡量企业的会计信息透明度来看，高融资约束组的会计信息透明度对企业捐赠的回归系数是 0.3172，在 1% 的水平上显著，而低融资约束组的会计信息透明度对企业捐赠的回归系数是 0.1855，并在 5% 的水平上显著，说明了在高融资约束的企业中，会计信息透明度对企业捐赠的影响程度和影响反映更大；从 Trans2 衡量企业的会计信息透明度来看，高融资约束组的会计信息透明度对企业捐赠的回归系数是 0.0088，在 1% 的水平上显著，而低融资约束组的会计信息透明度对企业捐赠的回归系数是 0.0069，在 5% 的水平上显著，也说明了高融资约束的企业中，会计信息透明度对企业捐赠的影响程度和影响反应更大。随后，企业捐赠采用 Donat1 和 Donat3 作稳健

性检验，分组回归后对 Trans1 或者 Trans2 的影响显著性和方向与企业捐赠采用 Donat2 相比，未发生实质性变化，综合说明会计信息透明度与企业捐赠意愿的影响存在着融资约束异质性。

**表 5 - 11　　　　　　异质性检验回归结果分析（probit 回归结果）**

| 变量 | (1) Donat2 | (2) Donat2 | (3) Donat2 | (4) Donat2 | (5) Donat2 | (6) Donat2 | (7) Donat2 | (8) Donat2 |
|---|---|---|---|---|---|---|---|---|
| Trans1 | 0. 3172 *** (3. 4096) | | 0. 1855 ** (2. 3352) | | 0. 3211 *** (3. 4458) | | 0. 1789 ** (2. 2549) | |
| Trans2 | | 0. 0088 *** (3. 7242) | | 0. 0069 ** (2. 4816) | | 0. 0088 *** (3. 7210) | | 0. 0068 ** (2. 4606) |
| 控制变量 | 控制 | 控制 | 控制 | 控制 | 控制 | 控制 | 控制 | 控制 |
| 年度行业 | 控制 | 控制 | 控制 | 控制 | 控制 | 控制 | 控制 | 控制 |
| N | 11 094 | 11 094 | 10 907 | 10 907 | 11 092 | 11 092 | 10 910 | 10 910 |

注：**、***分别表示在5%、1%的水平上显著，括号内为 T 值。

## 二、公司规模对会计信息透明度与企业捐赠的异质性分析

在描述性统计中发现，企业规模存在显著差异。一般而言，大企业比小企业应当承担更大的社会责任，并且具有较大的捐赠意愿和捐赠水平，因此，公司的规模不同可能导致企业捐赠意愿的异质性。本研究按照公司规模的中位数将样本分为两组进行异质性分析，结果见表 5 - 11 的第（5）~第（8）列，其中第（5）列和第（6）列为大规模企业组，第（3）列和第（4）列为小规模企业组。从 Trans1 衡量企业的会计信息透明度来看，大规模企业组的会计信息透明度对企业捐赠的回归系数是 0. 3211，在 1% 的水平上显著，而小规模企业组的会计信息透明度对企业捐赠的回归系数是 0. 1789，只在 5% 的水平上显著，说明了在大规模企业组的企业中，会计信息透明度对企业捐赠的影响程度和影响反应更大；从 Trans2 衡量企业的会计信息透明度来看，大规模企业组的会计信息透明度对企业捐赠的回归系数是 0. 0088，在 1% 的水平上显著，而小规模企业组的会计信息透明度对企业捐赠的回归系数是 0. 0068，在 5% 的水平上显著，也说明了在大规模企业组的企业中，会计信息透明度对企业捐赠的影响程度和影响反应更大。

随后，企业捐赠采用 Donat1 和 Donat3 作稳健性检验，分组回归后对

Trans1 或者 Trans2 的影响显著性和方向与企业捐赠采用 Donat2 相比，未发生实质性变化，综合说明会计信息透明度与企业捐赠意愿的影响存在着公司规模异质性。

# 第七节　研究结论与建议

## 一、研究结论

本书利用中国上市公司的 A 股数据，考察了会计信息透明度在第三次分配中的宏观治理作用，并得到以下研究结论：会计信息透明度与企业捐赠存在显著的正相关关系。研究结果表明，会计信息透明度显著提高了企业的捐赠意愿和捐赠水平，在第三次分配中发挥了积极的宏观治理作用；路径研究发现，会计信息透明度通过改善企业绩效、公司治理水平和履行社会责任路径提高捐赠意愿和捐赠水平；异质性研究发现，相对于低融资约束和小规模企业，高融资约束和大规模企业的会计信息透明度对企业捐赠意愿的影响程度更高。

## 二、理论贡献与研究启示

本书的研究具有一定的理论贡献：一是把第三次分配与会计信息透明度结合在一个框架进行研究，揭示了会计信息透明度显著影响第三次分配的现象，丰富了第三次分配的动机和会计信息透明度的社会后果的相关文献，为合理引导第三次分配管理提供了参考，也为监管部门发挥会计信息宏观治理作用提供了经验证据；二是本书对会计信息透明度影响第三次分配的机理进行了解释，即通过公司业绩、内部治理水平和企业社会责任，促进企业提高捐赠意愿和捐赠能力，积极参与第三次分配；三是本书解释了会计信息透明度影响了第三次分配，把会计信息从微观作用提升到了会计治理的高度，可以促进会计信息更好地服务资本市场。

本书研究发现，会计信息透明度显著提高了企业的捐赠意愿与能力，这说明了会计信息的宏观治理作用，该结果也提醒了企业监管部门应当更加关注对会计信息透明度的披露方式、内容、时间和精准测度等方面的监管。应采取手段完善第三次分配的引导制度。本书研究结果表明，相对于低融资约束和小规模企业，高融资约束和大规模企业的会计信息透明度对企业捐赠意愿的影响程度更高，因此，对不同的企业需要采取不同的引导方式，促进全部企业积极参与第三次分配，为实现共同富裕发挥企业的主力军作用。

## 三、未来展望

本书的研究虽然具有一定的理论意义和现实意义，但是受主客观研究条件的限制，依然存在一些问题，有待进一步研究。首先，从研究样本看，受样本容量的限制，我们只考虑了 A 股公司样本，对非上市公司和非 A 股上市公司的样本的研究并未考虑在内，主要原因是非上市公司的相关数据难以从公开数据库中获取，这样的实证检验在效力上是有限的，未来的研究可以扩大样本容量，提升统计的有效性和信息量；其次，从研究视角看，本研究只考虑了企业捐赠，但是企业捐赠包括商业捐赠和慈善捐赠，而本书间接地采用企业捐赠衡量慈善捐赠，研究结论可能存在偏差，因此未来研究可以进一步把捐赠分为商业捐赠和慈善捐赠，从而更能丰富会计信息透明度的宏观治理作用的相关文献；最后，从指标衡量上，第三次分配并不局限于捐赠，随着计量工具的不断完善和调查条件的优化，衡量第三次分配的方法可在后续研究中不断完善。

第二部分

# 社会责任价值研究

| 第六章 |

# 责任动机研究：基于环境责任的视角

## 第一节　问题的提出

目前我国正处于由高速发展向高质量发展的战略调整期，党的十八大召开以来，习近平主席特别重视环境保护，在世界和中国的舞台上多次传播和践行"绿水青山就是金山银山"理念，把生态环境保护与生产力发展放到同等位置，提出"环境就是民生，青山就是美丽，蓝天也是幸福""发展经济是为了民生，保护生态环境同样也是为了民生"① 的科学论断。相关部门积极探索和研究生态环境保护及生态文明产品的价值确认、计量、评价、实现和传播等相关内容，并逐步完善，形成了系列决策部署文件。2021 年 4 月，中共中央办公厅、国务院办公厅印发了《关于建立健全生态产品价值实现机制的意见》，从制度上践行生态文明理念，保障生态文明产品的合法权利和合理价值。2021 年 5 月，生态环境部出台关于发布《碳排放权登记管理规则（试行）》《碳排放权交易管理规则（试行）》和《碳排放权结算管理规则（试行）》的公告，确保生态环境行为精准确认、科学计量、公正评价和有效流转。

企业作为生态文明产品的主要交易主体，对环境保护承担不可推卸的责任，《环境保护法》对企业应当清洁生产、按照排污许可证排污、公开排污信息、建立环境保护责任制度和安装使用监测设备等方面进行了具体规定，企业在追求经济利益的同时兼有环境保护的责任。企业在利润最大化和企业社会公民不同目标之间形成的矛盾行为，启发学者们理性思考和辩证分析，根据外部性理论，企业破坏环境的行为对外部企业产生负的外部效应，应当

---

① 良好生态环境是最普惠的民生福祉 ［EB/OL］. (2019 – 03 – 06). http：//opinion. people. com. cn/n1/2019/0306/c1003 – 30961321. html.

承担环境责任，理论上减少企业利润，根据企业披露的环境责任，在环境强制性投入外，增加了自愿性环境投入。部分学者认为自愿性增加环境投资，与当地环境政策有关，一方面迫于政府监管压力和社会舆论压力，另一方面受政府环境投入奖励政策诱惑或者通过"作秀"提高影响力，如德尔马斯（Delmas，2008）等的监管严厉研究、肯特（Kent，2016）等的政府奖励研究和威兹（WEI Z，2017）等关于获得利益相关者的资助研究。

的确，强化企业的环境投入有利于企业的长期稳定发展，转变经济增长方式，降低对高消耗、高排放和难循环的依赖，实现高质量发展（CHUANG S，2018）。通过文献梳理，企业社会责任的研究已经成为学术界关注的热点，环境责任研究更多地被置于企业社会责任的框架里，但是对企业环境责任披露动机的结论不一致。研究发现，企业的环境投入既有经济高质量发展动机，又有寻租动机和避嫌动机，更多地把寻租动机和避嫌动机分开研究，针对寻租动机和避嫌动机的结合研究，特别是寻租动机和避嫌动机的拐点研究依然是空白。

基于此，本书在对企业环境责任进行研究的理论基础上，深入挖掘和提炼企业环境责任的寻租动机和避嫌动机的相关理论，运用深交所 2010～2018 年 A 股上市公司披露的环境责任的数据，构建数据模型，研究多前提条件下企业环境责任的寻租动机和避嫌动机的影响效力和拐点出现的条件，进一步研究降低寻租动机和避嫌动机的决策因素并提出建议。本书的贡献主要包括如下几个方面：一是在检验寻租动机和避嫌动机的基础上研究企业环境责任在两个动机之间的拐点、动机替代效应和转化为高质量发展的动机路径，丰富了企业环境责任和企业社会责任的理论研究成果；二是借用经济学的价格效应模型研究企业环境责任动机，在研究方法上得到了创新；三是根据寻租动机和避嫌动机的弱化路径研究企业环境责任，助力企业高质量发展，提出的建议具有一定的实践价值。

## 第二节　理论基础与研究假设

### 一、企业环境责任概念研究的文献回顾

责任与感恩、责任与利益、责任与惩罚是辩证统一的矛盾体，也是正确处理矛盾和矛盾转化的方法论。企业是多个利益相关者相互作用的联合体，企业责任的研究变得更有价值，企业是否承担责任、承担什么样的责任及如何承担责任变成研究的热点，现有研究针对企业承担经济责任还是承担社会

责任取得了丰富的成果。企业社会责任是承担利益相关者责任的同时还应当承担环境责任和慈善责任等社会和公众承担的责任，企业作为社会公民，履行企业环境责任是企业社会责任的重要组成部分（Carrloll，1979）。企业环境责任的研究扩展了企业社会责任研究的边界。通过文献梳理，企业环境责任的研究包括环境责任的界定、环境责任的度量、环境责任的动机和环境责任的影响因素研究等。自从卡罗尔（Carroll，1979）把企业环境责任纳入企业的社会责任后，有学者开始研究企业环境责任缺失的原因（Daboub，1995）；德克马滕（Dirk Matten，2008）等从"显性"和"隐性"两个方面构建企业社会责任框架，把企业环境责任作为框架中的一个分支内容进行刻画；有学者关注企业环境责任的经济后果，认为认真履行企业环境责任可以显著提高企业的可持续性发展能力和盈利能力（Chang，2015）。

我国的学者也进行了大量研究，宋建波（2013）等从我国的国情出发研究企业环境责任的内涵以及企业环境责任和环境绩效的关系，从理论上梳理我国特色的企业环境责任的定义，从概念、评价、披露和激励等方面丰富了企业社会责任内涵的研究。赵天燕（2013）等从把企业环境责任定义为企业环境治理责任和企业环境改善责任，并构建企业环境责任度量框架。赵旭东（2021）从制度学角度研究企业环境责任，认为企业社会责任制度是企业社会责任的重要组成部分，在企业社会责任的框架里重新定义企业的环境责任，认为企业环境责任包括强制性的企业环境责任、不具有强制性的环境责任和道德层面的环境责任。姜英兵（2019）等研究企业环境责任与企业的价值关系，认为提高企业预期现金流与降低债务资本成本两种方式可以实现环境责任承担的价值提升效应，但通过改善股票投资者的风险预期对企业价值产生正向影响的证据不明确。田虹（2020）等从企业环境责任的效应角度研究企业环境责任对员工绿色创造力的影响，在企业环境责任的经济后果研究的基础上，拓宽企业环境责任的研究视角。

通过文献梳理可以发现，企业环境责任定义标准不一，具有研究范围广、触及面深和分析透彻的特点，但是对企业环境责任的实证度量性的概念研究不多，鉴于本书的研究视角和企业环境责任的数据可得性，本书将按照和讯网关于企业环境责任评价的指标构建企业环境责任的概念，认为企业环境责任是企业对环境保护和环境治理应当承担的综合责任，具体包括环保意识、环境管理体系认证、环保投入金额、排污种类数、节约能源种类数五个方面。企业环境责任从长期上看是与经济、社会、文化和谐发展相统一的，但是受短期利益的驱动，企业履行环境责任的动机值得研究。下面将从企业环境责任与寻租动机、避嫌动机和高质量发展动机进行文献梳理。

## 二、企业环境责任与寻租动机研究的机理分析

关于企业是否应该承担社会责任，学术界观点不一，赞同企业承担社会责任的认为，企业通过承担社会责任，增加企业的知名度和美誉度，强化社会对企业的认识，获得社会的支持和认同，从而降低融资压力，提高投资效率和企业业绩（Fombrun C，1990；Samet M，2017）。企业在履行社会责任中可以提高企业的核心竞争力，实现"改善管理—降低成本—提高顾客满意度"的良性循环（Daub C H，2005）。但是也有部分学者认为企业社会责任的履行存在投机成分，张斯（Zhang，2017）认为企业自觉履行企业环境责任，除了积极因素外，动机不纯，比如维护或者强化与政府的同盟关系，进而规避政府风险和社会风险。李增福等（2016）认为企业主动披露企业社会责任，特别是环境责任的履行情况可能是鉴于我国政府环境保护的压力，目的是掩饰政企关系，获取某种隐性的利益。

也有学者从内部员工管理、维护债权人和供应商关系等角度研究企业环境责任披露的机会主义行为。在利益相关者的压力下，企业通过环境责任的披露和承担来满足政府、供应商、顾客等相关者的需求压力，间接获取满足企业持续发展所需资源的供应（PENG B et al.，2018）。彭晓英等（2020）揭示了企业环境责任驱动价值创造的机制，她通过社会资源要素的核心驱动机制、技术资源要素的责任感知—响应创新机制、信息资源要素的多级环境信号传递机制、财务资源要素的边际均衡控制机制四个机制作用构建了企业环境责任与企业价值创造的逻辑框架，为企业环境责任机会主义倾向提供了理论解说。何枫等（2020）通过 2009~2016 年中国钢铁工业协会大中型钢铁企业样本实证研究了基于利益相关者视角的环境责任与企业业绩的关系，为不同利益相关者子群体的环境偏好对企业经济效益的影响提供了机会主义经验证据。

从以上文献回顾可以发现，学者们注意到企业环境责任与企业的寻租行为存在一定的联系，但是对具体的寻租行为和寻租路径缺乏系统而详尽的研究，本书将在已有的文献研究基础上抽象概括具体的寻租动机，并进一步探讨寻租动机的路径以及怎么规避寻租动机转化为高质量发展的路径。基于此，本书提出如下假设。

假设6-1：企业通过履行环境责任，有追求正常利润之外的利润（如营业外收入、操作性利润、政治权利和降低融资成本）的动机（阳杰，2020；何枫，2020）。

### 三、企业环境责任与避嫌动机研究的机理分析

随着我国生态文明建设的深入，企业环境责任表现为"责任重、任务大、处罚严、难推辞"的特点。因此，企业履行环境责任有跟风和夸张之势，目的是规避管制、降低法律成本。受资金、技术和管理等因素制约，政府环境执法存在定位模糊、数据可信度不高、日常环境管理与监控存在脱节等问题（张丽娟，2014）。同时，环境污染事件频繁发生，表现种类多种多样，为企业环境履行的避嫌动机提供了解释窗口。由于融资动机的存在，企业经理人可能增加披露帮助市场对股票正确定价或者通过信息操纵达到融资标准，企业环境责任是信息披露管理的重要组成部分，企业通过环境责任的信息披露，为融资披上美丽的外衣，实现融资管理的避嫌目的，孟朗（Lang. M，1993）从信息披露的角度研究了企业的融资动机。规避管制和降低法律成本的角度研究企业环境责任的避嫌动机，一方面从企业环境责任披露研究丰富信息披露理论，另一方面从企业环境责任建设角度丰富提高企业环境责任的路径理论，希旭（XU Xi；2018）、田虹（2015）和姜雨峰（2015）等在早期对这方面进行了实证检验。基于此，本书提出如下假设。

假设6-2：企业通过履行环境责任，为追求正常利润，有规避政府管制、降低法律成本和赢得社会声誉的动机。

### 四、企业环境责任与企业高质量发展研究的机理分析

企业强制性履行环境责任和自愿性履行环境责任是追求高质量发展的必然结果。高质量发展要求经济与非经济健康和谐发展，是一种持续兼友好型的发展。贺立龙等（2014）基于福利性社会收益函数构建企业环境责任评价指标体系，为企业高质量发展提供指引，企业通过环境责任的履行形成核心竞争力，能够赋能企业在复杂动态的环境中获得竞争优势和环境适用能力（Porter M，2006）。赋能企业高质量发展的路径意义显著，本书将在研究寻租动机、避嫌动机与环境责任的关系后，深入研究企业如何转化寻租动机和

避嫌动机，从而实现高质量发展，作为完成本书研究的使命。文献统计发现，研究企业环境责任和高质量发展的文献不多，现有的研究侧重环境责任履行与企业获取更高的盈余回报、提高盈余质量和市场占有率关系。我国正处于高质量发展阶段的重要战略机遇期，国家实现经济高质量发展为企业实现高质量发展提供了动力和方向。环境责任是经济高质量发展的重要内容，因此，研究企业环境责任，特鲁曼（Trueman，1997）从法律成本动机角度研究了企业的信息披露，认为披露更多的信息有利于降低企业的诉讼成本。由于企业环境保护仍存在量化管理缺乏、行业管理薄弱、企业主动性不足等问题（任洪岩，2014），与人民对美好生活的向往相矛盾，人们习惯上把源头指向企业，导致企业避嫌动机明显。基于此，本书提出如下假设。

假设 6-3：企业通过履行环境责任，在一定条件下，可以转化寻租动机和避嫌动机，促进企业实现高质量发展，在发展上取得质的飞跃（熊国保，2020；付丽娜，2020；张弛，2020）。

# 第三节　研究设计

## 一、模型选择

根据上述思路和研究假设，本书重点研究企业环境责任的寻租动机和避嫌动机，将以企业环境责任作为研究因变量、寻租动机和避嫌动机作为自变量构建模型。考虑到企业环境责任的履行情况除了受寻租动机和避嫌动机影响外，还受法制程度、企业实力和追求发展动力等因素的影响，一般而言，当地环境执法的严厉程度直接决定企业环境责任的履行情况，执法越严厉，环境责任处罚越严重，企业会重视环境责任的履行，反之相反。但是环境责任履行需要支付较大的成本，成本的支出与企业的规模和所有权性质有关，同时受企业自身要求高质量发展的意愿相关。根据这个思路，本书建立如下模型。

模型（6-1）：

$$\ln(Hjzeren1) = \alpha_0 + \alpha_1 寻租动机变量_{i,t} + \alpha_2 避嫌动机变量_{i,t} + \alpha_3 控制变量_{i,t} + \psi_i + j_t + \zeta_{i,t}$$

模型（6-2）：

$$probit(Hjzeren2) = \alpha_0 + \alpha_1 寻租动机变量_{i,t} + \alpha_2 避嫌动机变量_{i,t} + \alpha_3 控制变量_{i,t} + \psi_i + j_t + \zeta_{i,t}$$

本书根据企业社会责任的得分 Hjzeren1，首先把企业社会责任看作连续变量，通过模型（6-1）进行研究；然后根据企业社会责任的得分，把企业划分为两个层级，变成 Hjzeren2 进行研究，选择模型（6-2）进行分析。i 表示股票代码为 i 的 A 股上市公司，t 便是第 t 年度，control 为所有控制变量，$\psi_i$ 为该模型的行业控制变量，$\jmath_t$ 为该模型的时间控制变量，$\zeta_{i,t}$ 为模型控制行业和时间后的回归残差。

## 二、变量定义

本书把"企业环境责任"作为因变量，把"寻租动机"和"避嫌动机"作为自变量，增加部分控制变量，具体解析如下，详细说明见表6-1中的解释。

### （一）因变量——企业环境责任

本书的企业环境责任是企业主动承担环境保护的责任，与和讯网的企业环境责任考评内容基本一致，因此，本书采用和讯网提供的企业环境责任评分进行衡量。由于评分是个连续变量，在研究过程中评分表现不是很平稳，本书把评分进行处理，从而更科学地反映企业环境责任。一是对评分值对数化处理，让把原始环境责任数据进行正态化校准，更准确带入模型衡量企业环境责任与其他变量的相互关系；二是根据企业环境责任评分高低按照研究需要的标准在企业样本中抽选两个等级样本进行研究；三是运用迪博数据库中的企业环境责任数据进行稳健性检验。

### （二）自变量

1. 寻租动机。通过文献梳理知道，企业履行环境责任存在机会主义倾向，希望通过积极履行环境责任来降低融资成本、增加营业外收入、提高政治地位、更好地管理利润。由于提高政治地位的目的也是更好地管理利润，因此，本书使用融资成本动机和盈余管理动机两个变量反映寻租动机。本书采用可持续增长率衡量融资成本动机，由于企业可持续增长率越高，越希望获得外部资金支持，融资成本动机越高，因此，预测融资成本动机与环境责任方向一致；采用修正 Jones 计量模型的 DA 值作为盈余管理的替代变量，有盈余管理动机的企业更倾向粉饰和美化企业信息，在环境责任披露方面做得更好，因此，预测企业环境责任的方向与盈余管理的方向一致。

2. 避嫌动机。本书从规避管制动机和降低法律成本动机两个角度衡量避嫌动机。上市公司为逃避 ST 处理或者摘牌的风险,亏损公司具有盈余管理的强烈动机,因此,本书使用 ROE 的取值衡量规避管制动机。参照证券法,如果 ROE 低于 5%,企业有 ST 处理或者摘牌的风险,则有规避管制动机,取值为 1;高于 5% 企业不存在 ST 处理或者摘牌的风险,取值为 0。

如果公司的净利润或者现金流为负数则暗示企业处于财务和经营困难,坏消息导致企业更高的法律成本,文献中用净利润或者现金流衡量法律成本动机,这种衡量很难反映企业实际股票占用的资金,因此,本书采用每股净现金流量(元/股)来衡量法律成本动机,负数取值为 1,非负数取值为 0。

一些文献认为,企业存在避嫌动机更容易做好履行环境责任的外衣,保护好企业的外部形象,让企业的知名度和名誉度被表现出来。但也有研究表明,如果企业发生财务危机,存在财务困难与经营困难,没有足够的资金实力和精力支持企业履行环境责任,按照此逻辑,企业在发生亏损或者现金流困难时会减少企业环境责任的履行。因此,本书对避嫌动机与企业环境责任的关系方向不能确定。

(三)控制变量

企业社会责任的履行受企业目标、企业所有权性质和企业自身经济实力、管理实力和企业文化的多层面影响,由于企业环境责任的披露属于信息披露的一部分,本书参照以往学者在信息披露文献中的通用做法,选择股权集中度、国有股比例、企业总资产、资产负债率、股利支付率和管理费用率作为控制变量。由于社会进步,国家和社会的环保意识逐渐觉醒,不同行业面临的环保压力和责任不一致,因此,本书增加年度和行业作为哑变量,便于更真实地反映企业环境责任的寻租动机和避嫌动机。变量说明如表 6-1 所示。

表6-1                                变量说明

| 变量类型 | 变量名称 | 预测符号 | 经济含义 | 解释 |
| --- | --- | --- | --- | --- |
| 被解释变量 | Hjzeren1<br>(Hjzeren2) | | 企业环境责任 | Hjzeren1 取值与和讯网对企业环境责任的评分;Hjzeren2 根据 ER1 的排序分成两部分,随着等级高低依次取值为 1、0,便于进行 probit 分析 |

| 变量类型 | 变量名称 | 预测符号 | 经济含义 | 解释 |
|---|---|---|---|---|
| 解释变量：寻租动机 | Susgrrt | + | 融资成本动机 | 用可持续增长率衡量，可持续增长率＝股东权益收益率×（1－股利支付率）/[1－股东权益收益率×（1－股利支付率）] |
| | DA | + | 盈余管理动机 | 采用修正 Jones 计量模型计算的 DA 值衡量 |
| 解释变量：避嫌动机 | ROE | 不确定 | 规避管制动机 | 参照证券法，参考相关文献，如果 ROE 低于5%取值为1，高于5%取值为0 |
| | CFPS | 不确定 | 法律成本动机 | 采用每股净现金流量（元/股）来衡量，负数取值为1，非负数取值为0 |
| 控制变量 | OwnCon5 | 不确定 | 股权集中度 | 采用公司前5大股东所占的股权比率衡量 |
| | StateShrPct | + | 国有股比例 | 采用国有性质的股权占全部股权的比率衡量 |
| | Totass | + | 企业总资产 | 采用总资产自然对数衡量 |
| | Dbastrt | － | 资产负债率 | 采用总负债与总资产的比值衡量 |
| | Divprt | － | 股利支付率 | 采用支付股利占净利润的比重衡量 |
| | Admexprt | + | 管理费用率 | 采用管理费占营业收入的比率衡量 |
| 虚拟变量 | $year_{10\sim18}$ | 不确定 | 年度哑变量 | 9个年度，设置8个哑变量，在本年为1，否则为0 |
| | hydaima | 不确定 | 行业哑变量 | 属于本行业取值为1，否则为0 |

## 三、样本选择与数据来源

本书研究的企业环境责任数据来源于和讯网中披露的企业环境责任数据，稳健性检验使用的环境责任数据来源迪博数据库，计算 DA 的数据和其他的财务与公司治理数据均来自国泰安（CSMAR）数据库。由于变量数据可得性的交集在 2010～2018 年，因此，本书选择的样本时间跨度为 2010～2018 年。总样本是在剔除了金融行业数据、缺失的公司样本数据和异常值数据后统计出来，对全体对连续变量在 1% 的水平上进行 Winsorize 双边缩尾处理，最后共获取样本 12 270 个。统计和分析过程使用的工具为 Excel 2017 和 Stata 16.0。

# 第四节　实证检验与分析

## 一、描述性统计

首先，对研究的相关变量的原始数据进行描述性统计，分别计算出相关变量的均值、中位数、标准差、最小值和最大值，对变量的变化规律进行描述（见表 6 - 2）。从数据的平稳性看，企业环境责任的均值是 1.4356，而中位数是 0，呈现右偏分布，其他样本的中位数与均值相差不远，鉴于此，本书通过 BOX - COX 变换对企业环境责任值的非正态性进行校准。校准后，企业环境责任值的偏度和峰度显著改善，因此，后面研究的企业环境责任值为取得对数后的值。从数据分布看，融资成本动机和盈余管理动机的均值分别为 7.6438 和 0.0083，均高于它们的中位数 5.3452 和 0.0064，说明企业存在融资成本动机和盈余管理动机的成分比较高，同理也说明企业存在规避管制动机，但是法律成本动机偏低，这与我国法制化建设处于起步阶段有关，而环境问责机制刚刚建立起来。变量的描述性统计如表 6 - 2 所示。

表 6 - 2　　　　　　　　　变量的描述性统计

| 变量名称 | 样本量 | 均值 | 中位数 | 标准差 | 最小值 | 最大值 |
|---|---|---|---|---|---|---|
| Hjzeren1 | 12 270 | 1.4356 | 0.0000 | 4.6685 | 0.0000 | 30.0000 |
| Susgrrt | 12 270 | 7.6438 | 5.3452 | 19.8960 | - 305.5972 | 1 529.5410 |
| DA | 12 270 | 0.0083 | 0.0064 | 0.1100 | - 1.9954 | 2.7578 |
| ROE1 | 12 270 | 0.3636 | 0.0000 | 0.4810 | 0.0000 | 1.0000 |
| CFPS1 | 12 270 | 0.5141 | 1.0000 | 0.4998 | 0.0000 | 1.0000 |
| OwnCon5 | 12 270 | 0.5318 | 0.5385 | 0.1453 | 0.0729 | 1.8661 |
| StateShrPct | 12 270 | 2.6244 | 0.0000 | 10.0566 | 0.0000 | 86.2765 |
| Totass | 12 270 | 21.8081 | 21.6850 | 1.0792 | 16.1167 | 26.7712 |
| Dbastrt | 12 270 | 38.6896 | 36.6813 | 23.4845 | 0.7080 | 1 008.2230 |
| Divprt | 12 270 | 30.1862 | 20.4177 | 71.0322 | 0.0000 | 5 626.5200 |
| Admexprt | 12 270 | 11.1692 | 8.8191 | 21.9968 | 0.1583 | 1 660.7480 |

其次，对变量进行 Pearson 相关分析，初步描述相关变量的相关情况。从表 6 - 3 中可以发现，企业环境责任与融资成本动机和盈余管理动机分别

表6-3

**Pearson（Spearman）相关系数表**

| 变量名称 | Hjzeren1 | Susgrrt | DA | ROE1 | CFPS1 | OwnCon5 | StateShrPct | Totass | Dbastrt | Divprt | Admexprt |
|---|---|---|---|---|---|---|---|---|---|---|---|
| Hjzeren1 | 1.000 | | | | | | | | | | |
| Susgrrt | 0.037*** | 1.000 | | | | | | | | | |
| DA | 0.022** | 0.161*** | 1.000 | | | | | | | | |
| ROE1 | -0.071*** | -0.206*** | -0.164*** | 1.000 | | | | | | | |
| CFPS1 | -0.029*** | -0.096*** | 0.065*** | 0.115*** | 1.000 | | | | | | |
| OwnCon5 | 0.010 | 0.026*** | 0.065*** | -0.180*** | 0.043*** | 1.000 | | | | | |
| StateShrPct | 0.078*** | 0.010 | 0.005 | -0.025*** | -0.021** | 0.129*** | 1.000 | | | | |
| Totass | 0.210*** | 0.063*** | 0.066*** | -0.066*** | -0.134*** | -0.006 | 0.126*** | 1.000 | | | |
| Dbastrt | 0.064*** | 0.058*** | -0.044*** | 0.077*** | -0.080*** | -0.113*** | 0.082*** | 0.433*** | 1.000 | | |
| Divprt | 0.002 | -0.095*** | -0.005 | 0.036*** | 0.015 | 0.077*** | -0.023** | -0.021** | -0.082*** | 1.000 | |
| Admexprt | -0.029*** | -0.034*** | -0.029*** | 0.081*** | 0.015* | -0.054*** | -0.022*** | -0.153*** | -0.059*** | -0.015 | 1.000 |

注：Pearson（Spearman）相关系数*、**、***分别表示在10%、5%、1%的水平上显著。

在1%和5%的水平上显著正相关，与预测方向一致。企业环境责任与规避管制动机和法律成本动机在1%的水平上显著负相关，与上面描述性统计的解释不一致，但是相互的不一致验证了前述讲的方向不确定。从控制变量看，企业环境责任与国有股比例、企业总资产、资产负债率和管理费用率均在1%的水平上显著相关，初步看选择这些控制变量是恰当的。

最后，按照环境责任和年度的不同对样本进行分组检验，检测主要变量在统计上是否存在显著差异。表6-4报告了是否披露环境责任样本的相关变量的差异性检验结果，披露环境责任的 Hjzeren1 = 1，没有披露环境责任的 Hjzeren1 = 0。从表中可以看出融资成本动机、盈余管理动机、规避管制动机、法律成本动机、国有股比例、企业总资产、资产负债率和管理费用率在1%的水平上显著差异，进一步论证研究企业环境责任的寻租动机和避嫌动机的可行性，也反映了模型选择的控制变量的可行性。

表6-4  均值差异的 t 检验

| Variables | Hjzeren1 = 0 | | Hjzeren1 = 1 | | T 检验值 |
| --- | --- | --- | --- | --- | --- |
| | 样本量 | 均值 | 样本量 | 均值 | |
| Susgrrt | 11 031 | 7.370 | 1 239 | 10.083 | -2.714 *** |
| DA | 11 031 | 0.007 | 1 239 | 0.015 | -0.008 ** |
| ROE1 | 11 031 | 0.375 | 1 239 | 0.262 | 0.114 *** |
| CFPS1 | 11 031 | 0.519 | 1 239 | 0.471 | 0.048 *** |
| OwnCon5 | 11 031 | 0.531 | 1 239 | 0.536 | -0.005 |
| StateShrPct | 11 031 | 2.361 | 1 239 | 4.971 | -2.610 *** |
| Totass | 11 031 | 21.732 | 1 239 | 22.483 | -0.751 *** |
| Dbastrt | 11 031 | 38.185 | 1 239 | 43.183 | -4.998 *** |
| Divprt | 11 031 | 30.145 | 1 239 | 30.549 | -0.403 |
| Admexprt | 11 031 | 11.386 | 1 239 | 9.242 | 2.143 *** |

注： ** 、 *** 分别表示在5%、1%的水平上显著。

## 二、回归分析

我们利用模型（6-1）对样本的参数进行详细分析，为了研究寻租动机和避嫌动机的具体情况和验证模型评估结果的稳健性，本书对模型（6-1）采用嵌套回归的方法，在模型中逐渐增加被解释变量，如表6-5所示，

（1）列到（4）列分别只放入融资成本动机、盈余管理动机、规避管制动机和法律成本动机变量，（5）列只放入寻租动机的两个变量，（6）列只放入避嫌动机的两个变量，（7）列为包含所有解释变量的模型。现在按照变量分别进行解释如下。

表 6 – 5　　　　　　　　　　　　模型回归结果

| 项目 | （1） | （2） | （3） | （4） | （5） | （6） | （7） |
|---|---|---|---|---|---|---|---|
| Susgrrt | 0.0015<br>（1.4961） | | | | 0.0017 *<br>（1.6467） | | 0.0026 **<br>（2.3601） |
| DA | | − 0.0677<br>（ − 0.6248） | | | − 0.1153<br>（ − 1.0345） | | − 0.1322<br>（ − 1.1701） |
| ROE1 | | | 0.0249 ***<br>（3.0304） | | | 0.0213 ***<br>（2.8744） | 0.0458 ***<br>（4.6664） |
| CFPS1 | | | | 0.0288<br>（1.4153） | | 0.0267<br>（1.3057） | 0.0272<br>（1.2652） |
| OwnCon5 | − 0.0189<br>（ − 0.2683） | − 0.0039<br>（ − 0.0571） | 0.0042<br>（0.0609） | − 0.0091<br>（ − 0.1314） | − 0.0192<br>（ − 0.2725） | − 0.0009<br>（ − 0.0136） | − 0.0128<br>（ − 0.1798） |
| StateShrPct | 0.0007<br>（0.8559） | 0.0004<br>（0.5432） | 0.0004<br>（0.5660） | 0.0005<br>（0.5963） | 0.0007<br>（0.8256） | 0.0005<br>（0.5966） | 0.0007<br>（0.8383） |
| Totass | 0.0061 ***<br>（2.5174） | 0.0099 ***<br>（2.8798） | 0.0111 ***<br>（2.9785） | 0.0110 ***<br>（2.9774） | 0.0063 ***<br>（2.5400） | 0.0123 ***<br>（3.0880） | 0.0081 ***<br>（2.6920） |
| Dbastrt | 0.0008 ***<br>（3.1384） | 0.0006 ***<br>（2.8272） | 0.0004 ***<br>（2.6129） | 0.0006 ***<br>（2.9115） | 0.0008 ***<br>（3.1146） | 0.0005 ***<br>（2.6794） | 0.0007 ***<br>（2.9572） |
| Divprt | 0.0022 ***<br>（2.5958） | 0.0020 ***<br>（3.0393） | − 0.0023 ***<br>（ − 3.0514） | 0.0021 ***<br>（3.0994） | 0.0018 ***<br>（2.5603） | − 0.0024 ***<br>（ − 3.0195） | 0.0027 ***<br>（2.5299） |
| Admexprt | − 0.0051 ***<br>（ − 3.0125） | − 0.0054 ***<br>（ − 3.2434） | − 0.0056 ***<br>（ − 3.3404） | − 0.0053 ***<br>（ − 3.2336） | − 0.0051 ***<br>（ − 3.0012） | − 0.0055 ***<br>（ − 3.3139） | − 0.0053 ***<br>（ − 3.1100） |
| 常数项 | 2.1951 ***<br>（8.3793） | 2.1329 ***<br>（8.3916） | 2.0965 ***<br>（8.1422） | 2.0910 ***<br>（8.1637） | 2.1899 ***<br>（8.3581） | 2.0559 ***<br>（7.9288） | 2.1057 ***<br>（7.9542） |
| N | 11 278 | 12 270 | 12 270 | 12 270 | 11 278 | 12 270 | 11 278 |
| adj. R² | 0.4577 | 0.4489 | 0.4492 | 0.4497 | 0.4577 | 0.4495 | 0.4589 |

注：*、**、***分别表示在10%、5%、1%的水平上显著。

融资成本动机（Susgrrt）回归系数在（5）列和（7）列分别在10%和5%的水平上显著为正，在（1）列为正但不显著，表明估计结果在方向上基本稳健，有融资成本动机的企业更愿意承担企业环境责任。已有的研究表明，有融资成本动机的企业为了在社会上展示好的企业形象，维持自身的美誉度，更愿意承担企业环境责任，尽管承担责任需要成本，但是相对于企业为了维持正常的生存发展需要愿意承担环境责任，可以获取更多的融资机会和融资金额。因此，为了鼓励企业履行环境责任，相关利益群体不能单纯地以环境责任履行情况评价企业形象和企业价值，而要兼顾考虑企业运营和业绩指标，让环境责任履行在为企业提高自身实力的前提下发挥美誉度功能。

盈余管理动机（DA）回归系数在（2）列、（5）列和（7）列都为负但不显著。这与相关分析中他们在 10% 的水平上显著为负在方向上相同、统计意义不同。说明有盈余管理动机的企业倾向于不履行企业环境责任，因为企业业绩不好，进行盈余管理目的是让报表盈余更加乐观和友好，如果承担更多的环境责任，需要支付更多的环境责任成本，导致企业报表更加恶化，达不到盈余管理的目的。表现不显著与监管部门对盈余管理企业惩罚力度和追责力度有关，也可能本书选用的盈余管理指标是操作性盈余管理指标，而没有衡量企业的真实盈余管理有关。

规避管制动机（ROE1）回归系数在（3）列、（6）列和（7）列都在 1% 的水平上显著为正，表明规避管制动机对企业环境责任的影响比较稳健，有规避管制动机的企业更愿意履行企业环境责任。前述变量定义说明提到，我们选择企业的 ROE 低于 5% 定义为避免管制。如果企业的利润低于 5%，已经引起监管机构的注意，如果继续履行企业环境责任将导致 ROE 进一步恶化，因此，这类企业更倾向于履行企业环境责任，尽快逃离监管部门的视野。回归系数显著，说明市场竞争激烈，企业盈利空间减弱，与前面分析的企业环境责任随年度增加逐渐减少有共同解释意义。

法律成本动机（CFPS1）回归系数在（4）列、（6）列和（7）列都为正但是不显著，表明有法律成本动机的企业不愿意履行企业环境责任，一方面，企业现金流困难，缺少闲置资金履行企业环境责任；另一方面，企业履行环境责任容易引起利益相关者的怀疑，股东怀疑企业有资金不愿意分配现金股利，债务人怀疑企业不愿意还本付息，社会公众怀疑企业只会"作秀"，而不会真正经营企业。这些怀疑容易导致企业被投诉，引发法律风险，因此，有法律成本动机的企业不愿意把放在阳光下的环境责任扛在肩膀上。

从控制变量看，国有股份比例（StateShrPct）、总资产的自然对数（Totass）、资产负债率（Dbastrt）、管理费用率（Admexprt）在（1）列～（7）列的系数都在1%的水平上显著，表明企业环境责任的履行与国有股份比例、总资产的自然对数、资产负债率和管理费用率相关，选择这些变量作为控制变量能提高模型检测的精确度。同时也说明了企业履行环境责任与企业性质、规模和抗风险能力相关，国有成分高的企业、规模大的企业和抗风险能力强的企业更愿意承担企业环境责任，这与我们国家的国情和企业的发展阶段有关。

## 三、稳健性检验

本书采取三种办法对环境责任、寻租动机和避嫌动机的关系进行稳健性检验。

首先，改变衡量企业环境责任的度量参数，采用迪博数据库中企业环境责任的数据衡量企业的环境责任，DA 采用真实盈余管理的计算方法计算[①]，结果与前述一致，支持了本书的假设，回归结果如表6-6所示。

表6-6　　　　　　　　　模型稳健性检验回归结果

| 项目 | (1) Hjzeren2 | (2) Hjzeren2 | (3) Hjzeren2 | (4) Hjzeren2 | (5) Hjzeren2 | (6) Hjzeren2 | (7) Hjzeren2 |
|---|---|---|---|---|---|---|---|
| Susgrrt | 0.0002* (1.6786) | | | | 0.0002* (1.7814) | | 0.0002 (1.2101) |
| DA | | -0.0191 (-0.8207) | | | -0.0216 (-0.8092) | | -0.0242 (-0.9021) |
| ROE1 | | | -0.0217*** (-3.9630) | | | -0.0214*** (-3.8763) | -0.0172*** (-2.7899) |
| CFPS1 | | | | -0.0050 (-0.9730) | | -0.0027 (-0.5188) | -0.0023 (-0.4087) |
| OwnCon5 | -0.0484** (-2.5039) | -0.0411** (-2.2702) | -0.0542*** (-2.9581) | -0.0415** (-2.2982) | -0.0479** (-2.4784) | -0.0538*** (-2.9332) | -0.0552*** (-2.8252) |
| StateShrPct | 0.0008*** (2.8829) | 0.0007** (2.4936) | 0.0007*** (2.5825) | 0.0007** (2.4962) | 0.0008*** (2.8698) | 0.0007** (2.5747) | 0.0008*** (2.8945) |
| Totass | 0.0927*** (28.5154) | 0.0847*** (29.8186) | 0.0831*** (29.2374) | 0.0842*** (29.6815) | 0.0928*** (28.5179) | 0.0830*** (29.1167) | 0.0918*** (28.0093) |

① 王福胜，吉姗姗，程富. 盈余管理对上市公司未来经营业绩的影响研究——基于应计盈余管理与真实盈余管理比较视角 [J]. 南开管理评论，2014，17（2）：95-106.

| 项目 | （1）<br>Hjzeren2 | （2）<br>Hjzeren2 | （3）<br>Hjzeren2 | （4）<br>Hjzeren2 | （5）<br>Hjzeren2 | （6）<br>Hjzeren2 | （7）<br>Hjzeren2 |
|---|---|---|---|---|---|---|---|
| Dbastrt | −0.0010 ***<br>（−5.6473） | −0.0005 ***<br>（−4.2491） | −0.0005 ***<br>（−3.7864） | −0.0005 ***<br>（−4.2231） | −0.0010 ***<br>（−5.6642） | −0.0005 ***<br>（−3.8030） | −0.0010 ***<br>（−5.3759） |
| Divprt | 0.0030 ***<br>（3.4534） | 0.0028 ***<br>（2.6148） | 0.0031 ***<br>（2.8401） | 0.0015 ***<br>（2.6279） | 0.0018 ***<br>（3.4336） | 0.00027 ***<br>（2.8385） | 0.0046 ***<br>（2.6785） |
| Admexprt | 0.0002<br>（0.6504） | 0.0001<br>（0.4798） | 0.0001<br>（0.7608） | 0.0001<br>（0.4994） | 0.0002<br>（0.6368） | 0.0001<br>（0.7600） | 0.0003<br>（0.8565） |
| 常数项 | −1.6976 ***<br>（−23.5486） | −1.5528 ***<br>（−24.2183） | −1.5080 ***<br>（−23.3349） | −1.5406 ***<br>（−23.9485） | −1.7004 ***<br>（−23.5599） | −1.5046 ***<br>（−23.1607） | −1.6693 ***<br>（−22.8190） |
| N | 11 278 | 12 270 | 12 270 | 12 270 | 11 278 | 12 270 | 11 278 |
| adj. $R^2$ | 0.1404 | 0.1359 | 0.1370 | 0.1359 | 0.1404 | 0.1369 | 0.1409 |

注：*、**、*** 分别表示在 10%、5%、1% 的水平上显著。

其次，改变回归方法，变环境责任的连续变量为分类变量，把环境责任履行情况分为排名靠前的 1/4 样本的得分为 1，排名靠后的 1/4 的样本得分为 0，利用模型进行 probit 回归，结果表现稳健，支持了上面的分析。

最后，由于环境责任受所处行业和政府政策的影响大，一是把样本分为污染行业和非污染行业进行比较分析，变量的显著性变化比较大，但是方向与前面的研究一致；二是分年度对样本进行回归，采取我国成立生态环境部前后年度作为稳健性检验，结果都表现出稳健，支持了前面的假说。

# 第五节　进一步研究

## 一、寻租动机与避嫌动机拐点研究

在之前的分析中，寻租动机和避嫌动机存在个别变量在回归系数上不显著，因为环境责任不是企业的最终目的，企业是以盈利为目标的法人主体，环境责任可能只是中间目标，通过环境责任的履行间接实现企业的最终目标。因此，本书的探索方向是寻租动机和避嫌动机在最终目标实现中是否存在拐点，本书引入企业净资产收益率为最终目标，检测变量的反应系数，验证拐点是否存在，表 6-7 报告了拐点探索性回归结果。从（1）列到（7）

列可以看出寻租动机和避嫌动机的二次方、寻租动机和避嫌动机与环境责任的交叉项回归结果系数均在1%的水平上显著相关，寻租动机和避嫌动机的二次方系数为负，说明寻租动机和避嫌动机与最终目标存在倒"U"型关系，证实了寻租动机和避嫌动机在最终目标实现上存在拐点，为后续研究转化寻租动机和避嫌动机的替代效应和实现高质量发展提供了基础。

表6-7　　　　　　　　　　　　　　拐点探索性回归结果

| 变量名 | (1) | (2) | (3) | (4) | (5) | (6) | (7) |
|---|---|---|---|---|---|---|---|
| Susgrrt | 0.1042 ***<br>(3.0031) | 0.3133 ***<br>(3.0056) | 0.3007 ***<br>(3.0058) | | | | 0.1854 ***<br>(3.0059) |
| Susgrrt *<br>Susgrrt | | − 0.0002 ***<br>(3.0000) | − 0.0002 ***<br>(2.8001) | | | | − 0.0001 ***<br>(2.7053) |
| Susgrrt *<br>Hjzeren1 | | | 0.0973 ***<br>(3.0129) | | | | 0.0782 ***<br>(3.0125) |
| ROE1 | | | | − 7.5652 ***<br>(3.1147) | − 7.4384 ***<br>(3.1150) | − 7.4180 ***<br>(2.7150) | − 5.7124 ***<br>(3.1198) |
| ROE1 ×<br>ROE1 | | | | | − 1.0907 ***<br>(2.6103) | − 1.2107 ***<br>(3.1134) | − 0.6933 ***<br>(3.1090) |
| ROE1 ×<br>Hjzeren1 | | | | | | 1.1890 ***<br>(3.2634) | 0.5228 **<br>(3.2654) |
| Totass | 1.0222 ***<br>(3.0631) | 0.7459 ***<br>(3.0590) | 0.6816 ***<br>(3.0595) | 0.7642 ***<br>(3.0569) | 0.7083 ***<br>(3.0669) | 0.6784 ***<br>(3.0573) | 0.5089 ***<br>(3.0749) |
| Dbastrt | − 0.1353 ***<br>(2.8029) | − 0.1327 ***<br>(2.8027) | − 0.1323 ***<br>(2.6527) | − 0.1154 ***<br>(2.7426) | − 0.1163 ***<br>(2.7026) | − 0.1161 ***<br>(2.8726) | − 0.1182 ***<br>(3.0025) |
| Divprt | 0.0038 ***<br>(2.6609) | 0.0080 ***<br>(2.5768) | 0.0079 ***<br>(2.8448) | 0.0039 ***<br>(2.6228) | 0.0039 ***<br>(2.5778) | 0.0039 ***<br>(2.65418) | 0.0074 ***<br>(2.8877) |
| Admexprt | − 0.0273 ***<br>(3.0028) | − 0.0238 ***<br>(3.0026) | − 0.0241 ***<br>(3.0026) | − 0.0172 ***<br>(3.0446) | − 0.0175 ***<br>(3.0125) | − 0.0175 ***<br>(3.0225) | − 0.0170 ***<br>(3.1024) |
| 常数项 | − 13.3107 ***<br>(3.3366) | − 9.0561 ***<br>(3.2480) | − 7.6719 ***<br>(3.2585) | − 5.0224 ***<br>(3.2101) | − 3.2497 ***<br>(3.2186) | − 2.6070 **<br>(3.2259) | − 1.2378<br>(3.1729) |
| N | 12 270 | 12 270 | 12 270 | 12 270 | 12 270 | 12 270 | 12 270 |
| adj. R² | 0.2245 | 0.3282 | 0.3313 | 0.3735 | 0.3784 | 0.3795 | 0.4391 |

注：**、***分别表示在5%、1%的水平上显著。

## 二、寻租动机与避嫌动机替代效应研究

从表6-3、表6-5、表6-6和表6-7中发现，寻租动机正向促进企业环境责任的履行，而避嫌动机反向减弱企业履行环境责任，当同时考虑寻租动机和避嫌动机会发现两者对环境责任的反应系数变少。换而言之，寻租动机和避嫌动机结合一起互相互削弱各自的效应，在环境责任的影响上，他们具有一定的替代性。为了考察他们之间的替代性，我们借用微观经济学的价格效应理论，假设总效应不变的情况下，把一种效应科学地增加到另一种效应上，观察效应反应系数的变化，这种变化就能够间接测量替代效应的大小。鉴于本书研究的寻租动机和避嫌动机的衡量值是比率，不能直接相加减，把他们转化为可以加减的变量，因为本书只是初步探讨寻租动机和避嫌动机的替代效应的大小，故本研究中寻租动机和避嫌动机各取一个变量，用融资成本动机和法律成本动机衡量，合成变量用 Susgrrt1 表示，结果如表6-8所示。表中 Susgrrt1 的分效应模型表现显著，但是总效应模型不显著，从 $R^2$ 看，分效应模型和总效应模型分别是 0.0511 和 0.0477，说明把法律成本动机看作是融资成本动机增加到寻租效应上，非但没有提高寻租动机的效应大小和作用力，而是降低了总的作用，表明寻租效应呈"U"型分布，加入量后，超越了拐点，呈现总效应下降的态势，论证了寻租动机与避嫌动机有相互的替代效应，超过拐点出现的负的替代效应，替代效应的大小和方向受具体拐点的影响。

表6-8　　　　　　　　　　　替代效应回归结果

| 项目 | 分效应 | 总效用 |
|---|---|---|
| Susgrrt1 | 0.0374 *** <br> (2.7457) | 0.00023 <br> (0.0059) |
| N | 12 270 | 12 270 |
| $R^2$ | 0.0511 | 0.0477 |

注：*** 表示在1%的水平上显著。

## 三、寻租动机与避嫌动机向高质量发展动机转化路径研究

以上分析证明了寻租动机和避嫌动机对企业环境责任的作用是存在拐点

的，在拐点以前，能够提高企业履行环境责任；超过拐点后，寻租动机和避嫌动机会阻碍企业履行环境责任。因此，研究寻租作用和避嫌作用，只要找到拐点，就可以转化他们的负面作用，实现企业的高质量发展，本节重点探讨寻租动机和避嫌动机转化为企业高质量发展的路径。从企业履行环境责任的实践看，通过增加环境保护的关联资产，实现履行环境责任的目的，而资产在经济意义上是能够产出未来经济利益的。鉴于此，本书假设企业高质量发展是追求环境责任和经济责任的，最终是实现经济责任的，环境责任促进经济高质量发展是通过总资产增长实现的。本节引入 Totassgrrt 变量代表总资产增长率作为高质量发展的中介变量，ROA 为净资产收益率，代表高质量发展的经济目标，数据来源于国泰安数据库，建立结构方程探讨两组动机与高质量发展的关系，结构方程的结果如图 6 – 1 所示，因回归系数都显著，" *** " 号省略了。图中 Hjzeren 和 ROA 是受有共同因素相互影响的，同时 Hjzeren 直接影响 ROA，或者通过 Totassgrrt 间接影响 ROA。Hjzeren 对 ROA 有显著的正的直接效应，回归系数为 0.084，在 1% 的水平上显著；Totassgrrt 对 ROA 有显著的正的直接效应，回归系数为 0.0038。从图中也能看出 Hjzeren 对 ROA 有间接的影响效应，影响系数是 $-0.000684$（$-0.18 \times 0.0038$），最终得

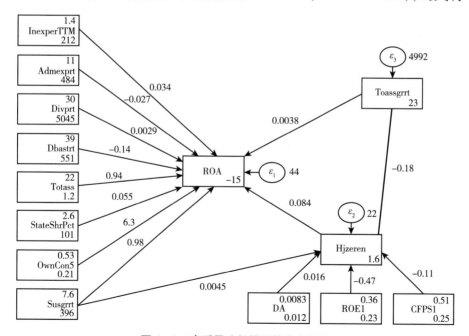

**图 6 – 1　高质量路径模型的中介效应**

到 Hjzeren 对 ROA 的总观察效应系数为 0.083316（ -0.000684 +0.084 ）。从路径分析可以看出，企业可能存在通过购买环境责任资产间接阻碍企业高质量发展，由于样本数据的限制，受我国发展阶段的影响，转化路径需要结合国情具体运用与分析，但是 Hjzeren 对 ROA 的影响有直接的，也有间接的，符合本书的假设，也是对前面假设的深层次探讨和运用，有重要参考价值。

## 第六节　结论与展望

本书基于深交所 2010 ~ 2018 年的 A 股上市公司样本数据，研究了备受社会关注的企业环境责任话题，辩证地回答了企业是否应该履行企业环境责任和怎么看待企业履行环境责任。通过对样本的统计分析发现，履行企业环境责任与企业高质量发展并不矛盾，在一定路径上前者对后者还有直接的促进作用，这在书中已经详细刻画。本书首先通过构建回归方程模型发现企业履行环境责任存在寻租动机和避嫌动机，寻租动机会促进企业履行环境责任，而避嫌动机会阻碍企业履行环境责任，这两种动机存在一定的替代效应；寻租动机和避嫌动机通过企业环境责任的中介目标倒"U"型影响企业最终目标的实现。通过结构方程模型发现企业的环境责任目标能直接促进企业高质量发展目标的实现，也能通过环境责任提高总资产增长率而间接阻碍企业高质量发展目标的实现。但是在本书的研究中也存在不足，需要研究者深入研究其中的机理：一是研究中企业环境责任相关模型的决定系数偏低，参考相关研究文献，学者们的模型决定系数很少高于10%，在解释力层次上存在不足，探索更有力的模型是研究企业环境责任的主要突破点；二是本书研究寻租动机和避嫌动机各选择两个有代表性的变量，综合多个指标重新构建寻租动机和避嫌动机的综合指标，在解释力上将更稳健，这也是下一步研究的方向；三是本书探讨寻租动机和避嫌动机的拐点、替代效应和高质量转化的路径探讨是比较粗浅的，采用历史数据仿真实验研究寻租动机和避嫌动机的拐点、替代效应和路径探讨将是新的研究突破点。

# 第七章

# 责任经济效益：企业社会责任
# 与避税活动的财务绩效比较

## 第一节　引　　言

　　新古典传统理论把企业追求利润最大化作为分析企业其他经济行为和经济活动的前提或假设，我国经济法也明确定义企业为自主经营、自负盈亏和独立核算的法人实体，这些都决定了企业的本质是追逐利润。但是我们发现企业追逐利润的同时，又乐于参与社会慈善和商业捐赠。近年来，我国面临新冠疫情和自然灾害的频繁冲击，我国企业主动和人民利益站在一起、同国家利益站在一起，作出了轻自身利益重视社会责任的行为。鉴于此，本书选择企业的自利行为——避税活动、企业的利他行为——企业社会责任行为作为研究对象，探讨自利行为和他利行为对企业财务绩效目标的影响机制以及自利行为和他利行为之间的影响机制，揭开企业既热衷于避税活动又热衷于企业社会活动的面纱。

　　以往学者研究了企业社会责任与财务绩效的关系、避税活动与财务绩效的关系和企业社会责任与避税活动之间的关系，取得了丰硕的成果。刘蓓和高珊（2021）发现，模仿创新水平较高、企业社会责任表现良好的公司具有较高的财务风险；何开和龚园（2020）认为在不稳定时期，更优秀的管理能力是企业社会责任投资效益的关键证明，而企业社会责任投资反过来提高了企业价值；巴亚尔、谢诺夫和萨达利（Bayar, F. Huseynov and S. Sardarli, 2018）研究了公司治理如何影响公司避税和财务约束之间的关系；格克（Goerke, 2019）从理论上分析了寡头垄断企业的企业社会责任与避税之间的关系。但是这些研究主要从变量间的作用角度作出相关性分析，鲜有文献从如何影响和怎么影响的路径角度研究他们之间的作用机制，本书将构建一个统一的框架研究企业社会责任、避税活动与财务绩效的关系，探讨相互的影响路径，为这种相互矛盾的行为给出解释和经验检验。

依据系统论，企业与社会是一个统一体，企业是社会的一个单元因子，企业追求利润最大化也就是对系统的贡献，从这个角度看，企业社会责任和避税活动是统一的。避税活动是把企业之外的资金流转移到企业内部，企业社会责任是把企业内部的资金流转移到企业外部，因此，在整个系统中，资金流没有发生改变，不对系统整体资金流发生影响。如果转移的资金流都是流向急需的部门，将提高整个系统的福利函数效应，实现资源的优化配置，反之则相反。企业社会责任和避税活动引起资金的不同流向、流向的时点和方式将不同形式和程度地影响企业财务绩效。

依据信息论，企业避税活动和企业社会责任行为具有信号传递功能。企业避税活动需要企业拥有专业的税务人才去规避税务风险，专业技能在企业间具有不可替代性，因此它向外界传递的是一种专业技能的信号和企业管理实力的信号。在我国的制度背景下，企业避税是现代企业的一种税收筹划战略，是企业投资战略的一个重要组成部分。《企业内部控制应用指引第4号——社会责任》要求企业应当重视履行社会责任，切实做到经济效益与社会效益、短期利益与长远利益、自身发展与社会发展相互协调，实现企业与员工、企业与社会、企业与环境的健康、和谐地发展。企业社会责任的履行促进企业声誉的提高（山立威、甘犁、郑涛，2008），向外界传递了企业发展方向、发展前景和发展能力的信号。

依据控制论，企业社会责任的履行可以引导和控制避税活动依法依规依专业，社会责任水平高的企业有更好的信息透明度，社会更能够直接监督企业的行为，预防了企业避税活动的冒险和机会主义行为，因为积极参与社会责任活动的企业会进行更加具有信息含量、内容更为广泛的披露，而披露水平的提升本身就是社会责任行为的一种形式（Strawser G，2001）。同时，企业的避税活动往往采取非常复杂且不透明的交易活动来掩盖其避税行为，容易产生委托代理问题，需要企业的内部控制更加注重社会责任，减少企业代理风险。社会责任可以提高外界对企业的关注与参与度，增强企业的外部治理效应，减少企业的机会主义行为。

从以上分析可以发现，企业社会责任与企业避税行为的影响是复杂的，导致他们对企业财务绩效的影响也是复杂的，如果单独研究两两关系容易出现结论不稳定和多种可能的结论，系统论、信息论和控制论相互作用、相互完善的，构建"活动—目标"框架研究他们之间的关系可以基于以下理由。

一是企业财务目标论。关于企业财务管理目标，不同学派观点不一，但是主要表现为三种财务管理目标观点：由传统经济学演变而来企业利润最大化观点、每股收益最大化观点和企业价值最大化观点。利润最大化观点容易理解和运用，被大多企业运用到企业中，本书选用企业财务绩效也源于利润最大化观点，企业各种管理活动的目标是实现财务绩效，以反映企业利润最大化目标。

二是企业管理活动论。企业创造利润，基于生产函数，提高技术和要素报酬率，长期是可能的，但对于兼顾短期利益和长期利益的企业可行性不大，因为企业不可能每天都进行技术革新，即使能够也会导致过多的浪费。因此，企业更多地倾向于通过管理活动创造企业价值。企业社会责任和避税活动是重要的管理活动，避税活动属于收入性活动，通过避税直接产生避税收入；而企业社会责任是支出性活动，通过企业社会责任支出，获取社会关键资源的支持，间接影响企业的财务绩效。这两个活动一个是兼顾眼前，一个是兼顾未来；一个是内部挖掘，一个是外部扩展。因此，它们之间具有一定的互补与替代作用。

在实际中，企业社会责任、避税活动和企业财务绩效是"活动—目标"的统一体，避税是实现财务绩效的节流活动，是专业能力的利用，是向专业要绩效；企业的社会责任是形成财务绩效的开源活动，属于资源整合的范畴，是向规模经济要效益。他们之间是相互影响和相互促进的，从而共同实现企业的财务绩效。

基于以上的逻辑分析，本书将基于中国上市公司企业社会责任、避税活动和财务绩效的相关数据，采用路径模型估计企业社会责任、避税活动的财务绩效效应，构建企业社会责任、避税活动和财务绩效的整体框架，弥补单纯研究两两因素或者三个变量的相关关系而不是路径关系的不足，重点探讨企业社会责任、避税活动能否提高企业的财务绩效？这种财务绩效是如何表现的？企业社会责任和避税活动是否存在配合机制，从而促进财务绩效实现？

本书的贡献在于：一是构建了"活动—目标"框架研究企业的财务绩

效。以往的研究侧重单因素对财务绩效的影响，鲜有文献把多种管理活动捆绑一起研究财务绩效，这种研究虽然能够直接反映变量与财务绩效的关系，但是随着外部条件的变化，出现不一致的结论，导致研究结论的片面性和不稳健性。本书把管理活动作为一个变量，构建"活动—目标"框架，站在整体的视角研究财务绩效，为后续研究财务绩效提供了方法论启示。二是跳出了企业边界的限制，通过企业边界内节流和企业边界外开源研究财务绩效，丰富了对财务绩效的理论研究。管理不仅是专业知识的运用，更是在专业知识的基础上进行资源整合，提高整体效应，实现管理效应的无穷挖掘。

本章的后续研究如下安排：第二节是文献回顾与理论分析，第三节是数据、变量与模型，第四节是实证结果分析，第五节本章的结论与建议部分。

## 第二节　文献回顾与理论分析

### 一、企业社会责任与财务绩效的关系研究

企业通过社会责任披露和社会责任履行对外释放信号，帮助企业赢得各利益相关者的信赖和支持，使企业与各利益相关者保持长期合作关系，从而实现企业的可持续发展（Hill，2010），但受市场、相关者的理性和企业目标等多因素的影响，企业社会责任与财务绩效的关系变得复杂，研究者得出了不一致的结论，产生的成果较多。一是社会责任能提升企业的财务绩效的研究。张兆国等（2013）认为企业通过承担社会责任可以提高企业声誉、增强品牌忠诚度、提高员工工作效率、降低融资成本、改善与政府监管部门的关系，从而降低企业的经营风险，创造更大的商业价值；林斯和塔马约（Lins and Tamayo，2017）发现当公司和市场的整体信任水平受到负面冲击时，企业与其利益相关者和投资者之间通过社会资本投资建立的信任就会得到回报；罗德里格斯·费尔南德斯（Rodríguez-Fernández，2020）证明了实现组织对实现良好财务成果的承诺是长期维持社会责任政策的关键；内贾提等（Nejati et al.，2016）考察了企业社会责任战略导向是否有助于塑造小企业的社会责任实践，从而提高其财务绩效和声誉。二是社会责任与财务绩效负

相关的研究。高勇强等（2012）研究了民营企业利用慈善捐款来转移引起外界对于公司内部问题和公司业务负外部性的关注现象；温素彬等（2008）发现大多数企业社会责任变量对当期财务绩效的影响为负；吉杜克斯和卡瓦科（Guidoux and Cavaco，2020）认为包括企业社会责任标准在内的高管薪酬计划对财务绩效有负面影响，并在与客户和供应商的关系以及社区参与维度上对额外财务绩效有很大的正面影响；丁碧慧（2018）指出过度控制权对企业社会责任活动与企业财务绩效之间的关系产生了负面影响；李廖（Liao，2019）的研究表明企业社会责任的负面影响对于具有自愿企业社会责任实践、持续企业社会责任参与、财务压力和内部控制缺陷的企业更为显著。三是社会责任与财务绩效相关关系的其他表现。尹开国等（2014）发现在企业社会责任内生假设下，当期企业社会责任与当期财务绩效之间相互影响，互为因果；拉杜和斯迈利（Radu and Smaili，2021）以利益相关者理论为基础，考虑到广泛利益相关者之间的绩效利益冲突，采用财务、社会和环境绩效维度的聚类分析方法研究了企业绩效模式；雷韦利（Revelli，2015）等认为与传统投资相比，在股票市场投资组合中考虑企业社会责任既不是缺点，也不是优点；汉纳（Hannah，2020）等统计发现关于企业社会责任对企业财务绩效的影响，研究结果没有定论，只有59%的研究显示了积极的影响。

## 二、避税活动与财务绩效的关系研究

一方面，由于我国在企业创立、筹资、营运和分配等各个阶段都有相关的税收法律法规，在新冠疫情时期，国家为推动企业复工复产，帮助企业渡过资金困难期，制定了不同的税收优惠政策，企业合理利用会计制度，实现社会效应和企业效应最大化。另一方面，由于激进避税活动增加了企业的税务风险，增加了代理成本，导致企业财务风险加大，影响企业财务绩效。现有的文献也是从这两个方面进行研究的。奥拉雷瓦朱和奥拉伊瓦拉（Olarewaju and Olayiwola，2019）采用面板向量自回归方法，发现财务业绩对避税冲击的反应具有扩张效应，可能会阻碍公司的业绩，而财务业绩对节税冲击的反应具有收缩效应，并建议企业不仅应参与税务规划，还应确保其税务规划合法，并为公司节省税款，从而不会支付过多的税款或多次支付税款，从而实现更好的财务绩效。桑切斯阿列斯塔和雅居伊（JP Sánchez‖Allesta and

J Yagüe，2020）发现增加收入的盈余管理与不符合规定的避税行为之间存在负相关，在之前发现中小企业参与向上盈余管理（微利、平滑净收入、财务约束）的环境中，中小企业的税收优惠程度较低。曹元（Cao Y，2021）等指出避税与风险之间的关系因国家、样本期和税收优惠措施而异，研究中解决内生性问题以增加结果的稳健性。屈武（Qu，W，2020）等的研究发现，在政府持股比例低于40%的政府控股上市公司（LG）中，避税不会提升公司价值，当控制权集中在地方政府时和当其他大股东可以充当反补贴力量时，这种负面隧道效应更为明显。

我国学者对企业避税与财务绩效的关系也进行了大量研究。刘行等（2013）从避税对企业产品市场绩效的影响视角研究了避税在企业中的角色，发现"与竞争者相比，企业的所得税避税程度每提高1个标准差，其未来的行业市场份额将增长1.9%"。2012年，北京大学国家发展研究院联合阿里巴巴集团发布的《中西部小微企业经营与融资现状调研报告》显示：60.81%的小微企业认为，如果不选择合理避税、偷税漏税，他们将无法生存。这种现象在王亮亮（2016）的研究中得以证明，融资约束越严重的企业，越有可能通过税收规避节约税负，以缓解融资困难，渡过财务危机。姚立杰等（2018）研究发现企业避税程度增加得越多，债务融资能力下降得越多，债务成本增加得越多，采用变化值模型实证检验了企业避税程度对债务融资能力和债务成本的影响。这些结论并不统一，但是涵盖了企业避税与财务绩效的种种可能的关系。

## 三、企业社会责任、避税活动与财务绩效的关系研究

通过梳理发现，把企业社会责任、避税活动和财务绩效纳入一个框架进行研究的文献比较少，研究反映企业社会责任和避税活动关系的文献较多。洛佩斯—冈萨雷斯、马丁内斯—费雷罗和加西亚·梅卡（Lopez-Gonzalez，Martinez-Ferrero and Garcia-Meca，2019）检验了家庭所有权是否通过社会责任表现影响避税行为发现，社会和环境绩效与避税负相关，社会责任绩效较高的企业的节税行为较低，这表明家族企业表现出更大的社会责任行为，旨在保护其社会情感禀赋。甘都利亚和皮塞拉（Gandullia and Pisera，2019）对来自15个欧洲国家2006~2016年的非金融上市公司的大样本进行了CSR评级与特定公司有效税率之间的关系估计，通过使用工具变量法，发现平均

有效税率与 CSR 评级呈负相关。王晴晴（2015）采用理论分析与实证研究相结合的方法，检验企业履行社会责任和公司避税行为的关系，发现社会责任评分越高的企业避税程度越低。但是权小锋等（2015）发现企业社会责任的崩盘效应存在完全的投资路径、部分的信息路径，但不存在会计路径和税收路径。

## 四、评述

综上梳理，企业社会责任和避税活动影响财务绩效呈现多样化，因企业属性、治理体系、管理能力、外部环境和工具使用的不同得出完全不一样的结论，丰富了财务绩效理论研究成果。但是这些影响并不是独立存在的，他们是随企业目标的变化而变化的，而且企业社会责任和避税活动影响财务绩效并不是单向的因果关系，而是双向的作用关系。一方面，企业财务绩效的提高会增加企业的财政实力并将其投入到更多的社会责任实践和规避避税活动；另一方面，社会责任实践和避税活动能够间接或者直接提高企业的财务绩效，故以单纯的因果关系建立回归模型研究他们之间的关系在说服力上是不足的，因此，研究企业社会责任和避税活动对财务绩效的影响需要构建一个统一的框架。

本书把企业社会责任和避税活动作为"活动"，财务绩效作为"目标"，构建"活动—目标"研究框架，采用路径结构方程模型中的路径模型研究"活动—目标"，将避免企业社会责任和避税活动影响财务绩效的内生性问题，又可以包容他们之间的互为因果作用，结果将更为稳健。"活动—目标"研究框架可以把企业社会责任和避税活动作为一个统一整体，形成"活动"机制，帮助企业厘清活动之间的关联、相互之间的影响，如何发挥替代效应和互补效应将变得更有实践意义。

## 第三节　数据、变量与模型

### 一、数据

企业社会责任数据来自和讯网，计算避税活动指标的数据、控制变量和财务业绩的数据均来自 CSMAR 数据库和 WIND 数据库。本书以 2010～2018 年中国境内 A 股主板上市公司为样本，并对数据进行了如下处理：剔除了金融企业的样本；剔除了 ST 和 *ST 企业的样本；剔除了控制变量缺失的观测；为了排除异常值的影响，本书对模型中的主要连续变量进行了上下 1% 水平上的 winsor 处理，最后得到样本数为 19 863 个。

## 二、变量

### （一）被解释变量：财务绩效

衡量企业财务业绩的指标比较多，如资产收益率、净资产收益率。张兆国等（2013）采用剔除盈余管理行为之后的息税前利润率作为财务绩效的衡量指标。由于本书研究企业社会责任和避税活动的财务绩效，而不是研究企业社会责任和避税活动为企业所有者创造的价值，也不是研究盈余管理利润，会计指标中的 ROE 属于监管指标，易受操纵。因此，本书参照汪猛等（2016）的做法，选择资产收益率衡量企业的财务业绩。

### （二）解释变量

1. 企业社会责任（csr_t）。沈洪涛（2007）采用自愿性信息披露研究中常用的内容分析法构建企业社会责任指数，权小锋等（2016）选取润灵环球对上市公司社会责任报告的评分指数作为企业社会责任信息披露水平的测度指标，周立军等（2017）采用和讯网公布的企业社会责任评分来衡量企业社会责任。因为和讯网上市公司社会责任报告专业评测体系从股东责任、员工责任、供应商、客户和消费者权益责任、环境责任和社会责任五个方面进行考察，各项分别设立二级和三级指标对社会责任进行全面的评价，其中涉及二级指标 13 个、三级指标 37 个，较全面客观。因此，本书采用和讯网公布的企业社会责任评分衡量企业社会责任。

2. 避税活动（DDBTD）。本书参考叶康涛（2014）的方法计算避税活动指标。DDBTD 是会计税收差异与应计利润回归得到的总残差值，具体计算公式如下：

$$BTD = \theta \times TACC + j_i + \varepsilon_{i,t}$$

$$DDBTD = j_i + \varepsilon_{i,t}$$

其中，BTD 为会计利润总额与应纳税所得额之间的差额；TACC 为总应计利润，用净利润减去经营活动产生的净现金流之差与总资产的比值表示；ｊ̄$_i$表示公司在样本期间内残差的平均值；ε$_{i,t}$表示 t 年度残差与公司平均残差 ｊ̄$_i$ 的偏离度。

（三）控制变量

根据相关研究文献，参考张兆国等（2013）、奥拉雷瓦朱和奥拉伊瓦拉（Olarewaju and Olayiwola，2019）、高勇强等（2012）的做法，本书选取企业产权性质（SOE）、企业规模（Size）、上市年度（ListAge）、资产负债率（Lev）、董事长和总经理是否双职合一（Dual）、第一大股东持股比例（Top1）、第二到第五大股东持股比例与第一大股东持股比例之比（Balance）、独立董事比例（Indep）作为控制变量，考虑样本跨期性，控制了年度和行业变量。

其中，企业产权性质（SOE）是国有控股企业取值为 1，否则取值为 0；企业规模（Size）采用总资产的自然对数衡量；上市年度（ListAge）采用当年年份 – 上市年份 + 1 取自然对数衡量；资产负债率（Lev）采用期末总负责与期末总资产的比率衡量；董事长和总经理双职合一取 1，否则取 0；第一大股东持股比例（Top1）采用第一大股东持股数与总股数之比衡量；独立董事比例（Indep）采用独立董事人数与总董事人数之比衡量。

（四）变量的描述性统计

表 7 –1 对所有研究变量做了描述性统计。从样本量看，DDBTD 样本只有 9 448 个，缺失值比较多，但是删除会导致超倍样本损失，因此后面的研究中不能采用一般普通的回归模型研究。本书将采用保留缺失值极大似然估计（MLMV），它是一种完全信息的估计方法，不会删除有缺失值的观测值，能使用全部样本观测值的各阶矩信息。从平均数来看，ROA、csr_t、DDBTD 的平均值高于中位数，说明企业财务绩效不高，社会责任表现低于平均水平，较少企业采用避税活动，可能的原因是我国企业的企业社会责任起步比较晚和税务专业人才缺乏。从表中的标准差看，csr_t 是 15.42225，DDBTD 是 0.42596 都偏大，说明企业的社会责任活动和避税活动差异很大。其他控制变量的分布情况与以往学者的研究相差不大。

表 7 - 1               变量的描述性统计

| 变量名称 | 样本量 | 平均数 | 中位数 | 标准差 | 最小值 | 最大值 |
| --- | --- | --- | --- | --- | --- | --- |
| ROA | 19 863 | 0.05740 | 0.04778 | 0.04416 | − 0.14370 | 0.22814 |
| csr_t | 19 863 | 27.63956 | 23.24000 | 15.42225 | − 0.14000 | 90.87000 |
| DDBTD | 9 448 | 0.00405 | − 0.00284 | 0.42596 | − 0.98080 | 39.81783 |
| SOE | 19 863 | 0.34788 | 0.00000 | 0.47631 | 0.00000 | 1.00000 |
| Size | 19 863 | 22.07842 | 21.89748 | 1.27938 | 19.52454 | 26.24965 |
| ListAge | 19 863 | 1.93076 | 2.07944 | 0.95698 | 0.00000 | 3.29584 |
| Lev | 19 863 | 0.40553 | 0.39482 | 0.20572 | 0.02744 | 0.92461 |
| Dual | 19 863 | 0.27549 | 0.00000 | 0.44677 | 0.00000 | 1.00000 |
| Top1 | 19 863 | 0.35641 | 0.33860 | 0.14911 | 0.08380 | 0.75840 |
| Balance | 19 863 | 0.71197 | 0.54193 | 0.60903 | 0.01768 | 2.96137 |
| Indep | 19 863 | 0.37335 | 0.33333 | 0.05286 | 0.30000 | 0.60000 |

## 三、模型

本书选择结构方程模型中的路径模型来研究企业社会责任和避税活动对财务绩效的影响，同时研究企业社会责任和避税活动的变量之间的相互关联及其传导路径。在后面的稳健性检验中，我们采用多组比较路径分析的多组差异检验。建立的路径模型如下：

$$ROA_i = \alpha_0 + \alpha_1 csr\_t_i + \alpha_2 DDBTD_i + \alpha_3 DDBTD_i^2 + \alpha_4 Control_i + \psi_i \quad (7-1)$$

$$DDBTD_i = \beta_0 + \beta_1 csr\_t_i + \psi_i \quad\quad\quad\quad\quad\quad (7-2)$$

因为前面理论分析中避税活动对企业财务绩效的影响方向不一致，所以在等式（7-1）中增加了避税活动的平方项 $DDBTD_i^2$。等式（7-1）中回归系数 $\alpha_1$ 反映了企业社会责任对企业财务绩效的边际影响，回归系数 $\alpha_2$ 反映了避税活动对企业财务绩效的边际影响，回归系数 $\alpha_3$ 反映了避税活动的平方项对企业财务绩效的边际影响，回归系数 $\alpha_4$ 反映了各个控制变量对企业财务绩效的边际影响；$Control_i$ 代表控制变量 SOE、Size、ListAge、Lev、Dual、Top1、Balance 和 Indep；$\psi_i$ 为被解释变量的预测误差项。等式（7-2）是企业社会责任和避税活动的结构关系，系数 $\beta_1$ 反映了企业社会责任对避税活动的边际影响。

# 第四节  实证结果分析

## 一、路径模型估计结果

由于避税活动变量存在大量的缺失值，因此本书采用了保留缺失值的 MLMV 估计。为了估计结果的稳健性，本书采用了逐步抽取变量的嵌套回归方法。MLMV 估计结果如表 7 – 2 所示。

表 7 – 2　　　　企业社会责任和避税活动影响财务绩效的路径模型
估计结果（N = 19 863）

| 项目 | （1） | （2） | （3） |
|---|---|---|---|
| csr_t | 0. 0006 *** <br> (0. 0000) | 0. 0006 *** <br> (0. 0000) | 0. 0007 *** <br> (0. 0000) |
| DDBTD | 0. 0020 <br> (0. 0014) | 0. 0268 ** <br> (0. 0131) | 0. 0021 ** <br> (0. 0008) |
| DDBTD2 | | – 0. 0007 ** <br> (0. 0003) | – 0. 00037 * <br> (0. 0007) |
| SOE | | | – 0. 0068 *** <br> (0. 0007) |
| Size | | | 0. 0028 *** <br> (0. 0003) |
| ListAge | | | – 0. 0061 *** <br> (0. 0004) |
| Lev | | | – 0. 0889 *** <br> (0. 0018) |
| Dual | | | 0. 0010 <br> (0. 0006) |
| Top1 | | | 0. 0316 *** <br> (0. 0028) |
| Balance | | | 0. 0042 *** <br> (0. 0007) |

续表

| 项目 | (1) | (2) | (3) |
|------|-----|-----|-----|
| Indep | | | $-0.0174$ *** |
| | | | (0.0052) |
| N | 19 863 | 19 863 | 19 863 |

注：*、**、***分别表示在10%、5%、1%的水平上显著。

表7－2是包含缺失值的全体观测值的估计结果。首先，我们来看企业社会责任在三个方程中的表现情况。在方程（1）中，企业社会责任的回归系数在1%的水平上显著为正；加入避税活动二次项后，在方程（2）中，回归系数还是0.0006，在1%的水平上显著为正；加入控制变量后，在方程（3）中回归显著性和符号都没有改变，这说明企业社会责任对财务绩效的影响是稳定的。在加入控制变量后，显著性不改变，反映系数增加，说明企业社会责任对财务绩效是有重要正作用的，而且这种正向作用在企业自身不断健全的情况下可以起到加速作用。因为随着社会责任活动的增多，企业获得利益相关者的支持越大，如果企业自身素质不断提高，会提高企业履行社会责任的能力和水平，正向反哺利益相关者的支持，形成良性循环。这也反映了企业不断完善管理、提高技术、履行相应的社会责任是能够加速企业财务绩效提高的。

其次，我们研究避税活动在三个方程中的表现情况。在方程（1）中，避税活动对财务绩效的反应系数是0.0020，但是不显著；加入避税活动二次项后，在方程（2）中，回归系数还是0.0268在5%的水平上显著，并且避税活动二次项的系数是－0.0007，也在5%的水平上显著；加入控制变量后，在方程（3）中，避税活动和避税活动的平方项的回归显著性和符号都没有改变，可以看出避税活动与企业绩效是倒"U"型关系，说明避税活动小于临界值前，增加避税活动能够显著提高企业的财务绩效，因为在临界值以前，企业可能难以获得支持企业发展的外部资金和内部资金，避税活动的增加能够为企业带来应急资金，缓解企业的资金压力，这时增加的资金的边界效应最高。但是当避税活动超过临界值以后，过多的避税活动将对企业的财务绩效产生负的作用，前面的理论分析也有相关论断，可能的解释是激进的避税活动会增加企业的代理成本和信息不对称，加剧了避税风险，将反作用于企业的财务绩效。这说明避税活动是把双刃剑，需要企业认真研究临界点的位置，在临界点之前，企业应当发挥税务知识的专家才能，合理避税，提高企业的财务管理水平，增加企业的财务绩效；在临界点之后，避税活动将引发避税风险，最终影响企业的财务绩效。

最后，从总体上看，表7－2给我们研究企业社会责任和避税活动提供了新的启示。当前我国的企业社会责任才刚刚起步，需要国家引导、企业参与，因为企业社会责任对企业发展的红利还没有全部释放，有效的、正确的和符合社会主义核心价值观的企业社会责任是能够大力支持企业发展的。在积极履行企业社会责任的同时，合理避税，充分享受税法规定的合理避税利益，共同提高企业的财务绩效。这样更有利于企业发挥专业才能，团结可以团结的相关利益群体，实现企业业绩升级和优化业绩质量。

在控制变量中，除了Dual不显著外，其他控制变量均在1%的水平上显著，说明企业财务绩效的提高依赖业务活动、内部治理和生产函数整体优化，这些都为管理者提高企业财务绩效提出了路径探测。

## 二、稳健性检验

为了进一步检验企业社会责任与避税活动对财务绩效影响的"活动—目标"框架，本书从以下几个方面作稳健性检验（见图7－1）。

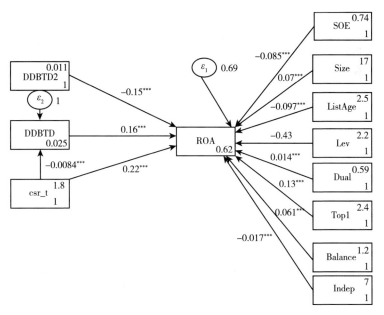

**图7－1 路径模型估计结果**

注：＊＊＊表示在1%的水平上显著。

首先，构建多路径模型对结果进行检验。图 7 - 1 报告了全部样本的单路径结果。从路径系数看，csr_t 对 ROA 的系数是 0.22，在 1% 的水平上显著，DDBTD 对 ROA 的系数是 0.16，在 1% 的水平上显著，DDBTD2 对 ROA 的系数是 - 0.15，在 1% 的水平上显著，在方向和显著性上与 MLMV + robust 结果一致，体现路径稳定，"活动—目标"框架成立。为了多路径研究，本书把样本按照年度分为两个部分，分别是 2010 ~ 2014 年和 2015 ~ 2018 年。分两个样本池后，DDBTD 和 csr_t 对 ROA 的影响系数和显著性没有差异，也表明结果稳健。

其次，本书通过更改样本测量，使用息税前利润代表财务绩效，企业社会责任采用润灵环球对上市公司社会责任报告的评分指数衡量，避税活动直接用名义税率与实际税率的差异衡量，重新构建路径模型，采用 MLMV + robust 模型检验，路径系数与方向没有变化，显著性也没有改变，体现结构稳健。

最后，采用安慰剂检验，考虑样本受年度和行业的影响，也可能受地方政策的影响，为了排除这种可能性，本书采用了安慰剂检验。具体的做法是从 19 863 个样本中随机抽取 50% 的样本，随机抽取 100 次，对 DDBTD 和 csr_t 对 ROA 的影响系数和方向进行统计得到核密度分布，然后进行 t 检验，对应的 p 值都超过 10%，没有通过检验，说明不存在差异，表明结果稳健。

# 第五节　结论与建议

随着企业不断同时上演"自利"活动和"他利"活动，比较明显的是既进行避税活动，又进行社会责任活动，鉴于此，本书构建了企业社会责任和避税活动对企业财务绩效影响的"活动—目标"框架，采用结构方程的 MLMV + robust 方法对路径进行研究，以探讨企业社会责任和避税活动作用企业财务绩效的规律，帮助企业合理安排企业社会责任活动和避税活动，更加有效高质地提高财务绩效，并提出路径探索。

基于 2010 ~ 2018 年深交所主板上市公司的样本，实证研究结果表明，企业社会责任能够持续地增加企业的财务绩效，而避税活动与企业的财务绩效呈现倒"U"型关系，即避税活动达到临界值前，避税活动可以有效增加企业的财务绩效，但是超过临界值后，随着避税活动的增加，企业的财务绩效将会下降。由此可见，企业从事社会责任活动要趁早，在正确的社会责任价值观引导下，充分发挥企业社会责任的开源能力，实现企业财务绩效的优化升级。同时，避税活动要适当，不要做超越临界点的激进的避税活动，才有利于企业发挥专业才能，实现税务优化，从节流角度提升企业的财务绩效，最终实现社会责任和避税活动对财务绩效的增值能力。本书还对结论采用分 2010～2014 年和 2015～2018 年两组样本比较、更改样本测量和采用安慰剂进行稳健性检验，结果都表明企业社会责任和避税活动对财务绩效的影响路径是稳定的。基于以上研究，本书建议企业需要充分发挥税务筹划能力，准确找到税务活动临界点，合理避税，科学节流，优化税务管理结构，提升税务管理能力，形成企业的硬实力，同时，争取准确认识企业社会责任，科学履行社会责任，把社会责任植入企业文化，形成文化力，提升企业的软实力。

| 第八章 |

# 责任综合效益探索：社会责任、
# 信息技术与企业高质量发展

## 第一节　问题的提出

　　"高质量"成为现代中国发展的特色，各省、市、地区、部门、行业、企业等开始围绕"高质量"展开深入调研，在制度、规划和报告中对高质量发展进行科学认识、小心求证，学术界也开始探索与有中国特色的高质量发展相关的研究，企业作为经济社会的主要单元，研究企业的高质量发展是理论领域和实践领域的重要议题。随着中国经济发展中内循环与外循环的地位变化，在过去，外循环发挥了重要作用，是中国增长表现优异的重要解释因素，现在各方面条件都发生显著变化，转向内循环为主既是现实表现，也是必然选择（江小涓，2021）。企业是内循环的主要载体和加速畅通外循环的桥梁，促进企业高质量发展是加快建设高标准市场体系和实现更高水平开放、促进双循环更有效率和更高质量发展的重要保障。因此，企业走高质量发展之路必然要求其自身加强内部控制建设，引导企业改善技术，改善经营管理，提高全要素生产率。《企业内部控制应用指引第 4 号——社会责任》明确要求企业应当重视履行社会责任，切实做到经济效益与社会效益、短期利益与长远利益、自身发展与社会发展相互协调，实现企业与员工、企业与社会、企业与环境的健康和谐发展。那么，企业社会责任是否会对企业高质量发展产生影响呢？信息技术作为一项重要的技术水平，一方面能够更大范围地传播企业社会责任的履行情况，另一方面增加企业履行社会责任的能力，在社会责任传导机制中，信息技术是否变成一种间接推动力，作用于企业社会责任对高质量发展的运行呢？这些问题的回答有利于打开企业社会责任对企业高质量发展的"黑匣子"效应，科学辨析社会责任过时论与社会责任夸大论有重要的理论意义和实践意义。

社会责任引入我国企业以来，引起了广大学者的关注，学者们开始研究企业社会责任与企业经济绩效的关系和企业社会影响企业经济绩效的机理。王海兵和韩彬（2016）研究了社会责任、内部控制和企业可持续发展之间的关系，研究发现，企业社会责任能够为企业可持续发展提供先行优势、创新途径以及资源基础。胡浩志和张秀萍（2020）以企业精准扶贫为例研究了企业社会责任对企业绩效的影响及其作用机制；阳镇等（2020）探讨了企业业绩下滑情境下企业社会责任的背后逻辑机制。也有学者研究信息化下企业社会责任的变化以及信息技术对经济高质量发展的影响。如阳镇等（2020）研究了数智化时代下企业社会责任的新变革，林勇等（2021）的研究表明，信息技术对经济高质量发展的影响呈现倒"U"型特征，窦克勤等（2021）认为新冠疫情为新一代信息技术创新带来重要机遇，并由此提出新一代信息技术促进经济社会发展的对策建议。

从文献分析中可以发现，鲜有文献研究企业社会责任与企业高质量发展的关系，在信息技术视角下研究他们之间的关系的文献则更少。因此，本书研究社会责任、信息技术和企业高质量发展具有重要的价值：一是扩宽了以往学者单纯的内因角度或者外因角度研究高质量发展的视角，把内因和外因结合起来研究高质量发展，让结论更稳健。二是结合我国企业履行社会责任的实际，构建企业社会责任首因模型，以外因为源头，体现企业社会责任的"温度"，倒逼企业高质量发展；以内因为动力，体现信息技术的"速度"，促进企业高质量发展。在外因和内因的共同作用下，实现企业高质量发展的战略"效度"。研究中首次突破先内因后外因的思路，以外因为起点研究企业社会责任与高质量发展，体现了企业社会责任的中国企业特色。三是实证研究企业社会责任和信息技术促进企业高质量发展的新路径，首次从"温度""速度""效度"等方面研究高质量发展，从逻辑上和实践上指明了企业高质量发展的途径和方向，在内容上丰富了企业高质量发展的研究。

## 第二节　理论基础与研究假设

本书是在信息技术作为次因、企业社会责任作为主因的视角下研究企业社会责任与高质量发展的关系，梳理文献和理论分析主要归纳为三个方面：企业社会责任促进高质量发展的研究；信息技术促进高质量发展的研究；高质量发展的相关研究。

## 一、企业社会责任的研究

企业是社会期望的产物，企业应当对社会期望作出反映（满河军，2008），在"大众创新和万众创业"的大背景下，中国在经济增长拐点期创造经济稳增长的奇迹，并诞生了阿里巴巴、腾讯、滴滴和共享等优秀企业和新思维，提高了社会对企业的期望，企业在不断的自我超越中创造了惊人的财富，相反长生疫苗和三鹿奶粉等企业损害社会责任行为让企业自身付出了代价。企业社会责任被学者关注，诞生了丰富成果，一是从履行社会责任是企业优劣的信号视角进行研究（王建玲，2018），如凯姆等（2017）认为企业社会责任公司能告知其拥有有效的内部控制；埃蒂尔（F Etilé et al.，2016）认为企业社会责任是产品的一种信任属性，可以通过第三方认证的标签或作为品牌建设战略一部分的未经证实的声明来表达；阿莱克斯等（Aleix et al.，2018）从理论和实证两方面的研究表明，可观察到的外部企业社会责任，例如，企业参与社会项目可以作为不可观察产品质量的信号，内部企业社会责任，例如，培训和劳动稳定性等人力资源实践可以提高企业的劳动生产率，传递企业能提供高质量服务信号。二是从企业社会责任是企业与利益相关者的沟通桥梁、化解企业与利益相关者的摩擦视角研究促进企业发展，例如，阿巴贝托—卡马奥等（A Barbeito-Caamao et al.，2020）基于企业利益相关者理论认为，企业履行社会责任有利于公司的利益相关者以更客观的方式了解公司的社会责任实践、提高其社会责任绩效和沟通策略、提高利益相关者的参与度；黄越等（Huang et al.，2019）以越南为例，探讨发展中国家消费者对企业社会责任的认知，间接研究社会责任与企业发展的关系；斯托里等（Story et al.，2019）研究了企业社会责任实践（外部和内部）与员工绩效（主管评级）之间的关系，以及解释这种关系的两种机制，发现企业社会责任提高了员工的工作满意度和情感承诺中介效应。三是从企业战略、雇员满意度、消费者满意度、市值管理等视角研究企业社会责任对企业的影响。纳韦等（Nave et al.，2019）系统地回顾了文献，归纳发现企业社会责任战略分为四大类：维度、利益、价值创造和利益相关者和动机，不同的社会责任战略对企业战略有不同的影响；阿克图贾曼等（Akterujja-man et al.，2019）认为企业社会责任的实施提高了企业的整体成本，但从长远来看，企业通过降低劳动力流失率、提高员工工作效率、提高审计质量、提高生产率和激励员工，从而提高企业的价值；莫卧儿等（Mughal et al.，2019）的研究发现企业可以通过参与企业社会责任活动来获取竞争优势，通过参与企业社会责任活动可以留住优秀的员工，提升企业的品牌形象和社会声誉，为企业吸引更多的投资者；吉拉尔等（Gilal et al.，2020）探讨顾客对企业社会责任的认知对品牌依恋、品牌信任以及消费者品牌热情的影响，发现顾客对企业社会责任活动的感知显著增加了品牌依恋和品牌信任。但是，也有研究表明，企业履行社会责任具有伪善性质，借助社会责任达到企业私有目标。那晋领等（2021）的研究发现上市公司发布社会责任报告已经表现出强烈的市值管理诉求，通过发布社会责任报告获取资本市场对企业价值的信赖；肖红军等（2013）对企业伪社会责任行为的内涵、假设、动因、危害、曝光和治理进行了系统全面的研究，并分析了伪社会责任与社会责任在动机、行动、沟通和绩效等的差异及其相互之间的联系。

因此，社会责任是否有利于企业高质量发展，企业社会责任的信号传递效应、沟通桥梁作用以及社会好评与青睐效应的发挥取决于企业社会责任是真实的还是伪善的，真实的企业社会责任将持续获取市场的信号传递效应、沟通桥梁作用以及社会好评与青睐，反之将把消极作用带入市场。

## 二、信息技术的研究

研究中通常把信息技术作为企业的一项重要的要素投入，本书主要研究信息技术作用下企业社会责任对企业高质量发展的影响，因此，这里的文献主要是梳理信息技术对企业社会责任的影响方式和方法，间接影响企业高质量发展。通过文献梳理发现，信息技术的作用表现为三个方面：信息技术对信号传递的影响、信息技术对沟通的影响、信息技术对用户体验的影响。

信息技术的使用缓解了信息不对称，有效预防道德风险和逆向选择行为。拉卡库拉等（Lakkakula et al.，2021）论证了区块链技术在缓解买卖双方大豆蛋白质质量信息不对称方面的优势，发现信息技术对优质粮食和油料行业降低交易成本、提高市场效率和优先考虑大豆采购战略具有重要意义；

雅伊拉等（Yayla et al.，2014）运用代理理论、资源依赖理论和联盟理论研究了董事会信息技术意识对首席信息官薪酬结构和公司绩效的影响，发现信息技术的使用让更优秀的管理人员聚集；德沃斯等（D De Vos et al.，2019）使用荷兰餐馆烹饪品种的详细数据来测试信息技术的作用，发现信息技术补充了城市中的美食种类，有效降低了信息不对称。

信息技术提高了沟通的及时性和有效性，能够快速响应利益相关者的态度。杜马（Du M，2020）的研究表明，基于大数据技术的信息通信网络安全管控平台的通信成功率保持在91.78%，为有效沟通提供了技术保障；里德（Reid，2003）的研究发现信息技术可以改变员工的工作效率，在信息技术的作用下，员工可以及时获取所需要的信息，减少无效劳动和重复劳动，进而快速提高企业业绩；哈伯德（Hubbard，2002）指出，只有企业信息化、经营策略变革、技术创新等要素相辅相成才能减少企业生产流程，保障员工与各方沟通的及时有效；费特希等（Fethi et al.，2019）的研究发现信息技术有利于企业各方面信息的有效传输，企业可以利用信息技术进行资源挖掘、集成、互联和互动。

信息技术能快速提高用户的依赖和用户体验，在信息技术的作用下，实现企业、用户和合作伙伴等多方之间的信息交互。洛森（Lowson，1999）认为信息系统可以使企业短时间内快速响应客户需求的机制，提升用户满意度和用户体验；普拉哈拉德（Prahalad）和拉马斯瓦米（Ramaswamy）认为价值产生于消费者参与的产品设计和开发、营销和销售、渠道、制造、物流及供应链各个环节的交互点中，提高了用户体验，能快速增加用户黏度；霍耶（Hoyer，2010）认为信息化可以快速与用户建立联系，使用户获得参与感，提升用户满意度，从而获取差异化竞争优势。

## 三、企业高质量发展研究

企业高质量发展是我国处于新阶段提出的普遍性要求，企业高质量发展要求企业发展兼顾经济利益和社会效益，统筹企业利益和相关者利益，注重索取和回报的统一。首先，高质量发展要求企业履行社会责任。高质量发展阶段是以人民为中心的可持续发展，是保障企业利益相关者利益的全面发展，企业履行社会责任是实现高质量发展的微观基础和宏观要求（颜剩勇，2020）；其次，企业高质量发展离不开信息技术的支持，信息技术是衡量企业竞争优势的关键因素（谢康，1999）；最后，企业高质量发展是履行社会责任的前提保障和最终目标，因为企业高质量发展是综合企业发展系统、价值实现层次和价值对象范围三个维度（黄速建，2018），是需要科学高效地利用信息技术和高质量地履行社会责任的。

黄速建等（2018）认为企业高质量发展是一种体现社会价值驱动、资源能力突出、产品服务一流、透明开放运营、管理机制有效、综合绩效卓越和社会声誉良好的发展，注重经济效益、社会效益、生态效益和和谐效益的协调发展模式。说明了企业的高质量发展需要一种或者多种因素引导社会价值发挥作用，帮助企业获取具有比较优势的资源以及生产一流的产品与服务；也说明了企业的高质量发展需要一种或者多种因素可视化企业的运营过程，赢得社会的认同，提升自身的知名度和美誉度，动态实现卓越业绩；更说明了高质量的发展需要一种或者多种因素帮助企业提高管理水平和生产技术水平。这一种或者多种因素的获得源于内部的动力和外部的压力，根据马克思主义哲学，内因是基础，外因是条件。高质量发展需要兼顾企业利益和社会利益的发展，因此，企业走高质量发展之路的前提是履行企业社会责任，而企业社会责任是涵盖股东责任、员工责任、供应商责任、客户责任、消费者责任、环境责任和狭义的社会责任的大组合。

信息技术是反馈、引导、赋能和可视化企业社会责任和高质量发展的中介和工具，是实现企业履行社会责任和高质量发展加速器和传送带。鉴于此，本书试图将企业社会责任与企业高质量发展结合起来，从信息效应角度研究企业社会责任对企业高质量发展的影响机理，并采用深交所上市公司样本数据进行经验检验。企业高质量发展受内部动力和外部压力的双重影响，从外部压力看，企业的发展深受知名度和美誉度的影响，企业形象约束着企业的决策，特别疫情时期，企业服务社会的能力和表现深刻影响着各利益相关者对企业的态度，因此，企业表现为能够并愿意承担社会责任就暗示着企业向高质量发展方向前进。从内部看，随着企业自身管理能力、市场能力和技术水平的提升，自发引导企业向高质量发展的方向营运，而信息技术作为一项能渗透到管理、技术和市场各个方面的具有外部性的特殊产品，可以提高企业管理、技术和市场的综合能力，快速响应外界对企业社会责任的辩议，促进企业高质量发展。

相关者利益者理论和可持续发展理论认为企业应当履行社会责任，而新古典经济学理论认为企业是经济人，企业的责任就是利润最大化。鉴于当前中国企业现象，企业社会责任理念从国外引入，企业履行企业责任后果如何，企业并不完全预知，而是在与其他企业相互比较中和社会评论中选择是否履行社会责任。因此，本书研究企业社会责任与高质量发展的机理是：一方面，面对疫情、灾害和事故等背景压力，企业履行更多的社会责任，固化企业与员工和社会各群体的关注和认同，提升了员工对企业的忠诚度、社会对企业产品的认同度，倒逼企业谋求高质量发展；另一方面，信息化能提高企业的对各利益群体反应的响应度，改善企业的管理和社会责任履行状况，降低企业内部的交易成本，推动企业自觉向高质量方向发展。

基于以上理论分析，提出如下假设。

假设 8 - 1：企业社会责任和企业高质量发展正相关。

假设 8 - 2：信息技术增强了企业履行社会责任的能力，促进了企业的高质量发展。

# 第三节　研究设计

## 一、模型选择

针对假设 8 - 1，结合前面的理论分析，参照张峰等（2018）、陈昭和刘映曼（2019）的做法，建立模型（8 - 1）：

$$\text{hidev}_{i,t} = \alpha_0 + \alpha_1 \times \text{csr}_{i,t} + \sum_j \alpha_j \times \text{contr}_j + \sum_t \beta_t \times \text{year}_t + \sum_c \gamma_c$$
$$\times \text{indus}_c + \varphi_{i,t} \qquad (8-1)$$

针对假设 8 - 2，加入信息技术变量，建立模型（8 - 2）：

$$\text{hidev}_{i,t} = \alpha_0 + \alpha_1 \times \text{csr}_{i,t} + \alpha_2 \times \text{info}_{i,t} + \sum_j \alpha_j \times \text{contr}_j + \sum_t \beta_t \times \text{year}_t$$
$$+ \sum_c \gamma_c \times \text{indus}_c + \varphi_{i,t} \qquad (8-2)$$

其中，i、t、c、j 分别代表第 i 只股票、第 t 年、第 c 个行业和第 j 个控制变量，$\text{hidev}_{i,t}$ 代表企业高质量发展水平，$\text{csr}_{i,t}$ 代表企业有温度的社会责任水平，$\text{info}_{i,t}$ 代表信息技术，$\text{contr}_j$ 代表控制变量，$\text{year}_t$ 代表年度哑变量，$\text{indus}_c$ 代表行业哑变量，$\varphi_{it}$ 代表随机误差项。

考虑到企业实现高质量发展需要相应的经营能力、管理能力、国家支持力度和自身经济实力，参考张峰等（2018）、陈昭等（2019）和董志愿等

（2012）的做法，选择企业规模（totass）、资产负债率（dbastrt）、股权集中度（OwnCon5）、总资产收益率（roa）、国有股比率（stateshrpct）、员工人数（nstaff）和企业年龄（age）作为控制变量。

针对企业社会责任与信息技术的相互关系，由于路径多而且复杂，更可能互为因果关系，因此，建立结构方程模型如图 8-1 所示。建立结构方程模型的原因如下：通过阅读文献发现，信息技术不能直接作用于企业社会责任，而是通过系信息技术的速度效应作用于企业属性（物质经济基础）和企业治理（管理哲学等上层建筑），充分发挥企业规模（totass）、资产负债率（dbastrt）、股权集中度（OwnCon5）、总资产收益率（roa）、国有股比率（stateshrpct）、员工人数（nstaff）和企业年龄（age）优势，激发企业社会责任的温度效应，进而实现企业高质量发展战略。

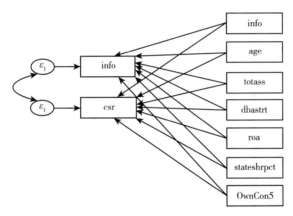

图 8-1　结构方程模型

## 二、变量定义

### （一）被解释变量

企业高质量发展水平（$hidev_{it}$）。文献中存在多种计算企业高质量发展水平的办法，董志愿等（2021）参照党的十九大报告对高质量发展的定义，从企业价值创造能力和价值管理能力两个方面构建高质量发展指标，其中，企业价值创造能力主要包括企业经营能力和企业创新能力两个方面；企业价值管理能力主要包括公司治理水平、内部控制水平和可持续发展水平三个方面。由于本书研究企业高质量发展是能够充分利用环境责任和信息技术的推动力的发展，是能够对企业全部生产要素和内外部环境优化实现的发展，因此，本书采用张峰等（2018）、陈昭等（2019）的做法，采用全要素生产率衡量企业高质量发展水平。学者普遍认为莱文松－佩特林（Levinsohn-Petrin）法可以更好地解决选择性偏误和内生性问题，能够更好衡量企业全要素生产率，因此，本书采用 LP 方法计算全要素生产率代表企业高质量发展水平，其中，LP 方法计算全要素生产率的过程参照陈昭等（2019）。

（二）主因解释变量

企业社会责任（$csr_{i,t}$）。现在有多重计算企业社会责任的方法，也存在润灵环球和和讯网公开披露企业社会责任的数据。本书研究企业责任是企业责任行为而不是企业社会责任的披露，鉴于和讯网上市公司社会责任报告专业评测体系披露的社会责任较为全面和客观。因此，本书使用的企业社会责任直接采用和讯网披露的企业社会责任数据。但是企业执行社会责任有自愿与非自愿之分，刘柏等（2018）研究了企业社会责任声誉与行为背离的异象，郑琴琴等（2018）发现企业社会责任存在"随波逐流"行为。鉴于深交所自 2001 年开始依据《上市公司信息披露工作考核办法》对上市公司按照"优秀""良好""及格或者合格""不及格或者不合格"四级等级进行排名，考核具有全面性，参考前述对企业社会责任的理论分析，本书将企业社会责任数据分年度按照大小平均分为四份，依次为"优秀""良好""及格或者合格""不及格或者不合格"四个等级。如果上市公司社会责任等级与深交所考评等级相同，则将这些样本纳入研究样本范围；如果不相同，说明企业社会责任与实际不符，此样本将不纳入研究样本范围。

（三）次因解释变量

信息技术（$info_{it}$）。通过查阅相关文献，没有统一计算信息技术的方法，也难以寻找公开披露的企业信息技术的数据。因为信息技术能有效帮助企业获取、吸收外部知识，使企业对外部信息作出快速反应，并掌握外部运行环境发生的变化，从而获得市场优势并提高信息技术投资收益（Tambe，2012），结合前面的理论分析发现，信息技术体现预防信息不对称、增强企业响应度和用户体验，但是信息技术不是独立存在的，是渗透到管理各个环节，从而降低管理费用、销售费用和财务费用。又考虑部分企业引进信息技术与企业管理水平不相容，增加了信息技术的维护费用和信息人才培训支出，增加了管理费用，又因为信息技术只有被企业员工利用才发生增值作用，因此，本书采用销售费用和财务费用之和占营业收入的比率与公司员工人数的比率衡量企业信息技术水平，该比率越低说明信息技术发挥的作用越大。

（四）控制变量

参照相关文献，本书选择企业规模（totass）、资产负债率（dbastrt）、管理费用率（admexprt）、总资产收益率（roa）、国有股比率（stateshrpct）和企业年龄（age）作为控制变量，企业年龄为样本年份与企业成立年份差值衡量，考虑数据平稳性，用总资产的自然对数衡量企业规模，员工人数的自然对数衡量企业员工规模，股权集中度采用前五大股东的控股率计算。

## 三、样本选择与数据来源

鉴于数据可得性，本书选择的原始样本公司是 2011～2018 年深交所上市的公司。采用 LP 方法计算全要素生产率需要的总产出数据、资本投入数据、劳动力投入数据和中间投入数据，其中信息技术数据和控制变量数据来自国泰安数据库，企业社会责任数据来源和讯网中披露的企业社会责任数据；对所有连续变量在 1% 和 99% 处进行缩尾处理；样本删除了 ST、\*ST公司和数据缺失值样本公司，因为金融行业的企业异质性较大没有被纳入研究样本，最终得到样本 6 334 个，本书的统计和分析工具为 Excel 2017 和 Stata 16.0。

# 第四节　实证检验与分析

## 一、描述性统计

表 8 - 1 展示了全部样本的描述性统计情况。从表中可以看出，全样本企业高质量发展水平的平均数是 8.1289，中位数是 8.0752，最大值是 12.3538，最小值是 4.8930。从整体上看，企业的高质量发展水平不高，平均值略高于中位数，说明企业整体上有追求高质量发展的需求，研究企

业高质量发展的动因是有意义的，但是各企业的高质量发展水平差异大，因此，本书后面的研究部分控制了行业属性和年度属性，研究这些差异是否与行业和年度有关；从企业社会责任上看，标准差为 15.9074，而且平均数偏低，只有 0.0003，更需要研究差异动因，根据前面理论分析发现，企业社会责任执行有随波逐流的特征，因此，研究差异是否与高质量发展有关还是值得探讨；从信息技术看，平均数大于中位数，说明企业普遍认同信息技术的作用，与现在企业普遍推广使用 IT 平台、IT 软件、鼓励企业员工学习先进技术的使用现状吻合；从员工人数看，平均数为 7.7084，中位数是 7.6662，与我国国情相吻合，在大众创新万众创业中诞生了许多优秀企业，我国企业在世界经济下滑期发挥了超能量的作用，总体稳定发展。从其他控制变量看，除股权集中度（OwnCon5）的标准差只有 0.12 外，其他的标准差均较大，差异明显，也初步说明了控制变量选择的可行性和必要性。

表 8 – 1　　　　　　　　　　变量的描述性统计

| 变量名称 | hidev | csr | info | nstaff | age | totass | dbastrt | roa | stateshrpct | OwnCon5 |
|---|---|---|---|---|---|---|---|---|---|---|
| 样本量 | 6 334 | 6 334 | 6 334 | 6 334 | 6 334 | 6 334 | 6 334 | 6 320 | 6 334 | 6 334 |
| 平均数 | 8.1289 | 21.5833 | 0.0003 | 7.7084 | 16.4771 | 22.1909 | 48.9890 | 4.0207 | 2.4620 | 0.5032 |
| 中位数 | 8.0752 | 19.2700 | 0.0001 | 7.6662 | 16.0000 | 22.0846 | 48.3671 | 5.7100 | 0.0000 | 0.5033 |
| 标准差 | 0.9442 | 15.9074 | 0.0019 | 1.0836 | 5.6348 | 1.0711 | 18.4604 | 18.5354 | 9.4157 | 0.1441 |
| 最小值 | 4.8930 | – 16.7200 | 0.0000 | 3.3322 | 3.0000 | 18.6746 | 1.6770 | – 332.8500 | 0.0000 | 0.1210 |
| 最大值 | 12.3538 | 85.8000 | 0.0718 | 11.8236 | 51.0000 | 26.7711 | 391.9121 | 89.2600 | 83.6820 | 1.8661 |

表 8 – 2 报告了各变量的相关系数情况。从表 8 – 2 的第（2）列可以发现，高质量发展与其他变量均值在 1% 的水平上显著相关，除了 nstaff 和 totass 的相关系数是 0.5 和 0.7，都大于 0.5 外，其他的相关系数不高，初步排除变量间的共线性问题，为后续建模提供有意义的参考。从表 8 – 2 的第（3）列看，企业社会责任与企业信息技术在 1% 的水平上显著负相关，说明信息技术能在降低人均费用率的同时提高企业的社会责任水平，符合经济现象，但是相关系数只有 0.082，说明信息技术直接影响企业社会责任的能力是有限的，需要考察信息技术是如何通过间接效应影响企业社会责任，从而进一步影响高质量发展的，这也初步证明了本书模型（8 – 3）的必要性。

表 8-2                              **Pearson 相关系数**

| 变量名称 | (1)<br>hidev | (2)<br>csr | (3)<br>info | (4)<br>nstaff | (5)<br>age | (6)<br>totass | (7)<br>dbastrt | (8)<br>roa | (9)<br>stateshrpct | (10)<br>OwnCon5 |
|---|---|---|---|---|---|---|---|---|---|---|
| hidev | 1 | | | | | | | | | |
| csr | 0.284 *** | 1 | | | | | | | | |
| info | −0.184 *** | −0.082 *** | 1 | | | | | | | |
| nstaff | 0.509 *** | 0.220 *** | −0.242 *** | 1 | | | | | | |
| age | 0.104 *** | 0.015 | 0.053 *** | 0.018 | 1 | | | | | |
| totass | 0.714 *** | 0.312 *** | −0.116 *** | 0.607 *** | 0.165 *** | 1 | | | | |
| dbastrt | 0.387 *** | −0.016 | 0.016 | 0.195 *** | 0.104 *** | 0.410 *** | 1 | | | |
| roa | 0.184 *** | 0.379 *** | −0.140 *** | 0.110 *** | −0.02 | 0.127 *** | −0.205 *** | 1 | | |
| stateshrpct | 0.071 *** | 0.080 *** | −0.018 | 0.131 *** | 0.085 *** | 0.168 *** | 0.063 *** | 0.022 * | 1 | |
| OwnCon5 | 0.148 *** | 0.139 *** | −0.050 *** | 0.107 *** | −0.087 *** | 0.170 *** | 0.02 | 0.135 *** | 0.164 *** | 1 |

注：* 、 *** 分别表示在 10%、1% 的水平上显著。

## 二、回归分析

表 8-3 报告了假设 8-1 和假设 8-2 模型的回归结果。表 8-3 第（1）列报告了高质量发展水平与企业社会责任的回归结果，企业社会责任的回归系数是 0.0031 并在 1% 的水平上与高质量发展显著正相关，表明积极履行企业社会责任能够显著促进企业的高质量发展，这与郑琴琴等（2018）和布里克森（Brickson，2007）的研究结论一致，即积极履行企业社会责任能够帮助企业更好地创造价值，提高企业形象，是一种重要的战略选择的结果。但是郑琴琴等（2018）和刘柏（2018）也发现企业履行社会责任有"好演员"和随波逐流的因素，由于本书的样本是选择企业社会责任与深交所信息披露考评排名一致的样本，排除了企业履行社会责任"好演员"和随波逐流的影响，得出了企业社会责任与高质量发展正相关的结论，因此，承担社会责任有利于企业未来发展和企业绩效的实现，得到实务界和学术界的普遍认可和实践（Jones T，1995）。尽管该模型验证了假设 8-1，但是不能论证部分学者认为高质量发展与履行企业社会责任互为因果的观点是否正确，下面将在稳健性检验中通过结构方程进行探索。

表 8 - 3                        假设 8 - 1 与假设 8 - 2 模型回归结果

| 变量名称 | （1） | （2） | （3） |
|---|---|---|---|
| csr | 0.0031 *** <br> − 5.3853 | | 0.0031 *** <br> − 5.3839 |
| info | | − 38.0226 *** <br> （ − 4.4077） | − 37.9675 *** <br> （ − 4.3832） |
| age | 0.0024 <br> − 1.5963 | 0.0030 ** <br> − 2.0694 | 0.0028 * <br> − 1.9063 |
| totass | 0.5228 *** <br> − 39.1854 | 0.5404 *** <br> − 42.4193 | 0.5260 *** <br> − 39.8951 |
| dbastrt | 0.0074 *** <br> − 12.6857 | 0.0071 *** <br> − 12.33 | 0.0074 *** <br> − 12.894 |
| roa | 0.0057 *** <br> − 8.019 | 0.0060 *** <br> − 8.6384 | 0.0053 *** <br> − 7.27 |
| stateshrpct | − 0.0036 *** <br> （ − 4.8319） | − 0.0036 *** <br> （ − 4.8045） | − 0.0035 *** <br> （ − 4.7062） |
| OwnCon5 | 0.2374 *** <br> − 4.5302 | 0.2420 *** <br> − 4.6599 | 0.2292 *** <br> − 4.3985 |
| 常数项 | − 4.8178 *** <br> （ − 20.8141） | − 5.0044 *** <br> （ − 22.4956） | − 4.7543 *** <br> （ − 20.5983） |
| 年度 | 控制 | 控制 | 控制 |
| 行业 | 控制 | 控制 | 控制 |
| N | 6 334 | 6 334 | 6 334 |
| adj. $R^2$ | 0.6362 | 0.6394 | 0.6413 |

注：*、**、*** 分别表示在 10%、5%、1% 的水平上显著。

表 8 - 3 第（2）列报告了企业高质量发展水平与信息技术的回归结果，信息技术的回归系数是 − 38.0226，在 1% 的水平上显著，说明信息技术可以降低人均费用率并促进企业高质量发展。一方面，信息化促进了技术进步，使得企业的规模效率、技术效率和配置效率显著提高，降低了企业的成本，促进企业高质量发展（程虹，2018）；另一方面，企业通过信息化增加企业的创新能力，提高新产品开发过程中的知识水平，为企业提供关于市场、行业和供应商的信息，推动新知识的产生和企业的工艺创新（Berends H，2010）。因此，信息技术通过渗透作用，快速渗透各要素，提高各要素的增

值能力，正向促进企业的高质量发展，验证了假设 8 - 2。从理论上看，信息技术的作用是综合作用，不是直接作用，因此，本书将需要进一步研究信息技术发生作用的中介，探索信息技术的作用机制。

表 8 - 3 第（3）列报告了高质量发展水平、企业社会责任和信息技术的回归结果，企业社会责任和信息技术的回归系数分别是 0.0031 和 - 37.9675，均在 1% 的水平上显著；相对于第（2）列的模型，信息技术的回归系数的绝对值下降了；相对于第（2）列和第（1）列的模型，可调整的 $R^2$ 由 0.6362 上升到 0.6413，也支持假设 8 - 1 和假设 8 - 2。

从控制变量看，控制变量如企业规模（totass）、资产负债率（dbastrt）、股权集中度（OwnCon5）、总资产收益率（roa）、国有股比率（stateshrpct）、员工人数（nstaff）在各模型中在 1% 的水平上显著，论证了选择控制变量的有效性，即这些控制变量是能促进企业高质量发展的。

## 三、稳健性检验

### （一）结构方程模型做稳健性检验

信息技术作用于高质量发展是多种效果作用的结果，因为它受企业规模（totass）、资产负债率（dbastrt）、股权集中度（OwnCon5）、总资产收益率（roa）、国有股比率（stateshrpct）、员工人数（nstaff）的交叉影响，导致结论不稳健。因此，本书构建结构方程模型，对研究假设进行稳健性检验。图 8 - 2 展示了信息技术直接影响高质量发展水平和通过企业规模、资产负债率、股权集中度、总资产收益率、国有股比率和员工人数间接影响企业社会责任，进而影响企业高质量发展的效果，其中，图 8 - 2 中的系数已作标准化处理。为了方便展示，图 8 - 2 的具体效应如表 8 - 4 所示。从图 8 - 2 中可以看出，社会责任影响高质量发展的路径系数是 0.27，在 1% 的水平上显著；信息技术影响高质量发展的路径系数是 - 0.16，在 1% 的水平上显著；信息技术对企业社会责任路径不显著，验证了假设 8 - 1 和假设 8 - 2。

从表 8 - 4 可以发现，信息技术影响高质量发展的间接效应高达 - 0.1020，超过直接效应 - 0.16 一半以上，也验证了信息技术影响高质量发展的间接性和增值性，因此，后续进一步研究信息技术与社会责任影响高质量发展的关系以及信息技术与社会责任之间的关系。

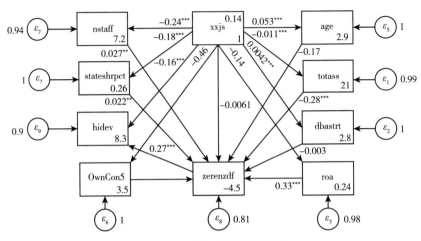

**图 8 - 2　结构方程变量路径**

注：** 、*** 分别表示在5% 、1%的水平上显著。

表 8 - 4                                各路径效应分布

| 效应路径 | 第1步效应 | 第2步效应 | 第3步效应 | 间接效应 |
|---|---|---|---|---|
| info-nstaff-csr-hidev | − 0.24 | 0.027 | 0.27 | − 0.0017496 |
| info-age-csr-hidev | 0.53 | − 0.17 | 0.27 | − 0.024327 |
| info-totass-csr-hidev | − 0.11 | 0.28 | 0.27 | − 0.008316 |
| info-dbastrt-csr-hidev | 0.0042 | − 0.63 | 0.27 | − 0.00071442 |
| info-roa-csr-hidev | − 0.14 | 0.33 | 0.27 | − 0.012474 |
| info-stateshrpct-csr-hidev | − 0.18 | 0.022 | 0.27 | − 0.0010692 |
| info-OwnCon5 − csr-hidev | − 0.46 | 0.43 | 0.27 | − 0.053406 |
| 汇总 | | | | − 0.10205622 |

**（二）增加时滞变量作稳健性检验**

尽管本书假设信息技术具有速度效应，可以快速作用于中间变量，促进企业高质量发展，但是也有学者认为信息化对企业研发的传导机制有基本传导机制、非线性传导机制（倒"U"型）及异质传导机制等多种途径，信息技术具有滞后性，消化吸收需要时间（Amable，2010），因此，本书也采用了本期信息技术加上期信息技术作为自变量进行研究，结果稳健。

鉴于企业社会责任的发挥并不是立竿见影的，考虑到企业社会责任具有滞后作用而影响企业的高质量发展，因此，本书增加滞后一期、两期和三期的企业社会责任，将其带入模型，模型的显著性和系数符号没有改变，也表明结果稳健。

（三）更改变量测度做稳健性检验

首先，企业社会责任使用润灵环球公开披露的企业社会责任数据，同样根据企业社会责任大小将其分为"优秀""良好""及格或者合格""不及格或者不合格"，并与深交所考评数的"优秀""良好""及格或者合格""不及格或者不合格"进行配对，用能够配对的数据衡量企业社会责任；其次，信息技术因为投入信息技术产品、培训和引进信息技术人才、更新和维护信息技术而增加了信息投入成本，引入信息技术引进增加了企业销售，改善了企业管理，因此，信息技术使用人均期间费用率衡量有失片面，在稳健性检验中则使用人均营业利润衡量信息技术。通过上面两个变量的重新测度，统计显示显著性和方向没有变化，表明研究结果较为稳健。

# 第五节　进一步研究

前面研究证明了社会责任行为和信息技术的速度效应可以显著作用企业高质量发展战略的实现，也论证了信息技术影响高质量发展的综合效应。信息技术可能通过多途径间接影响企业执行社会责任，最终影响高质量发展战略。鉴于此，本节作了以下思考：一是将运用研究设计中结构方程模型探讨在中国国情下信息技术如何通过其他要素的作用影响企业履行社会责任，实现速度与温度的统一；二是借助深入研究信息技术与企业社会责任作用高质量发展的主次关系，在企业社会责任竞争中，社会责任在中国企业的高质量发展中很可能较信息技术发挥着主因作用。从上面的回归分析和结构方程模型分析中我们也发现，信息技术对社会责任的作用不显著，可能是由于样本选择时间范围太大，没有结合中国文化和中国发展阶段。

## 一、信息技术对企业社会责任的多路径渗透作用研究

图 8 - 2 的结构方程路径图展示了图 8 - 1 结构方程模型各路径结果，可

以发现信息技术对企业社会责任的作用是不显著的，但是信息技术作用企业规模、资产负债率、股权集中度、总资产收益率、国有股比率、员工人数和企业年龄在1%的水平上显著，企业规模、资产负债率、股权集中度、总资产收益率、国有股比率、员工人数和企业年龄作用企业社会责任在1%的水平上显著，说明信息技术快速渗透各要素，提高各要素履行社会责任能力，促进企业高质量发展，各路径的详细效应见表8－4。

## 二、反腐败背景下的企业社会责任作用效果研究

党的十八大以来，我国加大了反腐败力度，考察2014年前后企业社会责任和信息技术的变化更有利于发掘企业社会责任和信息技术在中国的发展特色，表8－5展示了2014年前后各变量的差异情况，从表8－5中发现，企业高质量发展水平、社会责任、信息技术、企业年龄、资产规模、资产负债率、国有股比率和股权集中度都在1%的水平上呈现显著差异。

表8－5                  2014 年前后各变量均值差异的 t 检验

| 变量名称 | 2014 年及以前 | Median1 | 2014 年以后 | Median2 | t 检验 |
|---|---|---|---|---|---|
| hidev | 3 791 | 8.125 | 2 543 | 7.984 | 26.019 *** |
| csr | 3 791 | 18.93 | 2 543 | 19.83 | 12.622 *** |
| info | 3 791 | 0 | 2 543 | 0 | 10.597 *** |
| nstaff | 3 791 | 7.671 | 2 543 | 7.655 | 0.199 |
| age | 3 791 | 17 | 2 543 | 14 | 225.351 *** |
| totass | 3 791 | 22.252 | 2 543 | 21.817 | 190.878 ** |
| dbastrt | 3 791 | 47.614 | 2 543 | 49.574 | 13.062 *** |
| roa | 3 783 | 5.61 | 2 537 | 5.91 | 2.387 |
| stateshrpct | 3 791 | 0 | 2 543 | 0.003 | 29.274 *** |
| OwnCon5 | 3 791 | 0.499 | 2 543 | 0.513 | 9.619 *** |

注：**、***分别表示在5%、1%的水平上显著。

表8－6展示了2014年前后高质量发展与企业社会责任和信息技术的关系，其中表8－6中（1）列、（2）列、（3）列是2014年前的回归结果，（4）列、（5）列、（6）列是2014年后的回归结果。从表8－6中可以看出，2014年前企业社会责任对高质量发展的影响不显著，2014年后企业社会责

任对高质量发展的影响在 1% 的水平上显著，体现了反腐败对企业社会责任
的导向作用，反腐败后企业更加注重企业社会责任促进企业高质量发展。从
信息技术看，2014 年前的影响系数是 – 47.0202，在 1% 的水平上显著；
2014 年后是 – 37.9291，在 1% 的水平上显著，影响系数下降，说明反腐败
促进了企业培养正确的价值取向，从片面追求信息技术对企业的作用转向依
靠社会责任为主，以人为本，兼顾信息技术，促进企业高质量发展。

表 8 – 6                      2014 年前后回归结果

| 项目 | （1） | （2） | （3） | （4） | （5） | （6） |
|---|---|---|---|---|---|---|
| csr | 0.0011<br>（1.3852） | | 0.0010<br>（1.2527） | 0.0038 ***<br>（4.2738） | | 0.0038 ***<br>（4.2487） |
| info | | – 47.0202 ***<br>（ – 2.2403） | – 46.9167 **<br>（ – 2.2270） | | – 37.9291 ***<br>（ – 3.3799） | – 38.1233 ***<br>（ – 3.3813） |
| age | 0.0010<br>（0.4386） | 0.0033<br>（1.4134） | 0.0032<br>（1.3747） | 0.0006<br>（0.2922） | 0.0015<br>（0.7643） | 0.0012<br>（0.6271） |
| totass | 0.4447 ***<br>（25.2235） | 0.4483 ***<br>（27.3212） | 0.4413 ***<br>（25.3491） | 0.5084 ***<br>（30.8801） | 0.5242 ***<br>（33.9455） | 0.5090 ***<br>（31.7367） |
| dbastrt | 0.0100 ***<br>（10.7910） | 0.0100 ***<br>（10.8589） | 0.0101 ***<br>（10.9874） | 0.0081 ***<br>（10.2675） | 0.0079 ***<br>（10.1113） | 0.0082 ***<br>（10.4275） |
| roa | 0.0099 ***<br>（7.9830） | 0.0099 ***<br>（8.5387） | 0.0095 ***<br>（7.7954） | 0.0046 ***<br>（5.0605） | 0.0049 ***<br>（5.5758） | 0.0040 ***<br>（4.3225） |
| stateshrpct | – 0.0047 ***<br>（ – 4.6581） | – 0.0052 ***<br>（ – 4.9760） | – 0.0051 ***<br>（ – 4.9390） | – 0.0073 ***<br>（ – 5.1233） | – 0.0076 ***<br>（ – 5.2098） | – 0.0076 ***<br>（ – 5.2179） |
| OwnCon5 | | 0.2248 **<br>（2.5480） | 0.2221 **<br>（2.5053） | | 0.1399 *<br>（1.7872） | 0.1246<br>（1.5843） |
| 常数 | – 3.3596 ***<br>（ – 10.8621） | – 3.4277 ***<br>（ – 11.8959） | – 3.2991 ***<br>（ – 10.6125） | – 4.3926 ***<br>（ – 15.1077） | – 4.5941 ***<br>（ – 16.3154） | – 4.3298 ***<br>（ – 14.8392） |
| N | 2 537 | 2 537 | 2 537 | 3 783 | 3 783 | 3 783 |
| adj. $R^2$ | 0.5537 | 0.5608 | 0.5609 | 0.5494 | 0.5531 | 0.5554 |

注：*、**、*** 分别表示在 10%、5%、1% 的水平上显著。

# 第六节　研究结论与建议

企业社会责任、信息技术和高质量发展是当今企业发展中不可回避的理论问题和实践问题。特别在信息技术不断发展的今天，要求企业自觉走高质量发展之路，积极承担社会责任。尽管理论界和实务界有研究高质量发展和社会责任的关系，但是都停留在有影响和没有影响的层面上研究，缺乏系统的研究，而且没有文献把企业社会责任、信息技术和企业高质量发展结合起来进行研究。本书研究企业社会责任、信息技术对企业高质量发展的影响，并探讨在信息技术框架下，企业社会责任对企业高质量发展的作用机制。研究发现，企业社会责任和信息技术对促进企业高质量有显著的影响：一是在企业社会责任实践中，社会责任力度越大，越有利于企业的高质量发展；二是企业的信息技术增强了企业履行社会责任的能力，促进了企业的高质量发展。进一步研究发现，社会责任在中国企业的高质量发展中较信息技术发挥着主因作用，在理论成果上丰富了社会责任和企业高质量的关系研究。

基于本书的研究结果，我们可以从企业社会责任和信息技术两个角度提出如下建议，促进企业高质量发展。首先，企业要加大社会责任战略管理和社会责任投资，预防社会责任盲目竞争和过度营销，积极履行企业社会责任，增强企业的品牌价值性和环境适应性，帮助企业应对复杂多变的外部环境风险，为企业高质量发展创造外部基础；其次，充分运用信息技术，加快推进发展数字"新基建"，开发培育数字经济新模式新业态，推进传统制造业数字化转型升级，打造现代产业智能治理体系，培育信息技术应用良性生态，让信息技术帮助企业各要素优化配置，实现要素的倍增效应。这样不仅可以让信息技术成为企业的竞争力，而且可以用社会责任形成企业的凝聚力培育经济高质量发展的新动能。

# 第三部分

# 审计治理

| 第九章 |

# 会计信息质量治理

## 第一节　引　言

　　提高会计信息质量是保护投资者利益和维护证券市场健康运行的重要抓手，证券监管部门通过建立制度规范信息披露，对部分信息进行强制性披露，对违反披露原则和虚假披露的行为进行严厉打击。深圳证券交易所多次修订《深圳证券交易所上市公司信息披露工作考核办法》，以提高本所上市公司信息披露水平，推动提高上市公司质量，并且分年对在本所上市的公司的信息披露工作开展考核评级，从高到低划分为 A、B、C、D 四个等级。上海证券交易所制定了《上市公司信息披露管理办法》，要求信息披露义务人应当及时依法履行信息披露义务，披露的信息应当真实、准确、完整，简明清晰、通俗易懂，不得有虚假记载、误导性陈述或者重大遗漏。《公司法》第一百六十四条也明确要求公司应当每个年度终了编制财务会计报告，并依法经会计师事务所审计。在信息披露监管和强制性年度审计的双重保险中，我国上市公司信息质量得到了稳步提高，投资者权益的保护基本能够实现。但是近年来，我国上市公司也出现了如獐子岛、绿大地、乐视网、康得新、康美药业、康尼机电、宜华生活、永煤控股等公司的财务造假，而且问题严重，审计并没有发现和披露这些企业的虚假财务行为，由此上市公司的会计信息质量和审计质量再次引起了实务界和理论界的关注。根据经典的审计理论，审计能够提高企业会计信息的质量，为会计信息的真实性和完整性提供第三方鉴证，审计师本着独立、客观、公正的审计职业道德，运用专业知识，为企业信息披露质量的完善提供导向作用。一方面，审计作为一项重要的外部治理安排，需要对被审计企业的内部治理和管理活动存在的风险进行合理指导，为企业管理决策提供指导建议。另一方面，审计师应该对审计过程中发现的问题本着独立、客观和公正的原则，向社会如实报告。从审计失败的案例看，这些审计失败存在于合作多年的著名的会计师事务所之中，因此，审计专业能力和风险规避措施在理论上是能够预防审计失败的，于是学者们开始从审计独立性角度探讨审计失败的原因，以及审计独立性与会计信息质量之间的关系。

从文献梳理看，直接研究审计独立性和会计信息质量的关系文献不多，研究者主要从怎么提高审计独立性角度和影响审计独立性的因素角度研究他们之间的关系。袁园等（2005）从代理理论和会计规则制定权合约安排角度提出了强化注册会计师民事法律责任的制度约束和逐步取消有限责任的事务所组织形式以提高审计独立性的对策。影响审计独立性因素的研究相对比较多，部分学者认为提供非审计服务会影响审计的独立性，间接影响会计信息质量，如杜赫等（Duh et al.，2009）采用非审计费用比率作为非审计服务的代理变量认为非审计服务会影响审计的独立性，但是采用非审计费用作为非审计服务的代理变量作稳健性检验时结果不显著。部分学者认为提供加强会计师事务所制度创新能提高审计的独立性，间接影响会计信息质量，波利赫罗尼斯等（Polychronidou et al.，2020）以希腊的会计师事务所为样本，发现强制轮换会计师事务所和审计师将增加审计师的独立性和对被审计公司管理层的抵制，提高了审计质量，有利于提高会计系信息的稳健性。也有学者研究了衡量审计独立性的指标选择，拉杰戈帕尔等（Rajgopal et al.，2021）认为审计质量指标的预测能力取决于研究人员感兴趣的环境和在调查环境中假设的具体审计缺陷，并指出与审计独立性相关的未来研究可以考虑使用财务重述和审计费用与总费用的比率作为审计质量的代理。

会计信息是企业财务成果的体现，其实现过程主要是通过企业内部的管理契约博弈的结果，在被审计之前已经是既定的成果。一旦企业聘请审计师对被企业的财务报告进行审计，审计师的建议是否采纳和严格执行均受被审计单位的制约，审计独立性并不能够强行要求企业按照审计师的要求作用于会计报告。以往的研究审计独立性采用全部样本进行分析，忽视了被审计单位是否愿意和有能力按照审计意见的要求进行整改，如杜兴强（2018）选择的是以2001~2010年中国上市公司为样本研究国审计市场存在一些公司为其审计师提供殷勤款待的现象，没有对样本进行细分。

鉴于此，本书将以存在企业内部控制缺陷的上市公司为样本，分析审计独立性是否可以弥补企业内部控制的一些不足，间接提高会计信息质量。因此，本书选择财务重述的公司为样本进行研究，基于以下原因：一是财务重述分为补充性重述和更正性重述，企业发生财务重述说明企业财务报告存在不足，间接反映了企业内部控制存在缺陷，因此，财务重述的视角更能反映审计独立性对缺陷内部控制的外围防线功能，增加了研究的针对性；二是企业内部控制和外部审计是企业治理的两道防线，本书更直接地把外部治理和内部治理纳入统一框架，并针对统一目标进行研究，使研究结果更为稳健；三是研究审计独立性和会计信息质量的实证研究文献不多，本书基于财务重述的视角，从内部控制角度研究外部审计对企业的作用，将丰富会计信息披露的理论成果，同时对上市公司企业管理有一定的启发意义。

## 第二节　理论分析

### 一、审计独立性对会计信息质量的影响

审计独立性是审计师的灵魂，保持审计独立性可以有效预防职业审计师在作出审计判断、运用审计理论、作出审计结论、要求审计整改、执行审计检查、汇报审计事项时保持应有的职业谨慎，做到独立、客观与公正。一方面，审计师保持形式上的独立性，可以帮助审计师独立自主地收集审计证据、遵循审计职业道德和法律法规的要求，不受制于外部环境的压力，做到审计专业水准全面发挥；另一方面，审计师保持实质性的独立，与被审计单位不存在任何经济、政治和其他方面的利益关系，有利于审计师在执行审计业务中做到各审计程序执行的效果和客观程度有重要保障。因此，在其他条件一定的情况下，注册会计师审计独立性越强，审计质量越高，而高质量的审计又是防止虚假会计信息极为重要的外部手段（袁园等，2005）。

一般认为提高审计独立性有利于会计信息质量的提高，但是研究中也存在反例。阿哈迈迪（Ahmadi，2017）通过比较"四大"会计师事务所和非"四大"会计师事务所对会计信息披露质量的影响，由于"四大"会计师事

务所的独立性高于非"四大"会计师事务所，被"四大"会计师事务所审计过的企业会计信息质量显著高于非"四大"会计师事务所审计过的企业会计信息质量；黄等（Huang et al.，2019）利用 2003～2013 年中国上市公司 15 354 家公司的年度观察数据，检验了中国注册会计师协会披露的会计师事务所等级与审计质量之间的关联，发现由排名较高的会计师事务所审计的客户报告的可自由支配应计利润较低，并且更有可能收到修改后的审计意见；但是张（Zhang，2020）考察了 2000 年前后中国本土会计师事务所合并对审计质量的影响。

从另一个角度来说，损害审计独立性的活动将降低审计质量，并间接影响会计信息披露的质量。侯赛因（Hossain，2013）考察了《公司法经济改革方案 9 号法案》对审计师独立性和审计质量的影响，发现审计师提供的非审计服务（NAS）费用与为陷入财务困境公司发表持续经营意见的倾向之间存在显著的正相关关系，异常 NAS 费用与为陷入财务困境公司发表持续经营意见的倾向显著负相关。卡尔西诺（Carcello，2019）在非审计费用是否与商誉减值决策结果相关的研究中发现，在商誉可能受损的环境中，客户支付的非审计费用与减值的可能性成反比，非审计费用和审计师独立性之间的负相关是由最有动力对审计师施加影响的客户驱动的。杜兴强（2016）实证检验了殷勤款待对审计独立性的影响，发现殷勤款待显著降低了审计师出具非标审计意见的概率，为降低审计独立性研究提供了新的视角。

基于以上分析，提出如下假设。

假设 9 - 1a：审计独立性越强，越能提高被审计单位的会计信息质量。

假设 9 - 1b：审计独立性越差，导致被审计单位披露的会计信息质量越差。

## 二、审计独立性影响会计信息质量的机理

根据委托代理理论，委托人对受托人的工作需要第三方的监督和公正，以便于客观评价受托人的受托责任履行情况。由于现实中会计系统是在受托者的控制下运行的，难以客观、公正，有时甚至提供虚假会计信息欺骗委托人，审计作为第三方，独立性的审计活动不会被委托方或者受托方行为所制约，这也是审计能够被社会公众认可的基本原因，埃尔沙迪等（Elshandidy et al.，2021）回顾 2003～2018 年有关审计独立监督的文献发现，独立性较

高的审计监督有利于企业增加已发布信息的可信度来增强资本市场，但是由此会导致审计费用有所增加，审计客户的非审计费用却大幅下降。因此，审计扮演着企业内部契约活动的监督者角色。

一方面，在审计中保持审计的独立性，可以完善企业内部控制，为企业提高会计信息质量提供内控保障。在审计中，审计师会在执行实质性测试之前进行控制测试，对被审计单位的内部控制建设情况作出初步评价，能够针对内部控制建设的缺陷提出改进意见，监督和帮助企业改善内部控制。通过文献梳理，学者们通过审计收费或者审计师声誉代替审计独立性，海伊（Hay，2010）的研究发现内部审计、公司治理和所有权集中度都与审计费用呈正相关，反驳了内部控制可以替代外部审计的观点；于（Yu，2020）调查审计费用和审计师对内部控制的意见是否与外部提交给监管机构的举报指控有关，发现受到举报指控的公司的审计费用明显较高，而且审计师更有可能对内部控制发表负面意见；博桑科（Boskou，G et al.，2021）发现内部控制和公司治理披露对外部审计师发表的审计意见类型有影响，未经修改的意见中包括的问题的数量和问题的段落更受外部审计师发表的审计意见类型的影响；孙米克等（Sun et al.，2018）发现随着韩国非审计费用的增加，审计师的独立性仅在低绩效审计客户中降低；方红星等（2016）发现高质量的会计师事务所面临自身声誉机制和上市公司的双重压力，会促使其提升审计努力程度，进而增加审计成本，提高内部控制审计收费。

另一方面，提高审计独立性可以降低企业内部的委托代理成本，从委托代理角度预防管理层操纵会计信息，反之相反。审计师保持高的审计独立性可以有效预防审计意见购买行为，规避客户公司与审计师之间的串通、合谋，预防管理者财务操纵等盈余管理行为，进而影响会计信息质量。都等（Du et al.，2021）以首席执行官和签约审计师（HCCA）之间乡情关系为研究资料，考察 HCCA 对上市前盈余管理（由任意应计项目代理）的影响，发现家乡情结导致 CEO 和签约审计师之间的共谋，并最终导致上市前盈余管理；崔万万等（Choi et al.，2008）认为如果现任审计师提供税务服务损害了审计师的独立性，公司可能会实施更大的盈余管理（审计独立性效应）；侯其曼等（Houqe M N et al.，2017）的研究结果表明，雇用高质量审计师的公司具有较低的盈余管理程度和较低的权益资本成本。

基于以上分析，提出如下假设。

假设 9 - 2：在较高的内部控制水平和低的委托代理成本下，高的审计独立性更能实现高质量的会计信息质量。

# 第三节  数据与模型

## 一、数据来源

考虑在 2007 年我国执行了新企业会计准则，本书选择了中国境内 A 股主板上市公司 2008～2018 年的数据，并对数据进行了如下方式处理：剔除了金融企业的样本；剔除了 ST 和 *ST 企业的样本；剔除了相关变量缺失的观测；为了排除异常值的影响，本书对模型中的主要连续变量进行了上下 1% 水平上的 winsor 处理，最后得到个 6 885 个观测值。本书中的财务重述数据、计算审计独立性的财务数据和其他控制样本数据均来自 CS-MAR 数据库和 Wind 数据库，企业内部控制制度指数数据来自迪博数据库。

## 二、模型设置

本书参考范等（Fan et al., 2002）和黎来芳等（2018）研究会计信息质量的做法，构建模型如下：

$$da_{i,t} = a_0 + a_1 \times maos_{i,t} + a_2 \times \sum control_{i,t} + a_3 \times industry + a_4 \times year + \varepsilon_{i,t}$$
$$(9-1)$$

本书主要采用上述模型衡量审计独立性对会计信息质量的影响，其中，i 和 t 分别代表第 i 只股票和第 t 年，$da_{i,t}$ 代表会计信息质量，$maos_{i,t}$ 代表审计独立性，$control_{i,t}$ 代表本文选取的控制变量，industry 代表行业哑变量，year 代表年度哑变量，$\varepsilon_{i,t}$ 代表回归残差值。

为了考察中间变量的影响，本书构建了以下模型：

$$Inmedia_{i,t} = b_0 + b_1 \times maos_{i,t} + b_2 \times \sum control_{i,t} + b_3 \times industry + b_4$$
$$\times year + \varepsilon_{i,t} \qquad (9-2)$$

$$da_{i,t} = c_0 + c_1 \times maos_{i,t} + c_2 \times Inmedia_{i,t} + c_3 \times Inmedia_{i,t} \times maos_{i,t} + c_4$$
$$\times \sum control_{i,t} + c_5 \times industry + c_6 \times year + \varepsilon_{i,t} \qquad (9-3)$$

如果 $b_1$、$c_1$、$c_3$ 都显著，表明中介效应存在，否则不存在中介效应。

## 三、变量定义

### （一）被解释变量（da_{i,t}）

参考范等（Fan et al. ，2002）和黎来芳等（2018）的方法并采用修正Jones 计量模型，分年度和行业回归计算盈余管理值，把盈余管理值作为会计信息质量的代理变量值。

### （二）解释变量（maos）

参考古丽等（Gul et al. ，2013）的审计报告中的激进法衡量审计独立性。首先计算发表非标准审计报告的概率，非标准审计报告定义为不是标准的审计报告，包括带强制意见段的无保留意见的审计报告。计算公式如下：

$$Prob = d_0 + d_1 \times qr + d_2 \times ar + d_3 \times or + d_4 \times inv + d_5 \times lev + d_6 \times roa + d_7$$
$$\times loss + d_8 \times size + d_9 \times age + d_{10} \times ind + \varepsilon \qquad (9-4)$$

其中，Prob 代表发表非标准审计报告的概率，qr、ar、or、inv、lev、roa、loss、size、age、ind、$\varepsilon$ 分别代表速动比率、应收账款与总资产的比率、其他应收款与总资产的比率、存货与总资产的比率、资产负债率、总资产利润率、亏损哑变量（如果亏损取 1，否则取 0）、总资产的自然对数、上市年限、行业哑变量和残差。

其次，计算审计报告的激进度（aragg）。

Aragg = Prob – opinion

其中 opinion 代表实际的审计报告类型，如果是非标准的审计报告取 1，否则取 0。

最后，计算审计独立性（maos）。

maos = – Aragg

### （三）中介变量（inmedia）

根据本书的假设，选取迪博数据库的内部控制治理水平指数代表企业的内部控制水平；采用管理费用率代表企业的委托代理成本。

### （四）控制变量（control）

本书参考范等（2002）、古丽等（2013）、黎来芳等（2018）和谢德仁等（2018）的做法，选择企业规模（Size）、财务杠杆（Lev）、总资产报酬率（ROA）、国有控股情况（SOE）、上市年限（ListAge）、第1大股东控股率（Top1）、第2到第5大股东累计控股率（Balance）、董事会人数（Board）、独立董事比率（Indep）和是否是"四大"会计师事务所审计（Big4）作为控制变量。企业规模用总资产的自然对数衡量；国有控股情况如果控股取1，否则取0；上市年限采用上市年度加1的自然对数衡量；董事会人数也采用其自然对数衡量；是"四大"会计师事务所审计 Big4 取值为1，否则为0。

# 第四节  实证结果分析

## 一、描述性统计

表9-1列示了主要变量的描述性统计结果。从表9-1中可以看出，有内部控制缺陷的上市公司样本的会计信息质量（da）平均数是0.0154，即样本公司的 da 大于0，表明样本公司整体上存在盈余管理行为；中位数是0.0096，平均数大于中位数，说明大部分样本的会计信息质量偏低，在平均数之下。独立性水平（maos）平均数为 -0.0143 小于0，反映了样本公司整体上独立性较低。内部控制水平（nbkzzs）的标准差是82.3854，最小值是0，最大值是977.72，表明样本公司间内部控制水平差距较大。管理费用率（Mfee）的最小值为0.0074，最大值是0.7660，表明管理费用在各样本公司的差异较大。而公司规模（Size）的平均数是21.8716，中位数是21.7567，标准差是1.0198，表明样本公司规模分布均匀，但是差异也比较明显。其他控制变量的分布情况与本书参考的文献基本一致，说明样本分布较为合理。

表9-1　　　　　　　　　　变量的描述性统计

| 变量名称 | 样本量 | 平均数 | 中位数 | 标准差 | 最小值 | 最大值 |
|---|---|---|---|---|---|---|
| da | 6 885 | 0.0154 | 0.0096 | 0.0996 | -1.1400 | 2.7578 |
| maos | 6 885 | -0.0143 | -0.0130 | 0.0198 | -0.4372 | 0.0571 |
| nbkzzs | 6 885 | 661.2650 | 673.4400 | 82.3854 | 0.0000 | 977.7200 |
| Mfee | 6 885 | 0.1035 | 0.0886 | 0.0742 | 0.0074 | 0.7660 |
| Size | 6 885 | 21.8716 | 21.7567 | 1.0198 | 19.3502 | 26.1858 |

续表

| 变量名称 | 样本量 | 平均数 | 中位数 | 标准差 | 最小值 | 最大值 |
|---|---|---|---|---|---|---|
| Lev | 6 885 | 0. 3768 | 0. 3622 | 0. 1873 | 0. 0274 | 0. 9246 |
| ROA | 6 885 | 0. 0537 | 0. 0442 | 0. 0428 | − 0. 1347 | 0. 2447 |
| SOE | 6 885 | 0. 1984 | 0. 0000 | 0. 3988 | 0. 0000 | 1. 0000 |
| ListAge | 6 885 | 1. 9410 | 1. 9459 | 0. 5581 | 1. 0986 | 3. 2958 |
| Top1 | 6 885 | 0. 3305 | 0. 3092 | 0. 1397 | 0. 0838 | 0. 7584 |
| Balance | 6 885 | 0. 7853 | 0. 6261 | 0. 6147 | 0. 0169 | 2. 9614 |
| Board | 6 875 | 2. 1093 | 2. 1972 | 0. 1913 | 1. 6094 | 2. 7081 |
| Indep | 6 875 | 0. 3755 | 0. 3333 | 0. 0542 | 0. 2500 | 0. 6000 |
| Big4 | 6 885 | 0. 0241 | 0. 0000 | 0. 1534 | 0. 0000 | 1. 0000 |

表 9 - 2 是各变量的相关系数统计表。从表 9 - 2 中看，样本公司的会计信息质量与审计独立性的相关系数是 0. 013，说明独立性越差，会计信息质量越差，与假设 9 - 1 一致，但是统计性不显著，需要进一步研究。从其他变量看，样本公司的会计信息质量与内部控制水平在 5% 的水平上显著，与管理费用率的相关系数的 - 0. 027 在 5% 的水平上显著，与公司规模、资产负债率、总资产收益率、第 2 到第 5 大股东累计控股率正相关并在 1% 的水平上显著；与国有控股情况、上市年限、独立董事比率和是否"四大"会计师事务所审计负相关且显著。初步表明，控制变量选择是有意义的，而且各相关系数大多小于 0. 3，不存在严重的共线性。

## 二、回归分析

为了研究假设 9 - 1，考虑到审计独立性对上市公司会计信息质量影响的滞后性，会计信息质量采用本年度的会计信息质量（DA）、滞后一期的会计信息质量（da1）和滞后两期的会计信息质量（da2）来衡量。为了模型的可靠性，本研究分别采取控制时间、控制行业、控制时间与行业三种形式，具体如表 9 - 3 所示。模型（1）~（3）的会计信息质量用 DA 衡量，模型（4）~（6）的会计信息质量用 da1 衡量，模型（7）~（9）的会计信息质量用 da2 衡量，模型（1）、模型（4）和模型（7）控制时间，模型（2）、模型（5）和模型（8）控制行业，模型（3）、模型（6）和模型（9）同时控制时间和行业。

表 9 - 2

**Pearson 相关系数**

| 变量名称 | da | maos | nbkzzs | Mfee | Size | Lev | ROA | SOE | ListAge | Top1 | Balance | Board | Indep | Big4 |
|---|---|---|---|---|---|---|---|---|---|---|---|---|---|---|
| da | 1 | | | | | | | | | | | | | |
| maos | 0.013 | 1 | | | | | | | | | | | | |
| nbkzzs | 0.031** | 0.117*** | 1 | | | | | | | | | | | |
| Mfee | -0.027** | -0.019 | -0.075*** | 1 | | | | | | | | | | |
| Size | 0.065*** | 0.014 | 0.128*** | -0.320*** | 1 | | | | | | | | | |
| Lev | 0.034** | -0.278*** | 0.01 | -0.373*** | 0.535*** | 1 | | | | | | | | |
| ROA | 0.104*** | 0.418*** | 0.202*** | -0.035*** | -0.049*** | -0.323*** | 1 | | | | | | | |
| SOE | -0.026** | -0.024** | 0.069*** | -0.126*** | 0.254*** | 0.240*** | -0.082*** | 1 | | | | | | |
| ListAge | -0.033 | -0.156*** | -0.040*** | -0.129*** | 0.463*** | 0.300*** | -0.132*** | 0.397*** | 1 | | | | | |
| Top1 | -0.031*** | 0.056*** | 0.081*** | -0.128*** | 0.064*** | 0.085*** | 0.058*** | 0.140*** | -0.068*** | 1 | | | | |
| Balance | 0.036*** | 0.051*** | -0.039*** | 0.102*** | -0.043*** | -0.139*** | 0.036*** | -0.170*** | -0.097*** | -0.711*** | 1 | | | |
| Board | 0.012 | 0.039*** | 0.062*** | -0.106*** | 0.194*** | 0.139*** | 0.016 | 0.245*** | 0.125*** | -0.031** | 0.038*** | 1 | | |
| Indep | -0.020* | -0.039*** | -0.001 | 0.070*** | -0.051*** | -0.031** | -0.027** | -0.095*** | -0.046*** | 0.045*** | -0.041*** | -0.602*** | 1 | |
| Big4 | -0.032*** | 0.036*** | 0.054*** | -0.066*** | 0.224*** | 0.102*** | 0.029** | 0.079*** | 0.112*** | 0.091*** | -0.045*** | 0.050*** | -0.032*** | 1 |

注：*、**、***分别表示在10%、5%、1%的水平上显著。

表 9 - 3

假设 9 - 1 回归结果

| 变量 | (1) DA | (2) DA | (3) DA | (4) da1 | (5) da1 | (6) da1 | (7) da2 | (8) da2 | (9) da2 |
|---|---|---|---|---|---|---|---|---|---|
| maos | -0.2204*** (-3.3321) | -0.2045*** (-3.0784) | -0.2276*** (-3.3643) | 0.1019 (1.2756) | 0.1298 (1.5346) | 0.1016 (1.2010) | -0.1560*** (-2.6140) | -0.1154* (-1.8539) | -0.1554** (-2.4468) |
| Size | 0.0099*** (5.3004) | 0.0089*** (4.4317) | 0.0089*** (4.3656) | 0.0051** (2.5079) | 0.0049** (2.4423) | 0.0049** (2.2592) | 0.0025 (1.4789) | 0.0024 (1.3954) | 0.0028 (1.5859) |
| Lev | 0.0257** (2.1381) | 0.0202* (1.7036) | 0.0203* (1.6688) | -0.0040 (-0.3626) | -0.0065 (-0.6267) | -0.0052 (-0.4767) | -0.0064 (-0.6389) | -0.0052 (-0.4977) | -0.0056 (-0.5265) |
| ROA | 0.3150*** (8.1478) | 0.3113*** (8.2621) | 0.3163*** (8.1358) | 0.0010 (0.0319) | -0.0028 (-0.0874) | 0.0030 (0.0940) | 0.0867*** (2.6360) | 0.0725** (2.2570) | 0.0789** (2.3652) |
| SOE | -0.0027 (-0.7274) | -0.0021 (-0.5569) | -0.0017 (-0.4507) | 0.0056 (1.1705) | 0.0057 (1.1744) | 0.0060 (1.2137) | 0.0016 (0.4787) | 0.0023 (0.6622) | 0.0022 (0.6174) |
| ListAge | -0.0135*** (-3.5490) | -0.0138*** (-3.7208) | -0.0142*** (-3.6696) | -0.0158*** (-4.6561) | -0.0158*** (-4.5613) | -0.0153*** (-4.2537) | -0.0133*** (-4.9533) | -0.0149*** (-5.5992) | -0.0140*** (-5.0726) |
| Top1 | -0.0314** (-2.2225) | -0.0335** (-2.4232) | -0.0330** (-2.3652) | -0.0205 (-1.3648) | -0.0255 (-1.6398) | -0.0237 (-1.5370) | -0.0139 (-0.9996) | -0.0143 (-1.0507) | -0.0121 (-0.8993) |
| Balance | 0.0002 (0.0635) | -0.0005 (-0.1622) | -0.0005 (-0.1530) | -0.0014 (-0.4001) | -0.0021 (-0.5939) | -0.0017 (-0.4773) | 0.0010 (0.3628) | 0.0002 (0.0831) | 0.0010 (0.3500) |

续表

| 变量 | (1)<br>DA | (2)<br>DA | (3)<br>DA | (4)<br>da1 | (5)<br>da1 | (6)<br>da1 | (7)<br>da2 | (8)<br>da2 | (9)<br>da2 |
|---|---|---|---|---|---|---|---|---|---|
| Board | -0.0086<br>(-0.8848) | -0.0072<br>(-0.7438) | -0.0065<br>(-0.6641) | -0.0008<br>(-0.0899) | -0.0010<br>(-0.1178) | -0.0004<br>(-0.0434) | 0.0113<br>(1.3999) | 0.0115<br>(1.4327) | 0.0115<br>(1.4331) |
| Indep | -0.0469*<br>(-1.8324) | -0.0440*<br>(-1.7428) | -0.0435*<br>(-1.7096) | 0.0147<br>(0.5122) | 0.0153<br>(0.5358) | 0.0174<br>(0.6073) | 0.0362<br>(1.3235) | 0.0361<br>(1.3264) | 0.0383<br>(1.4097) |
| Big4 | -0.0316***<br>(-4.1652) | -0.0288***<br>(-3.7014) | -0.0286***<br>(-3.6464) | -0.0129*<br>(-1.7997) | -0.0141**<br>(-1.9662) | -0.0136*<br>(-1.8710) | -0.0053<br>(-0.4577) | -0.0059<br>(-0.5055) | -0.0060<br>(-0.5109) |
| _cons | -0.1392***<br>(-3.9142) | -0.1384***<br>(-3.8188) | -0.1248***<br>(-3.2199) | -0.0572<br>(-1.2122) | -0.0616<br>(-1.3395) | -0.0533<br>(-1.0763) | -0.0660<br>(-1.6242) | -0.0792*<br>(-1.8790) | -0.0986**<br>(-2.3282) |
| 时间 | 控制 | | 控制 | 控制 | | 控制 | 控制 | | 控制 |
| 行业 | 控制 | 控制 | 控制 | | 控制 | 控制 | | 控制 | 控制 |
| N | 6 875 | 6 875 | 6 875 | 6 875 | 6 875 | 6 875 | 6 875 | 6 875 | 6 875 |
| adj. R-sq | 0.0259 | 0.0307 | 0.0306 | 0.0080 | 0.0057 | 0.0087 | 0.0094 | 0.0054 | 0.0098 |

注：*、**、***分别表示在10%、5%、1%的水平上显著。

　　从会计信息质量与审计独立性的关系看，模型（1）~（3）对审计独立性的回归系数分别是 - 0.2204、 - 0.2045、 - 0.2276，均在 1% 的水平上显著，说明审计独立性能够提高当年的会计信息质量，与假设 9 - 1 吻合；模型（4）~（6）对审计独立性的回归系数分别是 0.1019、0.1298、0.1016，表明审计独立性能够降低次年的会计信息质量，但是不显著，可能是随着审计离开，企业对审计的重视程度减弱，由此导致这样的结果；模型（7）~（9）对审计独立性的回归系数分别是 - 0.1560、 - 0.1154、 - 0.1554，在 1% 的水平上显著，说明审计独立性能够提高滞后二期的会计信息质量，与假设 9 - 1 吻合。

　　从控制变量看，会计信息质量与上市公司规模的回归系数为正，在模型（1）~（6）中在 1% 的水平上显著，说明企业规模越大，更容易使得会计信息质量不高，由于本研究选择的样本是内部公司水平不高的公司样本，可能随着企业规模的扩大，管理要求更高，由于管理水平和技术跟不上企业的发展，导致信息质量降低。会计信息质量与财务杠杆的回归系数为正，在模型（1）~（3）分别在 5%、10% 和 10% 的水平上显著，表明财务风险越大，企业的会计信息质量越低，与财务风险的规律反应一致。会计信息质量与公司上市年限的回归系数为负，在模型（1）~（9）中均在 1% 的水平上显著，表明上市时间越长，受市场引导和法律约束的制约越要求提高会计信息质量，以博取股东的支持和企业的发展。

　　从模型总体上看，模型（1）~（3）的决定系数是 0.03，模型（4）~（9）的决定系数分别是 0.01，决定系数都偏低，与参考文献中的研究一样，但是模型均值都在 1% 的水平上显著，说明模型选择是可取的。

　　为了研究假设 9 - 2，本书采用中介效应模型，分别选择内部控制水平（nbkzzs）和管理费用率（Mfee）作为中介变量，回归结果如表 9 - 4 所示。从模型（10）和模型（11）可以看出，内部控制水平对审计独立性的回归系数是 20.7051，在 10% 的水平上显著，说明审计独立性可以提高内部控制质量；会计信息质量对审计独立性的回归系数是 - 0.3360，在 10% 的水平上显著，对审计独立性与内部控制水平的交叉项（mb）的回归系数是 0.1202，也在 5% 的水平上显著，说明在高的内部控制水平下，审计独立性水平越高从而越能提高企业的会计信息质量。从模型（12）和模型（13）可以看出，管理费用率对审计独立性的回归系数是 - 0.2369，在 1% 的水平上显著，说明审计独立性提高可以减低管理费用率，降低企业委托代理成本；会计信息质量对审计独立性的回归系数是 - 0.2879，在 5% 的水平上显著，对审计独立性与管理费用率的交叉项（mm）的回归系数是 0.3728，也在 5% 的水平上显著，说明在低的管理费用率条件下，审计独立性水平越高越能提高企业的会计信息质量。模型回归结果和显著性表明部控制水平（nbkzzs）和管理费用率（Mfee）的中介变量性质存在，验证了假设 9 - 2。

**表 9 - 4　　　　　　假设 9 - 2 回归结果**

| 变量 | (10) nbkzzs | (11) DA | (12) Mfee | (13) DA |
|---|---|---|---|---|
| maos | 20.7051 * (1.7725) | - 0.3360 * ( - 1.8992) | - 0.2369 *** ( - 4.3779) | - 0.2879 ** ( - 2.0469) |
| Size | 19.0995 *** (12.2253) | 0.0089 *** (4.6558) | - 0.0098 *** ( - 8.5717) | 0.0091 *** (4.3941) |
| Lev | - 23.4433 *** ( - 2.9520) | 0.0203 * (1.7056) | - 0.1235 *** ( - 19.2071) | 0.0207 (1.5573) |
| ROA | 344.5462 *** (11.9478) | 0.3088 *** (7.6992) | - 0.2017 *** ( - 9.8613) | 0.3207 *** (8.0715) |
| SOE | 6.4248 ** (2.2713) | - 0.0022 ( - 0.6094) | 0.0002 (0.0750) | - 0.0017 ( - 0.4531) |
| ListAge | - 9.6038 *** ( - 3.6892) | - 0.0137 *** ( - 3.9387) | 0.0047 ** (2.4355) | - 0.0143 *** ( - 3.6718) |
| Top1 | 0.2540 (0.0250) | - 0.0337 ** ( - 2.3965) | - 0.0190 ** ( - 2.4058) | - 0.0326 ** ( - 2.3304) |
| Balance | - 2.4758 ( - 1.0504) | - 0.0005 ( - 0.1676) | 0.0015 (0.7874) | - 0.0005 ( - 0.1455) |
| Board | 7.8799 (1.1418) | - 0.0073 ( - 0.7403) | 0.0037 (0.6581) | - 0.0064 ( - 0.6544) |
| Indep | 50.7668 ** (2.4134) | - 0.0443 * ( - 1.7611) | 0.0681 *** (3.6939) | - 0.0439 * ( - 1.7144) |
| Big4 | 2.6029 (0.2702) | - 0.0289 *** ( - 3.6891) | 0.0108 *** (2.6635) | - 0.0285 *** ( - 3.6435) |
| nbkzzs | | 0.0100 * (1.6299) | | |

| 变量 | (10)<br>nbkzzs | (11)<br>DA | (12)<br>Mfee | (13)<br>DA |
|------|------|------|------|------|
| mb | | 0.1202 **<br>(2.2857) | | |
| Mfee | | | | 0.0202 ***<br>(3.6995) |
| mm | | | | 0.3728 **<br>(2.5669) |
| _cons | 260.6624 ***<br>(7.7704) | − 0.1424 ***<br>(− 3.4841) | 0.3057 ***<br>(11.7038) | − 0.1315 ***<br>(− 3.2616) |
| 行业 | 控制 | 控制 | 控制 | 控制 |
| 年度 | 控制 | 控制 | 控制 | 控制 |
| N | 6 875 | 6 875 | 6 875 | 6 875 |
| adj. R-sq | 0.1259 | 0.0304 | 0.3269 | 0.0303 |

注：*、**、*** 分别表示在10%、5%、1%的水平上显著。

## 三、稳健性检验

1. 采用替代性变量衡量会计信息质量和审计独立性。本书采用蔡春等（2013）和罗伊乔杜里（2006）的计算方法计算真实盈余管理值，并用真实的盈余管理值作为会计信息质量的代理变量；采用客户重要性衡量审计独立性，客户重要性使用客户年度审计费用占事务所全年度审计费用的比率衡量，比率越大说明客户越重要，审计越不独立。重新测试显示，上述检验结果与之前的研究结论没有实质性差异，表明结果稳健。

2. 考虑到控制变量很多不显著，增加更多的控制变量对模型（1）~（12）进行重新运算，结构与前面研究没有实质性差异，表明结果稳健。

3. 根据会计信息质量水平（da）的大小，按照 da 的中位数，把样本平均分为两个部分，分别按照模型（1）~（12）进行回归，系数方向和显著性均没有发生变化，表明结果稳健。

4. 内生性检验。一是考虑到会计信息质量与内部控制存在互为因果关系，导致研究存在内生性影响研究结果，因此，本书在回归中增加会计信息质量滞后一期作为控制变量，回归后结果没有发生改变。二是考虑到样本选择存在自选性偏误，采用深交所考评数据作为工具变量，因为深交所考评是由第三方执行并公布结果，因此，深交所考评数据与会计信息质量无关，但是深交所考评数据会影响审计的独立性。通过工具变量回归，研究结果没有发生改变，表明结果稳健。

# 第五节　结论与建议

提高会计信息质量是实务界的永恒追求，也是理论界不断深入研究的话题，更高的会计信息质量可以有效地保护投资者，更有利于决策者进行有效决策。尽管理论界和实务界重视外部审计、内部治理和政府监管对提高会计信息质量的作用，但是随着审计失败的不断出现，外部审计被质疑，审计独立性被质疑。部分学者们研究审计独立性忽视了审计独立性的外因条件，因为它必须通过企业内因才能发挥作用，有学者研究审计独立性站在内因不是很好的样本角度进行研究，导致研究审计独立性的结论不够稳健。

鉴于此，本书以 2008～2018 年发生财务重述的深交所上市公司为样本，基于内部控制缺陷的视角研究了上市公司审计独立性与会计信息质量的关系。研究结果表明，审计独立性的提高能够使得上市公司的会计信息质量得到提高，在较高的内部控制水平的企业和代理成本较低的企业中，审计独立性对会计信息质量的影响更明显，建议企业完善内部控制和公司治理结构，降低委托代理矛盾，通过聘请高独立性的外部审计提高企业的会计信息质量。一方面，以优化内部控制为抓手，积极改善内部控制运行环境、运用"大智移云区"等先进技术手段进行风险评估和赋能控制管理活动，科学布局监督活动地图，做到监督的"准、狠、快"、指导协调企业各部门落实行动反馈过程和改善理念，为企业形成高质量的会计信息奠定内部保障基础；另一方面，以高质量的审计为契机，弥补企业自身管理的不足，通过高质量的审计，发现企业运行的潜在风险，不断完善管理，加强控制，开放交流合作，为企业高质量发展护航，为企业高质量会计信息增效。

| 第十章 |

# 社会责任治理

## 第一节　问题的提出

会计信息披露与披露信息的公允性保证是资本市场健康运行的基础，会计的基本原则要求披露的会计信息满足相关性、及时性，并保证会计披露信息内容的真实性和完整性。鉴于会计信息来源于企业自己对自己的披露，隐藏不光彩信息的披露符合经济人假设，利益相关者相信企业也并不能保障披露的信息一定真实、完整，第三方对信息的鉴证成为企业披露信息是否可以被相关者使用的重要保障。审计机构作为第三方的主要代表，频繁发生审计失败、信息造假没有得到及时披露和配合被审计方造假，引发社会对企业会计信息和审计鉴证保证信息的真实性和可靠性失去了信心，信用危机一触即发。2019 年 4 月 30 日，康美药业的财务造假案被公示，再一次把会计信息和审计服务推上信用危机的风口，认真研究康美药业财务造假案，分析审计失败的原因，梳理康美药业企业和审计机构的信息，我们有了以下怀疑。

（1）康美药业作为民营医药重量级企业，具有良好的知名度和美誉度，在社会中具有良好的口碑，也勇于承担社会责任，为什么冒天下之大不韪而财务造假，一扫知名度和美誉度，企业一定做过成本与利润分析。

（2）康美药业作为品牌企业，在资金投入、人才支持和社会支援等方面，有能力披露真实和完整的信息，这些会计人员、会计负责人员和企业相关人员能够早就发现财务造假，为什么没有站出来及时纠正错误的和具有欺骗性的会计信息。

（3）审计服务者是正中珠江会计师事务所，它是审计大所，完全有能力规避检查风险，但是它没有在虚假信息面前亮剑，反而成为虚假信息的保护伞，审计独立性何在？

　　基于以上问题的怀疑，单纯地从审计方出发研究提高审计质量是片面的，审计质量是审计方和被审计方共同作用的结果。美国注册会计师协会（2020）讨论了2018年政府会计准则对独立性、胜任力和继续专业教育指导的重大变化发现，审计师拥有可能的保障措施，审计机构可以应用这些保障措施来消除对独立性的重大威胁，或将其降低到可接受的水平；谢获宝等（2018）以污点审计师审计质量的实证发现受罚审计师在受罚前审计质量较差，更多是源于独立性的缺失，而不是专业胜任能力不足；这些观点都从审计供给方角度排除了影响审计独立性的可能性。当今社会处于知识经济社会，审计方和被审计方的专业技术能力不值得怀疑，社会要求提供更加真实和完整的会计信息的目标没有改变，但是审计机构通过正确的审计行为、运用正确的审计方法、坚持独立客观公正的审计态度，却在被审计单位的作用函数中，得出了审计失败的结果。因此，研究被审计单位的作用函数，打开函数里面的"黑匣子"，重新审视审计独立性在理论界和实务界有重要意义。沿此思路，本书从审计购买方角度探讨影响审计独立性的自律和他律因素，从上述的怀疑中抽象出企业社会责任履行情况、企业内部治理水平和正能量的社会关注三个主要因素，研究企业社会责任、内部治理水平和社会关注对审计独立性的影响，从需求角度重新审视审计独立性，以期望在更加公平、公正和公开的方式中保护企业和外部审计机构的合法利益作出理论和经验贡献。

## 第二节　理论分析与研究假设

### 一、企业治理与审计独立性

　　一方面，信号传递理论表明有"好消息"和占优势的企业会向市场传递本企业的优势信号以区别于其他企业，健全的治理必然向审计师传递希望高质量的审计信息的需求，因此，企业治理能力能够影响审计独立性；另一方面，中国的发展已经由经济发展步入经济社会全面的高质量发展阶段，必然引导企业自觉加强治理能力和水平建设，引导审计师提供独立、客观、公正的审计信息，提高审计质量，帮助企业完善治理，促进企业高质量发展。

　　因此，审计质量是审计研究的重点内容，审计独立性是保障审计质量的重要环节，部分学者研究了审计独立性程度与审计质量之间的关系，一致认为审计独立性显著影响审计质量，尽管研究机理不同。罗文姬等（Causholli M et al.，2014）认为审计机关为被审计单位提供非审计服务会降低审计的独立性，致使审计质量降低；艾玛德等（AidaHazlinIsmail et al.，2019）探究了审计师独立性、专业胜任能力与工作负荷对于公共部门审计质量的影响，发现审计师的独立性和专业胜任能力对审计质量存在着显著的正向影响，阿兰德（AlanderGE，2019）梳理审计独立性文献发现审计费用会因独立审计条例的附加要求而增加，但来自审计客户的非审计费用却大幅减少，审计机构可能为了与顾客保持好的合作关系而向削弱审计独立性一方倾斜。但是有些学者提出了相反的观点。如扎查里等（ZacharyT et al.，2018）发现在审计师是否提供咨询服务有显著的审计质量差异，但审计质量的高低与管理层的态度相关，间接反映审计独立性影响审计质量；李惠胜等（HyeSeung Lee et al.，2019）的研究结果揭示了审计合伙人的特征与审计质量有显著的关系，因为审计费用正相关更有经验的审计合伙人；路易斯安（LSBhaskar，2019）以审计合伙人和高级经理为实验对象发现，审计前发表盈余公告影响了审计师的判断，给审计师造成实现盈余公告一致的压力，但是压力的大小与审计委员会同审计师的沟通态度有关。张俊生等（2017）指出上市公司如果不披露审计费用可能会有损审计独立性；袁德利等（2018）发现会计师和 CEO 的同音关系有损审计质量，同音关系增加会计师和 CEO 的相互同情和理解，有意对非标准的会计信息发表有利上市公司的结论，削弱审计质量；张立民等（2017）认为公司治理水平与财务困境类上市公司所出具持续经营审计意见的概率显著负相关，然而高质量的公司治理水平相反。基于以上的理论分析，提出如下假设。

假设 10 - 1：企业内部治理水平能影响审计独立性。

## 二、社会关注与审计独立性

部分学者研究了审计独立性受企业的社会关注度和评价内容的影响。安娜托马森（AnnaThomasson，2018）针对瑞典地方当局内部审计过程的研究发现，如果审计过程的任何部分受到政治因素影响，审计独立性会被打折扣，审计的可信性和内部审计职能存在威胁可能性。吴东辉等（DonghuiWu et al.，2020）以富豪榜前 200 位的富豪们企业家所管理的公司为样本，对比发现，在登上富豪榜后，审计师会对被审计单位发表更严格的审计意见和收取更高的审计费用。刘柏等（2020）指出媒体关注有效改善企业外部治理，加强信息流动，增加信息透明度，引导媒体关注对于转轨经济背景下中国的资本市场发展具有启示意义。张微微等（2019）进一步指出，媒体的外部监督作用会显著降低上市公司权益资本成本，因为投资者可以获得更便捷、更全面的信息，进而权益得到了有效保护。然而，媒体关注是把双刃剑，被关注企业变脸常有发生，莫冬燕等（2020）以 2013~2016 年深沪两市 A 股上市公司为研究样本发现，媒体关注在一定程度上增加了审计师的审计风险，进而推高了内部控制审计定价，而且这种影响主要是由审计师收取高额审计风险溢价所致。以康美药业为例，2019 年，康美药业获得"2019 年度广东省医药行业名牌产品""2019 广东省百强民营企业""2019 年度《财富》中国 500 强企业""2019 年度广东省医药行业名牌产品"等多种荣誉，同是 2019 年，康美药业被报道存在严重财务舞弊，作为与被审计单位紧密捆绑的审计机构与之一损俱损和一荣俱荣，审计机构对待高关注企业会投入更多的审计资源，因此媒体的负面报道与正面报道都会提高审计质量。因为媒体关注是社会关注的一个分子，于是提出如下假设。

假设 10 - 2：社会关注度显著提高审计独立性。

## 三、企业社会责任与审计独立性

企业披露社会责任信息，是企业有意愿向社会沟通的表现。根据信息不对称理论，企业发布社会责任信息报告，社会多了一条途径间接了解企业的发展方向、内部治理情况和希望接受外界监督的意愿。因此，审计师可以辩证运用企业发布的社会责任报告和社会责任行为和信息，改善审计活动。玛索等（Maso et al., 2020）提出企业社会责任履行情况可以为审计师提供有价值的信息，帮助审计师发表更高质量的审计意见；德韦卡塔等（Dwekat et al., 2020）运用模糊集定性比较分析揭示了企业社会责任披露与审计独立性和其他董事会特征（独立性、性别、规模、活动和首席执行官双重性）存在显著的相关性；温迟等（Wen-Chi et al., 2017）认为企业社会责任评级较高的公司更可能聘请行业专家审计师，与确保高质量财务报告符合社会期望的公司有关。由于 CSR 实践与企业声誉及品牌管理关系紧密（邓理峰等，2021），企业声誉及品牌管理受企业利益动机的影响，因此，企业披露社会责任的动机决定企业对审计师的选择。有学者认为企业承担社会责任能显著降低高管内幕交易获利性，在企业信息不透明和高管个人声誉较差的情况下，抑制作用更为显著，提高企业的内部治理水平，降低外部审计风险，增强审计的独立性，但是也有研究发现，企业社会责任是企业缓解自身压力的工具，企业社会责任具备"累积效应"和"保险效应"，减少外界对企业的冲击，这种"累积效应"和"保险效应"容易导致企业披露"好消息"而封闭"坏消息"，成为信息屏障，为审计师与企业建立合作关系形成天然保护，将影响审计独立性，同时增加审计风险。于是提出如下假设。

假设 10-3：企业社会责任影响审计独立性。

# 第三节　研究设计

## 一、模型选择

基于以上的理论分析，审计独立性可能与企业内部治理水平、社会关注度和企业社会责任存在一定的关系。而社会关注是外界治理的一种形式，体现外部监督，外部监督可能对企业内部治理发生作用，陈泽艺等（2019）指出，媒体关注对内部控制缺陷修正的影响，有可能使得企业内部治理通过社会关注度的中介作用影响审计独立性。而企业社会责任，一方面受社会关注影响，另一方面也受企业内部治理的影响，如杨广青等（2020）的研究发现，企业原本倾向于披露非财务类环境信息，但在媒体关注的治理作用下，企业更侧重于披露财务类环境信息；徐召红等（2018）指出，履行社会责任是企业提升管理水平和打造竞争优势的重要手段，能够促进企业良性发展；许英杰等（2018）的研究也证明了"独立董事比例越高、监事会规模越大、前三名高管薪酬总额越高，企业社会责任能力成熟度越高"。因此，企业社会责任通过社会关注度和企业内部治理的中介作用影响审计独立性。借鉴张等（1993），蔡春等（2005），陆正飞（2012）的做法，本书建立如下模型：

$$da_{i,t} = a_0 + a_1 \times nbkzzs_{i,t} + a_2 \times dengji_{i,t} + a_3 \times shehuizeren_{i,t} + a_4 \times nbkzzs_{i,t}$$
$$\times dengji_{i,t} + a_5 \times shehuizeren_{i,t} \times nbkzzs_{i,t} + a_6 \times shehuizeren_{i,t}$$
$$\times dengji_{i,t} + a_7 \times shehuizeren_{i,t} \times nbkzzs_{i,t} \times dengji_{i,t} + a_i$$
$$\times \sum control + a_j \times industry + a_k \times year + \varepsilon_{i,t}$$

其中，$da_{i,t}$、$nbkzzs_{i,t}$、$dengji_{i,t}$、$shehuizeren_{i,t}$、$nbkzzs_{i,t} \times dengji_{i,t}$、$shehuizeren_{i,t} \times nbkzzs_{i,t}$、$shehuizeren_{i,t} \times dengji_{i,t}$、$shehuizeren_{i,t} \times nbkzzs_{i,t} \times dengji_{i,t}$、$\sum control$、industry 和 year 分别代表第 i 只股票第 t 年度的审计独立性、内部治理水平、社会关注度、企业社会责任、社会关注对内部治理的中介效应、内部治理对企业社会责任的中介效应、社会关注对企业社会责任的中介效应、社会关注与内部治理共同对企业社会责任的效应、控制变量、行业和年度，$\varepsilon_{i,t}$ 代表残差项，具体见以下变量定义和解释说明。

## 二、变量定义及解释说明

### (一) 审计独立性

借鉴张等（1993）和蔡春等（2005）的做法，本书选用盈余管理程度代替审计质量，以反映审计独立性程度。关于盈余管理程度本书采用截面修正 Jones 模型计算的操作性应计利润（da）衡量。具体计算方法是：运用截面修正 Jones 模型对样本数据分年度和分行业回归，估计模型参数，根据所估计的参数估计上市公司每年的非操控性应计利润和操控性应计利润，并以操控性应计利润作为应计盈余管理的度量变量，具体计算过程参考德肖等（1995）和黄梅等（2009）。

### (二) 内部治理水平

内部治理是企业内部管理控制变量的集合，单一指标难以客观全面地反映企业的内部治理水平，对于内部治理综合指数的研究已有丰富的成果，如陆正飞（2012）构建了内部控制综合指数，浙江大学发布了《2017 浙江上市公司内部控制指数报告》，厦门大学内部控制课题组发布了中国上市公司内部控制指数，深圳市迪博企业风险管理技术有限公司逐年发布迪博中国上市公司内部控制指数。迪博指数以目标为导向，侧重于对内控有效性的衡量，吻合本书需要运用内部治理实现的目标，因此，本书采用迪博中国上市公司内部控制指数衡量企业的内部控制水平。

### (三) 社会关注度

李培功等（2010）选用六家报道上市公司的报纸披露衡量媒体对上市公司的关注度，也有利用百度新闻搜索平台特定关键词作为媒体关注度的衡量指标。基于现在"互联网＋"报纸的传播速度和内容难以满足社会关注的需要以及衡量的社会关注难以满足面广、权威和可信的特点，本书选用深交所的年度考评数据作为社会关注度，基于以下两个理由：一是深交所是上市公司的监管部门，深交所对上市公司的信息考评具有权威性；二是关注上市公司的公众很在意深交所披露的信息，这些信息具有关注度高、目标群体集中的特点，更具有代表性。

（四）企业社会责任

社会责任评级机构主要有润灵环球和和讯网，和讯网上市公司社会责任报告专业评测体系从股东责任、员工责任、供应商、客户和消费者权益责任、环境责任和社会责任五项考察，各项分别设立二级和三级指标对社会责任进行全面的评价，其中，涉及二级指标 13 个，三级指标 37 个，相比较，和讯网上市公司社会责任指数内容丰富、全面。因此，本书的企业社会责任指数采用和讯网披露的企业社会责任数据。

（五）控制变量

控制变量的选取参考陈等（Chen et al.，2010）的做法，根据本书的研究目的，选取企业可持续增长率、资产负债率、国有股比例和企业总资产作为控制变量，具体定义和计算如表 10 - 1 所示。

表 10 - 1　　　　　　　　　变量说明

| 变量类型 | 变量符号 | 变量名称 | 变量测度 |
| --- | --- | --- | --- |
| 被解释变量 | da1 | 审计独立性 | 采用截面修正 Jones 模型计算的操作性应计利润（da）衡量[①]，da 大于 0，da1 为 1；da 不大于 0，da1 为 0 |
| 自律和他律变量 | nbkzzs | 内部治理水平 | 采用迪博中国上市公司内部控制指数衡量 |
| | dengji | 社会关注度 | 选用深交所的年度考评数据衡量，按照由好到差，依次评分为 5、4、3、2 和 1 |
| | shehuizeren | 企业社会责任 | 采用和讯网披露的企业社会责任指数衡量 |

① Bartov, E., Gul, F. A., Tsui, J. S. L. Discretionary-Accruals Models and Audit Qualification. Journal of Accounting & Economics, 2000 (3).

| 变量类型 | 变量符号 | 变量名称 | 变量测度 |
|---|---|---|---|
| 中介效应变量 | nbkzzs_dengji | 内部治理对社会关注的中介效应 | 社会关注与内部治理的乘积衡量 |
| | shehuizeren_nbkzzs | 内部治理对企业社会责任的中介效应 | 内部治理与企业社会责任的乘积衡量 |
| | shehuizeren_dengji | 社会关注对企业社会责任的中介效应 | 社会关注与企业社会责任的乘积衡量 |
| | shehuizeren_nbkzzs_dengji | 社会关注与内部治理共同对企业社会责任的效应 | 社会关注、内部治理和企业社会责任的乘积衡量 |
| 冲击变量 | roe | 法律风险一 | 参照证券法，参考相关文献，如果净资产收益率（ROE）低于5%取值为1，高于5%取值为0 |
| | cfps | 法律风险二 | 采用每股净现金流量（元/股）来衡量，负数取值为1，非负数取值为0 |
| 控制变量 | susgrrt | 可持续增长率 | 用可持续增长率衡量，可持续增长率 = 股东权益收益率×(1−股利支付率)/[1−股东权益收益率×(1−股利支付率)] |
| | dbastrt | 资产负债率 | 采用总负债与总资产的比值衡量 |
| | stateshrpct | 国有股比例 | 采用国有性质的股权占全部股权的比率衡量 |
| | totass | 企业总资产 | 采用总资产自然对数衡量 |
| 虚拟变量 | $year_{10-18}$ | 年度哑变量 | 9个年度，设置8个哑变量，在本年为1，否则为0 |
| | industry | 行业哑变量 | 属于本行业取值为1，否则为0 |

## 三、描述性统计

表 10 - 2 列示了各变量的描述性统计结果。审计独立性（da）、企业社会责任（shehuizeren）、社会关注度（dengji）和内部治理水平（nbkzzs）的

均值和中位数分别是 0、4.43、2.13、658.11 和 0、3.89、2、674.18，均值和中位数的差异小，数据符合正态分布。但是企业社会责任和内部治理水平的标准差是 4.28 和 94.73，说明这两个指标在选择的样本公司中差别很大，指标差异大的动机值得深入研究，进一步说明本书选择企业社会责任和内部治理水平作为影响审计独立性的主要变量是必要的。控制变量的标准差均大于 1，说明样本异质程度高，需要选择这些指标进行控制，与陈等（2010）的研究一致。由于国家没有对全体公司的社会责任报告进行强制性披露，各个公司披露企业社会责任的动机不一致，而动机的选择受企业内外部环境的冲击，因而样本中企业社会责任差异大，必然与企业内部治理水平和其他控制变量差异大相关。

表 10 - 2    变量的描述性统计

| 变量名称 | 样本量 | 平均数 | 中位数 | 标准差 | 最小值 | 最大值 |
|---|---|---|---|---|---|---|
| da | 10 468.00 | 0.00 | 0.00 | 0.11 | - 2.00 | 2.76 |
| shehuizeren | 10 468.00 | 4.43 | 3.89 | 4.28 | - 15.00 | 30.00 |
| dengji | 10 468.00 | 2.13 | 2.00 | 0.57 | 1.00 | 5.00 |
| nbkzzs | 10 468.00 | 658.11 | 674.18 | 94.73 | 0.00 | 978.95 |
| nbkzzs_dengji | 10 468.00 | 1 414.05 | 1 354.39 | 473.00 | 0.00 | 4 353.35 |
| shehuizeren_nbkzzs | 10 468.00 | 2 952.71 | 2 528.59 | 2 901.38 | - 12 060.00 | 22 564.00 |
| shehuizeren_dengji | 10 468.00 | 10.21 | 8.22 | 11.17 | - 30.00 | 120.00 |
| shehuizeren_nbkzzs_ dengji | 10 468.00 | 6 849.42 | 5 337.41 | 7 908.71 | - 24 120.00 | 90 256.00 |
| susgrrt | 9 552.00 | 8.31 | 5.83 | 22.14 | - 305.60 | 1 529.54 |
| dbastrt | 10 468.00 | 40.35 | 38.77 | 23.71 | 0.71 | 1 008.22 |
| stateshrpct | 10 468.00 | 2.59 | 0.00 | 9.92 | 0.00 | 86.28 |
| totass | 10 468.00 | 21.93 | 21.80 | 1.08 | 16.12 | 26.77 |

为进一步研究变量差异程度，本书按照独立性程度把样本分为独立性程度大于 0 的组（da1 = 1）和独立性程度不大于 0 的组（da1 = 0），表 10 - 3 列示了分组后各变量的均值 T 检验结果。从表 10 - 3 中可以看出，内部控制在两组中差别在 1% 的水平上显著，说明企业内部治理水平直接对审计独立性作用，其他变量不显著，说明其他变量作用于审计独立性的路径不明显，

或者由于企业社会责任、公众关注没有引起投资者的注意，表现无差异，具体原因需要具体研究。

表 10 - 3                                    均值差异的 t 检验

| 变量名称 | da1 不大于 0 组 | | da1 大于 0 组 | | 均值 T 检验值 |
| --- | --- | --- | --- | --- | --- |
| | 样本量 | 均值 | 样本量 | 均值 | |
| shehuizeren | 4 930 | 3.895 | 5 538 | 3.89 | 0.001 |
| dengji | 4 930 | 2 | 5 538 | 2 | 2.574 |
| nbkzzs | 4 930 | 669.55 | 5 538 | 677.535 | 37.803 *** |
| nbkzzs_dengji | 4 930 | 1 343.58 | 5 538 | 1 361.95 | 41.249 *** |
| shehuizeren_nbkzzs | 4 930 | 2 512.741 | 5 538 | 2 535.245 | 0.186 |
| shehuizeren_dengji | 4 930 | 8.16 | 5 538 | 8.24 | 0.06 |
| shehuizeren_nbkzzs_dengji | 4 930 | 5 245.474 | 5 538 | 5 418.394 | 1.118 |
| susgrrt | 4 203 | 5.162 | 5 349 | 6.312 | 58.480 *** |
| dbastrt | 4 930 | 39.468 | 5 538 | 38.394 | 3.106 * |
| stateshrpct | 4 930 | 0 | 5 538 | 0 | 0.149 |
| totass | 4 930 | 21.701 | 5 538 | 21.897 | 63.824 *** |

注：*、*** 分别表示在 10%、1% 的水平上显著。

表 10 - 4 列示了各变量的 Pearson 相关关系。除控制变量国有股比例（stateshrpct）和可持续增长率（susgrrt）与审计独立性（da）相关系数不太显著外，其他解释变量、中介变量和控制变量均与审计独立性在 1% 的水平上显著正相关，单纯从相关系数看，对理论逻辑提出了挑战。内部治理水平越高、社会关注度越大、企业社会责任越积极，外部审计越不独立，这不符合现实逻辑。由于内部治理水平、社会关注度、企业社会责任不能直接作用于外部审计，外部审计是基于一定的价值判断作用于企业的内部治理水平、社会关注度和企业社会责任，审计独立性才能体现出来，因此，各变量的 Pearson 相关关系是一种初步的综合关系，需要寻找中介变量和外部冲击探索其中的机理。

表10-4

**Pearson 相关系数**

| 变量名称 | da1 | shehuizeren | dengji | nbkzzs | nbkzzs_dengji | shehuizeren_nbkzzs | shehuizeren_dengji | shehuizeren_nbkzzs_dengji | susgrrt | dbastrt | stateshrpct | totass |
|---|---|---|---|---|---|---|---|---|---|---|---|---|
| da1 | 1 | | | | | | | | | | | |
| shehuizeren | 0.036*** | 1 | | | | | | | | | | |
| dengji | 0.058*** | 0.310*** | 1 | | | | | | | | | |
| nbkzzs | 0.068*** | 0.087*** | 0.185*** | 1 | | | | | | | | |
| nbkzzs_dengji | 0.070*** | 0.287*** | 0.903*** | 0.571*** | 1 | | | | | | | |
| shehuizeren_nbkzzs | 0.040*** | 0.977*** | 0.334*** | 0.225*** | 0.374*** | 1 | | | | | | |
| shehuizeren_dengji | 0.027*** | 0.900*** | 0.548*** | 0.122*** | 0.508*** | 0.903*** | 1 | | | | | |
| shehuizeren_nbkzzs_dengji | 0.030*** | 0.858*** | 0.560*** | 0.241*** | 0.580*** | 0.901*** | 0.980*** | 1 | | | | |
| susgrrt | 0.018* | 0.014 | 0.045*** | 0.019* | 0.048*** | 0.021** | 0.027*** | 0.033*** | 1 | | | |
| dbastrt | -0.029*** | 0.057*** | 0 | -0.073*** | -0.022** | 0.061*** | 0.080*** | 0.081*** | 0.058*** | 1 | | |
| stateshrpct | -0.005 | 0.018* | 0.072*** | 0.030*** | 0.079*** | 0.028*** | 0.033*** | 0.043*** | 0.01 | 0.089*** | 1 | |
| totass | 0.092*** | 0.174*** | 0.215*** | 0.157*** | 0.249*** | 0.199*** | 0.228*** | 0.246*** | 0.064*** | 0.394*** | 0.136*** | 1 |

注：*、**、***分别表示在10%、5%、1%的水平上显著。

## 四、回归分析

从相关系数看，审计独立性受内部治理水平、社会关注度、企业社会责任显著影响，从单因素 T 检验看，内部治理水平显著影响审计独立性，社会关注度、企业社会责任是否真实直接影响审计独立性还是通过某种中介效应间接影响审计独立性值得深入探讨。本书采用分步加入变量和中介效应的方式，探讨内部治理水平、社会关注度、企业社会责任和中介效应，以寻找精确影响审计独立性的路径，鉴于 da 值偏小，本书对 da 按照是否大于0 分成两组构建 probit 回归模型，模型中控制了行业和年度。表 10 - 5 中的模型（1）到模型（8）分别展示社会责任效应、社会关注度效应、内部治理效应、直接总效应、内部治理对社会关注的中介效应、内部治理对社会责任的中介效应、社会关注对社会责任的中介效应和全效应模型。下面分变量结合模型进行分析。

表 10 - 5　　　　　　　　　　　模型回归结果

| 变量名称 | 模型（1） | 模型（2） | 模型（3） | 模型（4） | 模型（5） | 模型（6） | 模型（7） | 模型（8） |
|---|---|---|---|---|---|---|---|---|
| shehuizeren | - 0. 0175 *** <br> ( - 5. 2732) | | | - 0. 0163 *** <br> ( - 4. 8279) | - 0. 0163 *** <br> ( - 4. 8194) | - 0. 0104 <br> ( - 0. 4447) | - 0. 0138 <br> ( - 0. 5841) | 0. 1632 ** <br> (2. 2717) |
| dengji | | - 0. 0627 *** <br> ( - 2. 5814) | | - 0. 0442 * <br> ( - 1. 7645) | 0. 0450 <br> (0. 2566) | 0. 0321 <br> (0. 1761) | 0. 0126 <br> (0. 0686) | 0. 6587 ** <br> (2. 1433) |
| nbkzzs | | | 0. 0002 <br> (1. 6288) | 0. 0003 * <br> (1. 8967) | 0. 0006 <br> (0. 9944) | 0. 0006 <br> (1. 0022) | 0. 0006 <br> (1. 0891) | 0. 0026 *** <br> (2. 7164) |
| nbkzzs_deng<br>ji | | | | | - 0. 0001 <br> ( - 0. 5127) | - 0. 0001 <br> ( - 0. 4175) | - 0. 0001 <br> ( - 0. 4486) | - 0. 0011 ** <br> ( - 2. 3715) |
| shehuizeren_<br>nbkzzs | | | | | | - 0. 0000 <br> ( - 0. 2549) | - 0. 0000 <br> ( - 0. 4665) | - 0. 0003 *** <br> ( - 2. 5804) |
| shehuizeren_<br>dengji | | | | | | | 0. 0038 <br> (0. 9277) | - 0. 0763 ** <br> ( - 2. 5061) |
| shehuizeren_<br>nbkzzs_dengji | | | | | | | | 0. 0001 *** <br> (2. 6283) |

续表

| 变量名称 | 模型（1） | 模型（2） | 模型（3） | 模型（4） | 模型（5） | 模型（6） | 模型（7） | 模型（8） |
|---|---|---|---|---|---|---|---|---|
| dbastrt | −0.0041 *** (−5.2393) | −0.0046 *** (−5.8811) | −0.0044 *** (−5.5777) | −0.0041 *** (−5.2064) | −0.0041 *** (−5.2106) | −0.0041 *** (−5.2082) | −0.0041 *** (−5.2235) | −0.0041 *** (−5.2256) |
| stateshrpct | −0.0023 * (−1.7709) | −0.0021 (−1.5895) | −0.0023 * (−1.7484) | −0.0023 * (−1.7230) | −0.0022 * (−1.6950) | −0.0022 * (−1.6940) | −0.0022 * (−1.6645) | −0.0022 * (−1.6505) |
| totass | 0.1532 *** (10.2618) | 0.1527 *** (10.0728) | 0.1406 *** (9.3928) | 0.1538 *** (10.0102) | 0.1541 *** (10.0240) | 0.1542 *** (10.0247) | 0.1540 *** (10.0100) | 0.1550 *** (10.0652) |
| 常数项 | −2.9654 *** (−9.5497) | −2.8840 *** (−9.3221) | −2.9259 *** (−9.3416) | −3.0788 *** (−9.7443) | −3.2816 *** (−6.4955) | −3.2864 *** (−6.4916) | −3.2664 *** (−6.4127) | −4.6620 *** (−6.2680) |
| 时间 | 控制 | 控制 | 控制 | 控制 | 控制 | 控制 | 控制 | 控制 |
| 行业 | 控制 | 控制 | 控制 | 控制 | 控制 | 控制 | 控制 | 控制 |
| N | 9 552 | 9 552 | 9 552 | 9 552 | 9 552 | 9 552 | 9 552 | 9 552 |
| Wald chi2 值 | 124.75 *** | 104.73 *** | 12.33 ** | 129.68 *** | 129.87 *** | 129.94 *** | 130.59 *** | 135.42 *** |

注：* 、** 、*** 分别表示在 10% 、5% 、1% 的水平上显著。

## （一）直接效应分析

企业社会责任的系数在模型（1）、模型（4）和模型（5）中在 1% 的水平上显著为负，在模型（6）和模型（7）系数为负但不显著，在模型（8）中反转在 5% 的水平上显著为正。表明履行社会责任能够有效抑制企业进行盈余管理，提高外部审计的独立性。在政策的情况下，企业积极履行社会责任，表明企业有意愿甚至有能力向内涵式高质量发展，也希望通过有高独立性的审计的作用，促进企业完善管理，实现高质量发展目标。随着模型不断加入其他变量，企业的社会责任效应分化为正向鞭策企业发展的导向效应和扮演"披着羊皮的狼"的掩饰负效应，选择的样本可能因掩饰负效应超过导向正效应，总的效应体现为对独立性的负效应，这种表现与花拥军等（2020）的研究一致，验证了理论分析中部分学者的观点，也验证了本书的假设 10−3，企业社会责任影响审计独立性，而且更详细地展示了显著影响审计独立性具有正的显著影响和负的显著影响两种表现。

社会关注系数在模型（2）中在 1% 的水平上显著为负，模型（4）在 10% 的水平上显著为负，表明社会关注能直接正向促进审计独立性，验证了假设 10−2。但是在模型（8）中反转在 5% 的水平上显著为正，在模型（7）

变得不显著，说明社会关注与企业社会责任一样可能具有正和负两种效应。

内部治理系数在模型（3）和模型（7）均不显著，在模型（8）中在1%的水平上显著为正。表明内部治理不能独立影响审计独立性，内部治理仅是个中介变量，需要通过其他变量间接影响审计独立性，支持了假设10－1的观点。

模型（4）展示了内部治理水平、社会关注度、企业社会责任对审计独立性的直接效应。在模型中，社会关注度和企业社会责任分别在1%和10%的水平上显著正向影响审计独立性，表明强化企业的社会责任建设和外部监督能够降低外部审计风险，提高审计独立性，符合国家的政策导向，支持了本书的假设；内部治理水平在10%的水平上负向影响审计的独立性与企业短视行为有关，按照委托代理理论，企业管理者是受托方，有任职期限和任务考核的压力，企业的内部治理水平更多地服务企业考核期的目标，进而伤害了审计的独立性。

（二）中介效应分析

本书考察内部治理对社会关注的中介效应、内部治理对社会责任的中介效应、社会关注对社会责任的中介效应和共同中介效应，具体表现在模型（5）到模型（8）中。模型（5）到模型（7）表明内部治理对社会关注的中介效应、内部治理对社会责任的中介效应、社会关注对社会责任的中介效应对审计独立性的影响都不显著，但在模型（8）中，内部治理对社会关注的中介效应、内部治理对社会责任的中介效应、社会关注对社会责任的中介效应和共同中介效应四种效应都显著影响审计独立性，表明企业社会责任受多种中介变量共同影响，这也是导致企业社会责任理论分歧的原因，企业履行还是不履行社会责任、履行社会责任如何对企业发挥增值效应受多个中介变量作用，企业需要正确认识自身内部治理和外部治理情况，通过企业社会责任的履行实现各利益相关者综合利益最大化。这也表明，企业社会责任建设是个系统工程，政府需要做好前提准备，培育良好的外部治理环境，加强对企业内部治理的引导和监督，实现多赢格局，进而保护审计机构和投资者的利益，实现审计独立。

（三）控制变量效果分析

从控制变量看，可持续增长率（susgrrt）在八个模型中都在1%的水平上显著提高审计独立性，可持续增长率是企业追求企业价值最大化和企业长期利益的表现，希望长期高质量发展的企业更希望外部审计的监督提供有建设性的审计建议，因此，可持续增长率与审计独立性显著正相关是符合经济规律和企业发展规律的；国有股比例（stateshrpct）除模型（2）外，均在10%的水平上显著提高审计独立性，因我国实现审计全覆盖，国有股比例高的企业接受国家监督的力度大、可能性高和问责严厉，更加注重自身建设，能有效提高外部审计的独立性，这是与我国现阶段的国情相符的；企业总资产（totass）在八个模型中都在1%的水平上与审计独立性负相关，进一步表明可持续增长率、国有股比例和企业总资产是影响审计独立性的重要变量，本书把它们作为控制变量，在研究方法上是正确的。

## 五、稳健性检验

第一，更换代理变量进行稳健性检验。考虑衡量审计独立性指标的片面性，因为琼斯模型中可操控性应计利润能否如实反映盈余管理程度存在一定的争议，存在企业采取真实的经济行为进行盈余管理，本书首先更改衡量审计独立性的衡量指标，借鉴罗伊乔杜里（2006）的方法计算真实的盈余管理（rem）代替审计质量，计算 rem 的数据来自 CSMAR 数据库。表 10－6是用 rem 代替审计独立性的回归结果展示，企业社会责任在模型（1）、模型（4）和模型（5）中分别在 5% 和 1% 的水平上提高审计独立性，社会关注度在模型（2）中 1% 的水平上显著影响审计独立性，而内部治理在模型中均不显著，支持了前面的直接效应和研究假设，即中介效应并没有体现出来。

第二，更换研究方法进行稳健性检验。考虑到审计独立性需要多个指标衡量，审计独立性与内部治理水平、社会关注度和企业社会责任互为因果和互为中介效应，因此，本书建立反映多个因变量、存在互为因果联系和中介效应的结构方程，对企业社会责任影响审计独立性的直接效应和中介效应进行探讨，具体结果如图 10－1 所示。由路径可以看出，社会关注在 1% 的水平上自身和通过内部控制的中介效应显著影响企业社会责任，企业社会责任也在 1% 的水平上影响审计独立性。结构方程模型也证明了假设 10－1、假设10－2 和假设 10－3，表明结果稳健。

表 10 - 6                      稳健性检验回归结果

| 变量名称 | 模型（1） | 模型（2） | 模型（3） | 模型（4） | 模型（5） | 模型（6） | 模型（7） | 模型（8） |
|---|---|---|---|---|---|---|---|---|
| shehuizeren | -0.0085 ** | | | -0.0107 *** | -0.0107 *** | -0.0063 | -0.0085 | -0.0927 |
| | (-2.5758) | | | (-3.1985) | (-3.1972) | (-0.2784) | (-0.3713) | (-1.3177) |
| dengji | | 0.0624 *** | | 0.0833 *** | 0.0982 | 0.0888 | 0.0762 | -0.2266 |
| | | (2.6020) | | (3.3717) | (0.5626) | (0.4906) | (0.4183) | (-0.7358) |
| nbkzzs | | | -0.0002 | -0.0002 | -0.0002 | -0.0002 | -0.0001 | -0.0011 |
| | | | (-1.2358) | (-1.6016) | (-0.3382) | (-0.3293) | (-0.2525) | (-1.1258) |
| nbkzzs_dengji | | | | | -0.0000 | -0.0000 | -0.0000 | 0.0004 |
| | | | | | (-0.0861) | (-0.0283) | (-0.0543) | (0.9599) |
| shehuzeren_nbkzzs | | | | | | -0.0000 | -0.0000 | 0.0001 |
| | | | | | | (-0.1982) | (-0.3501) | (1.0710) |
| shehuizeren_dengji | | | | | | | 0.0026 | 0.0408 |
| | | | | | | | (0.6401) | (1.3580) |
| shehuizeren_nbkzzs_dengji | | | | | | | | -0.0001 |
| | | | | | | | | (-1.2816) |
| susgrrt | 0.0008 | 0.0007 | 0.0008 * | 0.0007 | 0.0007 | 0.0007 | 0.0007 | 0.0007 |
| | (1.6150) | (1.4649) | (1.6501) | (1.4925) | (1.4943) | (1.4999) | (1.5095) | (1.5065) |
| dbastrt | 0.0027 *** | 0.0026 *** | 0.0024 *** | 0.0028 *** | 0.0028 *** | 0.0028 *** | 0.0028 *** | 0.0028 *** |
| | (3.4438) | (3.3959) | (3.1240) | (3.5884) | (3.5876) | (3.5892) | (3.5740) | (3.5716) |
| stateshrpct | 0.0021 | 0.0019 | 0.0021 * | 0.0019 | 0.0019 | 0.0019 | 0.0019 | 0.0019 |
| | (1.5930) | (1.4947) | (1.6497) | (1.4507) | (1.4532) | (1.4545) | (1.4743) | (1.4664) |
| totass | -0.0004 | -0.0126 | -0.0016 | -0.0063 | -0.0062 | -0.0062 | -0.0063 | -0.0068 |
| | (-0.0299) | (-0.8642) | (-0.1116) | (-0.4235) | (-0.4201) | (-0.4172) | (-0.4263) | (-0.4582) |
| 常数项 | -0.1594 | -0.0659 | -0.0437 | -0.0469 | -0.0807 | -0.0848 | -0.0728 | 0.5812 |
| | (-0.5324) | (-0.2204) | (-0.1446) | (-0.1543) | (-0.1625) | (-0.1708) | (-0.1466) | (0.7915) |
| 时间 | 控制 | 控制 | 控制 | 控制 | 控制 | 控制 | 控制 | 控制 |
| 行业 | 控制 | 控制 | 控制 | 控制 | 控制 | 控制 | 控制 | 控制 |
| N | 9 552 | 9 552 | 9 552 | 9 552 | 9 552 | 9 552 | 9 552 | 9 552 |
| Wald chi2 值 | 26.75 *** | 26.60 *** | 21.82 *** | 39.44 *** | 39.44 *** | 39.52 *** | 39.95 *** | 41.73 *** |

注：* 、** 、*** 分别表示在10%、5%、1%的水平上显著。

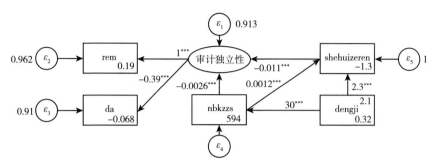

**图 10 – 1　审计独立性与内部治理水平、社会关注度和企业社会**
**责任结构方程模型**

注：*** 表示在 1% 的水平上显著。

# 第四节　拓展性研究：法律风险冲击

詹等（2020）以 2000 年前后中国本土会计师事务所并购浪潮为研究对象，发现"五大"审计对中国应计质量差异没有贡献，这是因为中国的审计市场诉讼较少，这意味着法律执行和诉讼风险更倾向于推动审计师激励；阮（2019）对代表越南审计和鉴证服务市场中确定的 70 个利益相关者群体的访谈结果发现，在越南从事贸易和商业活动的外国公司存在商业风险，特别是在非"四大"会计师事务所参与外部审计职能的情况下，审计师的独立性很可能受到损害。鉴于本书的研究目的，本书引入外部冲击——法律风险，深入研究企业社会责任对审计独立性的影响。上市公司 ST 处理或者 PT 处理是市场和监管机构对上市公司的重要法律风险提示，借鉴证券法关于 ST 处理或者 PT 处理的法律条款，本书如果选择净资产收益率（ROE）低于 5% 的企业或者每股净现金流量（cfps）低于 0 时，企业有 ST 处理或者摘牌的风险，存在此风险样本的 roe1 和 cfps1 取值分别为 1，不存在此风险取值为 0。

表 10 – 7 报告了在法律风险下，审计独立性、内部治理水平、社会关注度、企业社会责任、内部治理对社会关注的中介效应、内部治理对企业社会责任的中介效应、社会关注对企业社会责任的中介效应、社会关注与内部治理共同对企业社会责任的效应的差异情况，roe 为标准的分组中上述变量均在 1% 的水平上显著差异，cfps 分组中除内部治理水平和内部治理对社会关

表10-7

法律风险冲击下的均值T检验

| 变量名称 | roe 不大于5%组 | | roe1 大于5%组 | | 均值T检验值 | cfps 不大于0组 | | cfps 大于0组 | | 均值T检验值 |
|---|---|---|---|---|---|---|---|---|---|---|
| | 样本量 | 均值 | 样本量 | 均值 | | 样本量 | 均值 | 样本量 | 均值 | |
| rem | 3 990 | 0.003 | 6 310 | -0.011 | 57.224*** | 5 120 | -0.01 | 5 180 | 0.001 | 36.365*** |
| da | 4 049 | -0.009 | 6 419 | 0.013 | 217.582*** | 5 194 | 0.01 | 5 274 | -0.002 | 80.861*** |
| shehuizeren | 4 049 | 3.58 | 6 419 | 4.06 | 23.093*** | 5 194 | 3.62 | 5 274 | 4.095 | 23.506*** |
| dengji | 4 049 | 2 | 6 419 | 2 | 97.742*** | 5 194 | 2 | 5 274 | 2 | 9.772*** |
| nbkzzs | 4 049 | 650.66 | 6 419 | 684.98 | 602.423*** | 5 194 | 673.99 | 5 274 | 674.315 | 0.075 |
| nbkzzs_dengji | 4 049 | 1 296.94 | 6 419 | 1 379.32 | 698.586*** | 5 194 | 1 353.09 | 5 274 | 1 355.94 | 1.198 |
| shehuizeren_nbkzzs | 4 049 | 2 240.269 | 6 419 | 2 718.964 | 46.834*** | 5 194 | 2 376.763 | 5 274 | 2 689.77 | 28.272*** |
| shehuizeren_dengji | 4 049 | 7.38 | 6 419 | 8.72 | 30.417*** | 5 194 | 7.62 | 5 274 | 8.78 | 19.876*** |
| shehuizeren_nbkzzs_dengji | 4 049 | 4 612.44 | 6 419 | 5 795.674 | 69.366*** | 5 194 | 4 950.234 | 5 274 | 5 669.557 | 28.689*** |
| susgrrt | 3 147 | 1.835 | 6 405 | 8.402 | 4 087.769*** | 4 599 | 4.952 | 4 953 | 6.8 | 163.803*** |
| dbastrt | 4 049 | 41.022 | 6 419 | 37.451 | 44.662*** | 5 194 | 36.763 | 5 274 | 40.615 | 44.697*** |
| stateshrpct | 4 049 | 0 | 6 419 | 0 | 0.231 | 5 194 | 0 | 5 274 | 0 | 27.937*** |
| totass | 4 049 | 21.65 | 6 419 | 21.908 | 117.881*** | 5 194 | 21.668 | 5 274 | 21.941 | 140.335*** |

注: *** 表示在1%的水平上显著。

注的中介效应无差异外，其他变量均值 1% 的水平上显著差异，因此证明了原假设。

　　表 10-8 报告了法律风险下内部治理水平、社会关注度、企业社会责任、内部治理对社会关注的中介效应、内部治理对企业社会责任的中介效应、社会关注对企业社会责任的中介效应、社会关注与内部治理共同对企业社会责任使用 da1 代表的审计独立性作用效果的回归模型结果。roe1 和 cfps1 在下面的八个模型中均在 1% 的水平上显著负面影响审计的独立性，比较表 10-8 和表 10-5，我们发现如下问题：在不存在中间变量作用时，内部治理水平、社会关注度、企业社会责任的直接效应在统计显著性和方向性一致，但是在各种中间效应的作用下，表 10-8 和表 10-5 差异显著，在表 10-5 中，内部治理对社会关注的中介效应、内部治理对企业社会责任的中介效应、社会关注对企业社会责任的中介效应、社会关注与内部治理共同效应显著，而在表 10-8 中均不显著，说明在中介作用下，存在法律风险的企业模糊了企业社会责任与审计独立性的关系，仅把社会责任的履行作为形象工程实现利己目标。企业社会责任信息披露可以被企业用来掩盖粉饰企业运营中的问题（田利辉和王可第，2017）。通过企业社会责任的履行，获取当地政府的理解和支持，进一步实现利己目的。本书通过对存在法律风险的样本进行筛选发现，样本企业大多数具有参与企业社会责任活动频率高、投入力度大、与政府的联系密等特点，康美药业的表现与此一致。

表 10-8　　　　　　　　　　法律风险冲击下的回归结果

| 变量名称 | 模型 (1) | 模型 (2) | 模型 (3) | 模型 (4) | 模型 (5) | 模型 (6) | 模型 (7) | 模型 (8) |
|---|---|---|---|---|---|---|---|---|
| shehuizeren | -0.0166 ***<br>(-3.4470) | | | | -0.0147 ***<br>(-3.0009) | -0.0149 ***<br>(-3.0320) | 0.0231<br>(0.7366) | 0.0128<br>(0.3720) | 0.2640<br>(1.4026) |
| dengji | | -0.1494 ***<br>(-2.6897) | | | -0.1191 **<br>(-2.0936) | 0.3553<br>(0.6593) | 0.2893<br>(0.5353) | 0.2907<br>(0.5375) | 0.8149<br>(1.2108) |
| nbkzzs | | | 0.0000<br>(0.0697) | 0.0000<br>(0.1286) | 0.0015<br>(0.8920) | 0.0016<br>(0.9570) | 0.0017<br>(1.0148) | 0.0033<br>(1.5599) |
| nbkzzs_<br>dengji | | | | | -0.0007<br>(-0.8839) | -0.0006<br>(-0.7532) | -0.0007<br>(-0.8083) | -0.0015<br>(-1.4222) |
| shehuizeren_<br>nbkzzs | | | | | | -0.0001<br>(-1.2239) | -0.0001<br>(-1.2696) | -0.0004<br>(-1.5313) |

| 变量名称 | 模型 (1) | 模型 (2) | 模型 (3) | 模型 (4) | 模型 (5) | 模型 (6) | 模型 (7) | 模型 (8) |
|---|---|---|---|---|---|---|---|---|
| shehuizeren_dengji | | | | | | | 0.0061<br>(0.7064) | -0.1204<br>(-1.2955) |
| shehuizeren_nbkzzs_dengji | | | | | | | | 0.0002<br>(1.3471) |
| dbastrt | 0.0054<br>(0.5762) | 0.0043<br>(0.4663) | 0.0045<br>(0.4969) | 0.0051<br>(0.5452) | 0.0053<br>(0.5569) | 00057<br>(0.6016) | 0.0061<br>(0.6409) | 0.0061<br>(0.6386) |
| stateshrpct | -0.0030 **<br>(-2.1417) | -0.0034 **<br>(-2.5034) | -0.0032 **<br>(-2.3251) | -0.0032 **<br>(-2.2773) | -0.0031 **<br>(-2.2684) | -0.0032 **<br>(-2.2788) | -0.0032 **<br>(-2.3076) | -0.0032 **<br>(-2.3086) |
| totass | -0.0005<br>(-0.1881) | -0.0004<br>(-0.1639) | -0.0005<br>(-0.1868) | -0.0005<br>(-0.1715) | -0.0004<br>(-0.1602) | -0.0005<br>(-0.1698) | -0.0004<br>(-0.1600) | -0.0006<br>(-0.2135) |
| 常数 | 0.1685 ***<br>(6.3720) | 0.1785 ***<br>(6.6323) | 0.1640 ***<br>(6.1997) | 0.1789 ***<br>(6.5918) | 0.1806 ***<br>(6.6256) | 0.1801 ***<br>(6.5996) | 0.1797 ***<br>(6.5847) | 0.1794 ***<br>(6.5669) |
| 时间 | 控制 | 控制 | 控制 | 控制 | 控制 | 控制 | 控制 | 控制 |
| 行业 | 控制 | 控制 | 控制 | 控制 | 控制 | 控制 | 控制 | 控制 |
| N | 9 552 | 9 552 | 9 552 | 9 552 | 9 552 | 9 552 | 9 552 | 9 552 |

注：** 、*** 分别表示在 5% 、1% 的水平上显著。

# 第五节　结论与建议

康美药业造假新闻媒体已提前警示，正中珠江会计师事务并没有保持审计的独立性，独立、客观、公正地发表审计意见，保护投资者和相关利益者的利益，而是错误地掩饰康美药业的造假行为，没有审计出上市公司以前年度的财务报告虚假陈述行为，还对其财务报告给出了标准的审计意见。这样的审计失败在多个知名事务所也有发生，具体审计失败根源于审计独立性缺失，导致审计虽有能力正确审计却错误地作出了与审计能力不相符的审计报告，因此，抽象掉审计供给方的因素，从审计购买方角度探讨影响审计独立性的因素有重要的研究价值。

本书以康美药业审计失败案例为引题，以 2010 ~ 2020 年深交所上市的 A 股公司为样本构建审计独立性模型，从自律和他律角度实证检验了影响审计独立性的购买方因素。研究发现，在其他条件不变的情况下，社会关注度和企业社会责任履行情况显著影响审计的独立性，企业内部治理水平对审计独立性的影响不明显，但是企业内部治理水平和社会关注度在企业社会责任影响审计独立性的路径中发挥着显著的中介效应。在研究中介效应作用形式方面，本书发现，当企业存在法律风险时，会通过穿着社会责任的外衣模糊企业社会责任与审计独立性的关系，实现利己目标。

研究结果表明，审计购买方属性是影响外部审计独立性重要因素之一，监管部门可以通过加强指导企业内部建设、鼓励权威评估机构对企业进行定期评级、合理引导企业履行社会责任三条途径提高审计的独立性，保护企业和外部审计机构的合法利益。

# 第十一章

# 高质量发展治理：基于内部控制
# 和企业文化视角

## 第一节　引　　言

中国特色社会主义进入新时代，经济已从高速增长阶段转向高质量发展阶段。推动经济高质量发展是顺利跨越"中等收入陷阱"的必然要求，是更好地满足人民对美好生活需要的根本途径，是在百年未有之大变局中抢占战略制高点的重要途径。高质量发展缘起经济高质量发展，贯穿宏观经济、产业、企业三个层面而自成完整体系。其中，企业高质量发展是经济高质量发展的微观主体，是产业发展的基本组织。显然，企业高质量发展是经济高质量发展的根基所在。为引导企业高质量发展，党的十九大报告鲜明地提出了"必须把发展经济的着力点放在实体经济上"，并在《中华人民共和国国民经济和社会发展第十四个五年规划和 2035 年远景目标纲要》中明确指出，"毫不动摇巩固和发展公有制经济，毫不动摇鼓励、支持、引导非公有制经济发展，培育更有活力、创造力和竞争力的市场主体"。

党的百年奋斗进程中始终贯穿"以人民为中心"的体育发展主线，坚持以人为本，重视体育在保障人民群众健康、满足人民群众需求方面的重要作用。《体育强国建设纲要》指出，体育产业要在实现高质量发展上取得新进展，实现更大、更活、更优，培育经济发展新动能，力争在 2035 年成为国民经济支柱性产业；更要推动运动项目文化建设，挖掘体育运动组织文化和团队精神，不断提高体育文化感召力、影响力、凝聚力，传承和发扬中华体育精神。在政策、市场双重推动下，我国体育产业已逐渐成为经济增长新引擎。根据《"十四五"体育发展规划》，2015～2019 年，我国体育产业总规模从 1.71 万亿元增长至 2.95 万亿元，年均增长率 14.6%，远高于同期全国整体 GDP 增长速度。2019 年，体育产业总产出 29 483 亿元，增加值 11 248 亿元，相较 2018 年分别增长 10.9% 和 11.6%。以恒大集团为代表的各类企业重视体育在企业中的作用，将专业体育队伍、体育拓展活动、体育文化等多种表达形式融入了企业的日常工作中，体育精神在激发员工积极性和丰富企业文化方面发挥了重要作用。

　　因此，体育精神与企业高质量发展的关系显得意义重大，体育精神是否能促进企业高质量发展是一个有意义的话题，本章基于体育精神的视角研究内部控制和企业文化与企业高质量发展的关系有重要的理论意义和实践价值。

## 第二节　文献综述

　　企业的高质量发展不仅依靠外部环境，更依靠企业内部管理，健全而有效的内部控制是企业抵御经营风险、实现高质量发展的关键环节：一是能有效抑制特定因素的发生，显著降低企业特有风险；二是增强了企业应对经济因素或市场因素变动的能力，弱化外部因素的冲击，显著降低企业系统风险。2020 年初，一场突如其来的新冠疫情对我国经济乃至全球经济都造成了极大冲击，企业外部经营风险急剧增加，多数企业经营业绩出现断崖式下跌。郑莉莉和刘晨（2021）以我国 2018～2021 年第二季度 A 股上市公司季度数据实证分析发现，疫情显著降低了内部控制质量较差的企业的经营业绩，但随着内部控制质量的提升，疫情对企业经营业绩的影响存在不同程度的减弱。疫情暴露出企业应对突发公共卫生事件冲击存在短板，为企业重视内部控制建设带来契机。在后疫情时代，建立健全而有效的内部控制是企业提升经营效率和效果、降低企业风险的有效手段，是促进企业高质量发展不可忽视的环节。

　　为揭示内部控制对企业深层次的影响机理，学者们从不同的角度进行研究，提出了不同的理论观点。一些学者认为，内部控制提高了企业经营效率、降低了企业经营风险。一方面，有效的内部控制显著地提高了企业对投资支出和投资机会的敏感性，有效避免出现投资不足或投资过量的境况，提高了经营效率。主要的解释是，我国《企业内部控制基本规范》蕴含的一个重要主题就是内部控制可以通过一系列的制度安排来"提高企业经营效率和效果，促进企业实现发展战略"，进而促进企业高质量发展。具体从内部控制五要素层面分析，内部环境的控制缓解了股东与管理层之间的委托代理问题，风险评估使得企业通过合理风险管控而促进创新（"合理管控"假说），控制活动提高了企业全要素生产率（张广胜和孟茂源，2020），高质量的信息披露与有效的沟通提高了企业信息透明度，降低了企业的债务成本，有效的内部监督则有利于减少生产经营活动中的失误行为，保障企业目标顺利实现。另一方面，健全而有效的内部控制增强了企业应对特有风险和系统风险的能力。有效的内部控制提高了企业社会责任信息披露水平，改善了公司治理，降低了企业受到诉讼和违规处罚的可能性，缓解了商誉减值信息披露引起的负面市场反应（张新民等，2020），降低了企业融资约束与审计费用，保障了企业盈余的持续性，提升了企业价值。但也有学者认为，内部控制"水平"具有的"黏合剂"作用和"抑制调节"效应抑制了环境信息披露质量对企业价值的提升（唐勇军等，2021）。

通过以上分析可以发现，学者们研究内部控制对企业的影响有了丰富的理论成果，既有将内部控制视为提升经营效率的要素进行研究，又有将内部控制视为降低经营风险的要素进行研究，更有将内部控制当作提升企业价值的中间变量进行研究，且研究结论存在分歧。截至目前，鲜有文献直接研究内部控制对企业高质量发展的影响，即使国内已有的内部控制与企业高质量发展的相关研究中（张广胜和孟茂源，2020），也没有从体育精神的视角研究内部控制文化对企业高质量发展的影响。

## 第三节　理论分析与研究假设

内部控制文化是内部控制与企业文化的有机耦合，既有制度管理的硬性约束，又有文化管理的软约束。一方面，企业通过内部控制文化增强了企业凝聚力和向心力，提高了企业经营效率和效果，保证了盈余的持续性，提升了公司价值，促进企业高质量发展；另一方面，相较于单纯依靠制度管理的硬性约束，以体育精神为依托培育内部控制文化，增加了内部控制的软约束力，管理效率更高，更有利于促进企业高质量发展。

制度管理的硬性约束是企业内部控制的硬件，文化的软性约束是企业内部控制的软件，两者的有机耦合得到的内部控制文化是企业内部控制的灵魂。内部软环境的培育需要企业文化来推动，以体育精神为依托优化内部控制文化，不仅能为企业提供精神支柱，而且有助于增强内部控制的有效性，提升企业核心竞争力，实现企业发展战略，促进企业高质量发展。体育精神主要由人本精神、公平竞争精神、英雄主义竞争和团队精神构成（张先治和石芯瑜，2018），提倡的是"公平、正义、竞争、合作"，追求的是"更快、更高、更强、更团结"。企业通过开展体育活动，弘扬体育精神，将体育精神作用于企业内部控制文化建设各环节，将产生不同的价值，例如，提高企业员工凝聚力和向心力、提高企业创新能力、增强企业竞争力等，进而促进企业高质量发展。本书基于体育精神的视角，旨在研究内部控制文化与企业高质量发展的关系。从非正式制度角度看，将体育精神镶嵌于内部控制文化建设，提高了企业经营效率和竞争力。一方面，对内，企业通过弘扬体育精神、人本精神和团队精神将重新定义内部控制文化，以群体规范对员工个人和组织行为产生直接影响，当企业员工认同企业内部控制文化时，将对企业产生组织归属感，从内心深处产生高昂的工作情绪和发奋进取精神的效应，以致为企业拼搏的献身精神，增强了企业凝聚力和向心力；另一方面，对外，英雄主义竞争激发了企业竞争文化，"更快、更高、更强、更团结"激励企业创新，独有的企业文化显化为品牌，提高企业竞争力，促进企业高质量发展。从信息不对称理论角度看，体育精神融于企业内部控制文化，改善股东与高管之间信息不对称的局面，降低了委托代理成本。一方面，体育精神作为文化软约束，其本身就具备选择功能，通过"吸引—选择—磨合"这一过程，将与企业具备同属性的高管聚拢一起，减少逆向选择问题的产生；另一方面，将与内部控制文化具备相同或相近属性的高管聚拢一起，有助于协调高管目标与企业目标的一致性，减少道德风险的产生，有效降低委托代理成本。高管的诚信和道德价值观是企业内部控制合规目标、报告目标、经营目标有效性水平的保障，企业高质量发展不可忽视高管的作用。从信号传递理论角度看，公平、正义的体育精神赋予企业内部控制文化以诚信品质，保障企业会计信息披露的真实性和可靠性。诚信品质减少企业财务报告重述行为（左锐等，2018），降低企业盈余管理水平。姜付秀等（2015）的实证研究结果显示，"诚信"一定程度上确实能够抑制企业的盈余管理行为，无论是正向盈余管理还是负向盈余管理水平都显著降低，且这种抑制效果在非国有企业以及企业再融资时更为显著。从企业文化功能角度看，以体育精神引导企业内部控制文化建设，更好地发挥企业文化约束功能、导向功能、凝聚功能和激励功能。例如，腐败的企业文化加剧了企业不正当行为，而积极的内部控制文化则能使人廉洁自律，约束甚至杜绝腐败的滋生（董斌和刘慧，2020）；又如，企业文化促使企业承担社会责任，但不包括经营面临持续恶化至亏损的境况，而积极的内部控制文化则尽可能保证企业出于自律行为继续履行社会责任（靳小翠，2017）。

体育精神促进了公平正义的形成，有利于增强企业的凝聚力，提高组织运行效率，实现企业的高质量发展。契约经济学理论认为，企业是不完备契约的集合体，在资源稀缺、竞争激烈的企业环境中，内部控制以不完备契约弥补剂的功能成为企业内部治理结构的一部分。组织内的控制就是参与者利益之间的持续的平衡或者均衡，从产权经济学角度看，内部控制本质就是企业内部参与者利益和责任的分配，必然涉及公平正义的问题。而公平正义是在平等（相等、同等）的利（害）交换的基础上善的行为，是内部控制的伦理基础，用以指导和规范职工之间的人际关系、职工与企业之间的关系。显然，内部控制追求利益分配的公平正义，公平正义是内部控制的应有之义。弘扬体育的公平正义精神，有助于优化企业内部控制环境，协调职工之间、职工与企业之间的利益，增强企业凝聚力和向心力，提高组织运行效率，进而促进企业高质量发展。

体育精神融合了"更快、更高、更强、更团结"的奥运精神，有利于企业与时俱进，积极步入数字化转型新阶段，实现企业高质量发展。"更快、更高、更强"的内涵充分表达了奥运不断进取、永不满足的奋斗精神和不畏艰辛、勇攀高峰的拼搏精神。2021年7月，国际奥委会与时俱进，将奥运格言更新为"更快、更高、更强、更团结"。为企业内部控制注入"更快、更高、更强、更团结"的奥运精神，将有助于塑造团结奋斗、积极进取、与时俱进的企业内部控制文化，促进企业积极步入数字化转型新阶段，以数字化转型为契机，促进全要素生产率提升（赵宸宇等，2021），实现企业高质量发展（易露露等，2021）。

结合以上的分析，本书提出如下假设。

假设11-1：体育精神与企业高质量发展正相关。

# 第四节　研究设计

## 一、模型构建

首先，为了企业内部控制文化与企业高质量发展的关系，本书参考田磊等（2021）和戴鹏毅等（2021）的做法，构建如下模型：

$$\text{hqual}_{i,t} = \alpha_0 + \alpha_1 \text{sspi}_{i,t} + \alpha_2 \text{control}_{i,t} + \psi_i + \jmath_t + \zeta_{i,t} \qquad (11-1)$$

其中，i 表示股票代码为 i 的 A 股上市公司，t 表示第 t 年度，control 表示所有控制变量，$\psi_i$ 表示该模型的行业控制变量，$\jmath_t$ 表示该模型的时间控制变量，$\zeta_{i,t}$ 表示模型控制行业和时间后的回归残差。

其次，为了探索内部控制文化中的体育精神影响企业高质量发展的路径，本书参照中介效应模型的构建原理（陈昭和刘映曼，2019），构建了如下中介变量模型：

$$\text{hqual}_{i,t} = \beta_0 + \beta_1 \text{mediat}_{i,t} + \beta_2 \text{control}_{i,t} + \psi_i + \jmath_t + \zeta_{i,t} \qquad (11-2)$$

$$\text{mediat}_{i,t} = \theta_0 + \theta_1 \text{sspi}_{i,t} + \theta_2 \text{control}_{i,t} + \psi_i + \jmath_t + \zeta_{i,t} \qquad (11-3)$$

其中，mediat 表示体育精神影响企业高质量发展的中介变量。按照中介变量的效应理论，如果 $\beta_1$ 和 $\theta_1$ 均显著，说明中介效应是存在的，表明 mediat 是体育精神作用企业高质量发展的有效路径。

## 二、变量测度

（一）企业高质量发展（hqual）

本书研究企业的高质量发展是个整体概念，不是高质量发展的某一个方面，因此借鉴田磊等（2021）、戴鹏毅等（2021）的做法，采用企业的全要素生产率衡量高质量发展程度。全要素生产率是包括各个要素的综合生产率，文献中计算企业全要素生产率的方法有 LP 计算法和 OP 计算法。但是戴鹏毅等（2021）采用 OP 法计算全要素生产率难以克服样本的选择性偏误，而 LP 计算法能够有效地规避选择性偏误等内生性问题，因此，本书采用 LP 计算法计算企业的全要素生产率。参考陈昭等（2019）的做法，具体计算如下。

1. LP 计算法选取的变量衡量：总产出采用营业收入除以 10 000 计算；劳动力投入采用支付给职工以及为职工支付的现金除以 10 000 计算；中间投入采用营业成本、销售费用、管理费用和财务费用之和扣除折旧摊销和支付给职工以及为职工支付的现金之后除以 10 000 衡量。

2. 总产出、中间投入和劳动力投入分别采用第一步的结果加 1 取对数计算。

3. 针对上一步的总产出对中间投入和劳动力分年度、行业回归，得到的残差即为 LP 计算法获得的全要素生产率。

（二）体育精神（sspi）

鲜有文献对体育精神进行量化，本书采用文本分析法，参考姜付秀等（2015）的方法，采用国家体育倡导政策语义与企业年报信息的匹配度来衡量样本企业的体育精神。考虑到企业年报、内部控制自我评价报告和网站新闻报告能够较为真实地反映企业决策与经营行为的转变（吴非等，2021），将通过识别国家相关体育政策语义得出的体育精神关键词词典与企业年报披露的体育精神信息相结合来刻画企业对体育精神的重视程度，是比较可行和科学的。具体步骤如下。

首先，从《现代汉语词典》《新华字典》和国家相关体育政策与报告中查阅体育精神的含义，初步确定与体育精神相关的词语，包括基本词、相关词、引申词等，并多次与相关体育专家讨论，以竞争体育精神和合作体育精神为基本词，以"公平、正义、更快、更高、更强、更团结"作为引申词和相关词，确定体育精神词典[①]。

其次，下载企业年报、内部控制自我评价报告、网站新闻报告，然后采

---

① 最终确定体现体育精神的词包括：备战、表演、创意设计、慈善事业、冬训、短道、风筝、服务产业、甘国宝、高等教育、高考、歌舞、各项事业、广电、赫哲、后备人才、会展经济、会展业、活动中心、健身活动、健身运动、教练员、教育科技、金融保险业、金融服务业、精神文明建设、竞技体育、竞技性、九运会、酒吧、开放型经济、康体、康养、科技事业、篮球、龙舟、旅游事业、旅游业、媒体融合、民间文化、民间艺术、民族民间、乒乓球、侨务工作、群众体育、群众性、社会福利事业、社会事业、社会主义文化、社会主义先进文化、射箭、省运会、十运会、市运会、速滑、特殊教育、体育产业、体育场馆、体育竞技、体育竞赛、体育赛事、体育设施、体育事业、体育项目、体育运动、体育中心、外向型经济、卫生事业、文化产业、文化传媒、文化事业、文化体制改革、文化娱乐、文体活动、文艺创作、文艺事业、文娱活动、戏曲、新闻事业、新型文化业态、信息产业、休闲活动、养老产业、业余、医疗技术、影视传媒、影视制作、游泳馆、娱乐业、羽毛球、运动员、杂技表演、足球。

用 Python 工具对其进行文本分析，并对体育精神出现的词进行词频统计，因为如果企业把体育作为一种重要的文化，则企业的年度报告、内部控制自我评价报告、网站新闻报告将是文化的重要传播途径。

最后，为了避免体育精神变量数据的非正态分布，本书对统计的词频合计数采取加 1 并对数化处理，以最终得到的值衡量体育精神。

（三）控制变量

为了控制影响企业高质量发展的公司治理和公司特征等属性，本书参考戴鹏毅等（2021）、陈昭等（2019）的做法，选取企业规模（size）、资产负债率（lev）、总资产收益率（roa）、股权性质（soe）、上市年限（age）、股权集中度（balance）、董事长与总经理兼任（dual）、独立董事比率（indep）作为控制变量，同时设置年度和行业虚拟变量，变量的详细表述如表 11-1 所示。

表 11-1　　　　　　　　　　控制变量的定义及度量

| | 变量名称 | 变量符号 | 变量定义 |
|---|---|---|---|
| 因变量 | 企业高质量发展 | hqual | 采用 LP 法计算的全要素生产率衡量 |
| 自变量 | 体育精神 | sspi | 采用对统计的词频求和加 1 对数化处理衡量 |
| 控制变量 | 公司规模 | size | 采用总资产的自然对数衡量 |
| | 资产负债率 | lev | 采用企业的总负债与总资产之比衡量 |
| | 总资产收益率 | roa | 采用资产净利润率衡量 |
| | 股权性质 | soe | 如果是国有控股企业为1，否则为0 |
| | 上市年限 | age | 采用公司当年年份减去上市年份加 1 的自然对数衡量 |
| | 股权集中度 | balance | 第二到第五大股东持股数与第一大股东持股数之比衡量 |
| | 董事长与总经理兼任 | dual | 如果董事长与总经理同一个人为1，否则为0 |
| | 独立董事比率 | indep | 采用独立董事除以董事总人数衡量 |
| | 年度 | year | 年度哑变量，如果是当年为1，否则为0 |
| | 行业 | Industry | 行业哑变量，如果是本行业为1，否则为0 |

## 三、样本选择与数据来源

鉴于 2008 年我国举办奥运会的影响，同时考虑到 2007 年我国执行新的企业会计准则的影响，本书选择 2009～2020 年深交所上市的 A 股公司为研究样本。公司财务数据和公司治理等控制变量数据来自国泰安数据库，体育精神数据通过 Python 工具提取企业年报、网站和内部控制自我评价报告文本，并提取文本中关于体育精神的相关关键词。获取的样本进行了如下处理：删除 ST、*ST 和存在数据缺失的公司；鉴于金融行业的企业异质性，删除全部金融行业样本；删除财务数据与公司特征不连贯或者异常的数据；对所有连续变量在 1% 和 99% 处进行缩尾处理。最终得到 15 703 个样本，本书的统计和分析工具为 Excel 2017 和 Stata 16.0。

# 第五节　实证检验与分析

## 一、描述性统计

### （一）单变量描述性统计

表 11 - 2 报告了高质量发展（hqual）和体育精神（sspi）等主要变量的描述性统计结果。结果显示：高质量发展的中位数是 7.8232，最小值是 4.8930，最大值是 12.3538，表明样本公司之间的高质量发展水平差别较大，这与陈昭等（2019）的描述性统计结果一致；体育精神的中值是 5.8966，标准差是 1.1451，表明样本公司之间在提倡体育精神程度上差别较大；股权性质的均值是 0.2604，表明大约 26% 的样本公司为国有控股公司。从描述性统计结果看企业在高质量发展水平和体育精神方面存在较大的异质性，具体原因需要进一步研究。

表 11 - 2　　　　　　　　　　变量的描述性统计

| 变量名 | hqual | sspi | size | lev | roa | age | soe | balance | dual | indep |
|---|---|---|---|---|---|---|---|---|---|---|
| 样本量 | 15 703 | 15 703 | 15 703 | 15 703 | 15 703 | 15 703 | 15 703 | 15 703 | 15 703 | 15 703 |
| 平均数 | 7.9058 | 5.8966 | 21.8204 | 0.4021 | 0.0404 | 1.9780 | 0.2604 | 0.7674 | 0.3072 | 0.3748 |
| 中位数 | 7.8232 | 6.0039 | 21.6920 | 0.3899 | 0.0405 | 2.0794 | 0.0000 | 0.6098 | 0.0000 | 0.3333 |
| 标准差 | 0.9589 | 1.1451 | 1.1135 | 0.2038 | 0.0677 | 0.7288 | 0.4389 | 0.6150 | 0.4613 | 0.0537 |
| 最小值 | 4.8930 | 0.0000 | 19.3502 | 0.0274 | -0.4147 | 0.6931 | 0.0000 | 0.0164 | 0.0000 | 0.2500 |
| 最大值 | 12.3538 | 8.1631 | 26.3951 | 0.9246 | 0.2447 | 3.3322 | 1.0000 | 2.9614 | 1.0000 | 0.6000 |

## （二）相关性分析

表 11 - 3 对模型中的主要变量进行了 Pearson 相关系数检验以初步判断模型的可行性和避免多重共线性。从相关系数看，sspi、size、lev、roa、age、soe、balance、dual、indep 等各个变量与高质量发展水平（hqual）大部分是显著相关的，初步证明本研究模型的选择的合理性。从变量之间显著性看，sspi、size、lev、roa、age、soe、balance、dual、indep 相互之间存在显著的相关关系，初步说明 sspi、size、lev、roa、age、soe、balance、dual、indep 之间可能存在共线性，这将会影响模型的稳健性，因此，需要对共线性的程度作进一步论证。本书采用了方差膨胀因子检验法对各变量进行了检验。在 VIF 检验后，Mean VIF 为 1.30，并且各个方差膨胀因子值均小于 10，表明各个变量间不存在严重的多重共线性。

表 11 - 3　　　　　　　　　　**Pearson 相关系数**

| 变量名 | hqual | sspi | size | lev | roa | age | soe | balance | dual | indep |
|---|---|---|---|---|---|---|---|---|---|---|
| hqual | 1 | | | | | | | | | |
| sspi | 0.015 * | 1 | | | | | | | | |
| size | 0.770 *** | 0.096 *** | 1 | | | | | | | |
| lev | 0.480 *** | - 0.123 *** | 0.484 *** | 1 | | | | | | |
| roa | 0.114 *** | 0.033 *** | 0.002 | - 0.334 *** | 1 | | | | | |
| age | 0.318 *** | - 0.147 *** | 0.445 *** | 0.378 *** | - 0.193 *** | 1 | | | | |
| soe | 0.212 *** | - 0.199 *** | 0.255 *** | 0.259 *** | - 0.048 *** | 0.394 *** | 1 | | | |
| balance | - 0.079 *** | 0.146 *** | - 0.068 *** | - 0.141 *** | - 0.003 | - 0.167 *** | - 0.226 *** | 1 | | |
| dual | - 0.095 *** | 0.101 *** | - 0.116 *** | - 0.111 *** | 0.019 ** | - 0.200 *** | - 0.248 *** | 0.020 ** | 1 | |
| indep | - 0.037 *** | 0.060 *** | - 0.017 ** | - 0.035 *** | - 0.024 *** | - 0.013 * | - 0.083 *** | - 0.031 *** | 0.121 *** | 1 |

注：*、**、*** 分别表示在 10%、5%、1% 的水平上显著。

# 二、回归分析

## （一）基准回归结果

表 11 - 4 报告了体育精神对企业高质量发展的影响的回归结果。表 11 - 4 中的模型（1）为只控制年度和行业的回归结果，模型（2）为控制了 size、lev、roa、age、soe 等公司特征变量、年度和行业的回归结果，模型（3）为

控制了全部控制变量、年度和行业的回归结果。三个模型的回归结果表明体育精神不仅显著影响企业的高质量发展，同时还促进了企业的高质量发展。

表 11 - 4　　　　　　　　　基准回归结果分析

| 项目 | 模型（1）<br>hqual | 模型（2）<br>hqual | 模型（3）<br>hqual |
|---|---|---|---|
| sspi | 0. 0189 **<br>(2. 4295) | - 0. 0236 ***<br>( - 4. 8751) | - 0. 0229 ***<br>( - 5. 2367) |
| size | | 0. 6043 ***<br>(106. 0814) | 0. 6041 ***<br>(118. 7771) |
| lev | | 0. 9542 ***<br>(29. 3470) | 0. 9489 ***<br>(33. 9279) |
| roa | | 2. 4530 ***<br>(25. 2157) | 2. 4412 ***<br>(34. 6926) |
| age | | - 0. 0278 ***<br>( - 3. 6105) | - 0. 0309 ***<br>( - 4. 0347) |
| soe | | | - 0. 0044<br>( - 0. 3822) |
| balance | | | - 0. 0151 **<br>( - 2. 0875) |
| dual | | | - 0. 0167 *<br>( - 1. 7396) |
| indep | | | - 0. 2620 ***<br>( - 3. 2862) |
| _cons | 7. 4384 ***<br>(96. 9860) | - 5. 7935 ***<br>( - 49. 9628) | - 5. 6716 ***<br>( - 51. 1878) |
| 年度 | 控制 | 控制 | 控制 |
| 行业 | 控制 | 控制 | 控制 |
| N | 15 703 | 15 703 | 15 703 |
| adj. R-sq | 0. 1250 | 0. 6964 | 0. 6967 |

注：*、**、*** 分别表示在10%、5%、1%的水平上显著，括号内为 T 值。

## （二）基准回归结果分析

从模型结构上看，表11 - 4中模型（1）、模型（2）、模型（3）调整后

的 $R^2$ 分别为 0.1250、0.6964、0.6967，均在 1% 的水平上显著，说明了模型整体结构良好，具有较好的解释力。

从体育精神的影响结果看，模型（1）的回归系数为 0.0189，在 5% 的水平上显著，整体上表明体育精神能够促进企业的高质量发展；但是在增加控制变量后，模型（2）和模型（3）的系数变为 0.0036 和 0.0029，均在 1% 的水平上显著正相关，与模型（1）的结论相同，说明体育精神与企业高质量发展的关系的显著正相关的，需要进一步深入研究体育精神通过说明机制促进企业的高质量发展。

从各控制变量的影响结果看，size、lev、roa、age 在模型（2）和模型（3）中均在 1% 的水平上显著，除 soe 在模型（3）不显著外，balance、dual、indep 在模型（3）中为 5%、10% 和 1% 的显著水平。说明了选择的控制变量具有较好的控制效果。

## 三、稳健性检验

### （一）改变企业高质量发展水平度量方法

借鉴 OP 方法计算全要素生产率的做法，重新计算全要素生产率衡量企业高质量发展水平，用 tfp_op 表示。模型估计结果如表 11-5 第（3）列所示，体育精神的回归系数是 0.0421，在 1% 的水平上显著，与基准回归模型（2）和模型（3）的结果无差异，表明结果稳健。

表 11-5　　　　　　　　　内生性检验回归结果分析

| 项目 | (1)<br>hqual | (2)<br>hqual | (3)<br>tfp_op |
|---|---|---|---|
| sspi | -0.0243***<br>(-5.3890) | -0.0297***<br>(-5.1124) | -0.0421***<br>(-8.3456) |
| imr | -0.0917<br>(-1.1711) | | |
| 控制变量 | 控制 | 控制 | 控制 |
| _cons | -5.6405***<br>(-46.3031) | -5.7457***<br>(-40.0480) | -1.8609***<br>(-15.9382) |
| 年度 | 控制 | 控制 | 控制 |

续表

| 项目 | (1)<br>hqual | (2)<br>hqual | (3)<br>tfp_op |
|---|---|---|---|
| 行业 | 控制 | 控制 | 控制 |
| N | 15 451 | 11 451 | 15 296 |
| adj. R-sq | 0.6976 | 0.6896 | 0.4205 |

注：\*\*\* 表示在1%的水平上显著，括号内为T值。

**（二）采用逆米尔斯比率系数减少样本变量自选性产生的内生性问题**

体育行业比非体育行业更重视体育精神、体育爱好的 CEO 主导的企业将更偏好宣传体育精神，因此，这些因素可能导致本书的研究结果不稳健。鉴于此，本书采用 Heckman 两阶段法进行内生性检验。具体步骤：在第一阶段，本书将体育精神作为回归因变量，同年份同行业其他样本公司体育精神均值作为工具变量，使用 Probit 回归方法估计上市公司遗漏重要变量的逆米尔斯比率（IMR）。在第二阶段，将第一阶段估计出来的逆米尔斯比率作为一个新的变量加入模型中进行回归，回归结果见表 11 - 5 中的模型（1）所示。从模型（1）可以看出，通过增加逆米尔斯比率变量修正可能存在的样本自选偏差和可能的遗漏变量后，sspi 的回归系数是 0.0243，在1%的水平上显著，回归结果与表 11 - 4 中模型（2）和模型（3）的回归结果一致，支持原研究假设的结论。

**（三）在模型中加入因变量滞后期作为影响变量，以减少变量互为因果产生的内生性问题**

为了避免体育精神与高质量发展互为因果关系，在模型中加入了高质量发展的滞后一期和滞后二期的变量，以减少高质量发展与体育精神的互为因果关系的影响。加入滞后一期、二期的变量后的回归结果如表 11 - 5 中的模型（2）所示，体育精神的回归系数为 0.0297，在1%的水平上显著，sspi 的显著性和方向与表 11 - 4 中的模型（2）和（3）相比没有发生改变，而且滞后期 hqual1、hqual2 的系数在统计上不显著，表明原模型稳健，表 11 - 4 中的模型（2）和（3）的结果可靠。

## 第六节　影响机制研究

从前面的理论分析中可以发现，体育精神分别以"竞争"精神、"合作"精神和"更高、更快、更强"的奥运精神作用于企业的创新创业能力和社会责任，间接影响企业的高质量发展。因此，本书将分别检验企业的创新创业能力和社会责任对体育精神影响企业高质量发展的中介效应情况，便于管理者科学构建体育文化，实现企业高质量发展。

### 一、体育精神—企业创新创业—企业高质量发展路径分析

体育的"竞争"精神有利于激发企业的创新能力，促进企业高质量发展。在中国当下，竞争有效促进了企业创新能力。内部控制机制包括行为控制及结果控制（郭海等，2007），行为控制的强化和结果控制的弱化是激发企业创新能力的关键。存在重大缺陷的内部控制限制了企业创新投入，健全而有效的内部控制则促进了企业创新。其一，竞争的内部控制环境有助于强化职工创新意识（郭海等，2007），鼓励职工积极投身创新活动，提升企业创新能力；其二，有效的风险评估降低了创新可能面临的风险；其三，充分的信息与沟通强化了高管与职工之间的良性沟通和信任，提升了高管风险承担意愿（史丽萍等，2014），促进了员工的创新前摄行为，提升了员工的组织自尊程度（史丽萍等，2014），促进了企业创新。

为了验证本书提出的"体育精神—企业创新创业—企业高质量发展"路径，本书采用企业的专利数衡量企业的创新创业能力，从创新创业的产出角度研究体育精神中"竞争"精神的作用效度，其中，企业的专利数来源于国泰安数据库，采用对数化后的专利数衡量企业创新创业能力。表 11 - 6 中第（1）列和第（2）列报告了企业创新创业路径分析结果。从表 11 - 6 第（1）列可以看出，体育精神（sspi）影响企业创新创业（cpatents）的路径系数是 0.1507，在 1% 的水平上显著；企业创新创业（cpatents）影响企业高质量发展（hqual）的路径系数是 0.0091，在 1% 的水平上显著；企业创新创业显著影响体育精神对企业高质量发展的影响，表明体育精神影响企业高质量发展存在企业创新创业中介效应。

表 11 - 6　　　　　　　　　　　　　　路径效应分析

| 项目 | 模型（1）cpatents | 模型（2）hqual | 模型（3）csr | 模型（4）hqual |
|---|---|---|---|---|
| sspi | 0. 1507 ***<br>(6. 2744) | | − 0. 0144 **<br>(− 2. 2425) | |
| cpatents | | 0. 0091 **<br>(2. 5351) | | |
| csr | | | | 0. 0328 ***<br>(4. 0077) |
| digital | | | | |
| 控制变量 | 控制 | 控制 | 控制 | 控制 |
| _cons | − 10. 7496 ***<br>(− 21. 1832) | − 5. 2029 ***<br>(− 31. 4390) | − 0. 7698 ***<br>(− 6. 2215) | − 5. 5580 ***<br>(− 47. 2474) |
| 年度 | 控制 | 控制 | 控制 | 控制 |
| 行业 | 控制 | 控制 | 控制 | 控制 |
| N | 8 007 | 8 007 | 13 715 | 13 715 |
| adj. R-sq | 0. 2451 | 0. 7172 | 0. 4496 | 0. 7070 |

注：**、*** 分别表示在 5% 、1% 的水平上显著，括号内为 T 值。

## 二、体育精神—社会责任—企业高质量发展路径

体育的"合作"精神有利于增强企业的社会责任感，促进企业高质量发展。从产权经济学角度看，内部控制本质是企业内部参与者利益和责任的分配，以公平正义为协调机制。但从另一个角度看，内部控制本质是合作。内部控制作为一种"游戏"规则，为企业内部参与者利益和责任的分配提供指引，构成企业内部参与者之间竞争与合作的关系，而公平正义的协调机制促成"合作解"。体育的"合作"精神不仅强化了内部控制的合作属性，更有利于促进企业将"合作"精神外化，增强企业的社会责任感。当前市场环境已呈现网络化趋势，企业所在社会网络对其资源利用影响逐渐增强，企业主动承担并履行社会责任，将有利于企业融入其社会网络，积累社会资本，进而促进企业创新，实现企业高质量发展。李征仁等（2020）研究发现，相较于没有负面记录的企业，存在负面记录的企业通过积极承担并履行社会责任，其业绩显著高于前者。

　　为了验证本书提出的"体育精神—社会责任—企业高质量发展"路径，本书采用的企业社会责任数据来源于和讯网披露的企业社会责任数据。因为本书研究的企业责任是企业责任行为的表现，一般认为和讯网上市公司社会责任报告专业评测体系披露的社会责任较为全面和客观，因此，本书使用的企业社会责任直接采用。表11-6中第（3）列和第（4）列报告了企业社会责任路径分析结果。从表11-6中第（3）列可以看出，体育精神（sspi）影响社会责任（csr）的路径系数是0.0144，在1%的水平上显著；社会责任（csr）影响企业高质量发展（hqual）的路径系数是0.0328，在1%的水平上显著；企业社会责任显著影响体育精神对企业高质量发展的影响，表明体育精神影响企业高质量发展存在社会责任中介效应。

## 第七节　进一步研究

　　通过以上研究可以发现，体育精神主要体现在竞争精神和合作精神，不同企业可能在竞争和合作属性存在较大的异质性。因此，本书将从企业的合作效应和竞争效应两个方面作进一步异质性分析。

### 一、产权性质异质性检验：合作效应

　　一般而言，体育精神表现出企业的某一文化属性，靳小翠（2017）认为不同产权属性的企业表现出显著差异的企业社会责任，储德银等（2021）的研究也发现国有企业文化对政府创新补贴与创新绩效关系的正向调节作用强于非国有企业，而新阶段要求高质量发展的企业更加注重企业社会责任。鉴于此，区别国有上市公司和非国有上市公司进行异质性检验合作效应。检验结果见表11-7第（1）列和第（2）列所示。

表11-7　　　　　　　　　异质性检验回归结果分析

| 项目 | （1）国有控股企业 | （2）非国有控股企业 | （3）高竞争环境 | （4）低竞争环境 |
|---|---|---|---|---|
| sspi | 0.0034<br>(0.5437) | -0.0495***<br>(-6.6292) | -0.0248***<br>(-3.5195) | -0.0179***<br>(-3.4497) |
| 控制变量 | 控制 | 控制 | 控制 | 控制 |

| 项目 | （1）<br>国有控股企业 | （2）<br>非国有控股企业 | （3）<br>高竞争环境 | （4）<br>低竞争环境 |
|---|---|---|---|---|
| cons | － 5. 1811 ***<br>（ － 26. 7288） | － 5. 8405 ***<br>（ － 38. 0838） | － 1. 9918 ***<br>（ － 10. 6650） | － 0. 8045 ***<br>（ － 3. 6507） |
| 年度 | 控制 | 控制 | 控制 | 控制 |
| 行业 | 控制 | 控制 | 控制 | 控制 |
| N | 4 089 | 11 614 | 7 855 | 7 848 |
| adj. R-sq | 0. 7171 | 0. 6804 | 0. 5793 | 0. 4674 |

注：*** 表示在1%的水平上显著，括号内为T值。

从回归结果看，体育精神在国有控股企业和非国有控股企业中存在显著的异质性：在国有控股企业，体育精神的回归系数为0.0034，表明正向促进企业的高质量发展，但是在统计上不显著；在非国有控股企业，体育精神的回归系数为0.0495，表明正向促进企业的高质量发展，同时在统计上呈现1%的显著水平。可能的解释是国有控股企业竞争性没有非国有控股企业大，体育精神把更多的合作文化和竞争属性表现出来，促进企业的高质量发展。

## 二、竞争异质性检验：竞争效应

邓新明等（2021）的研究表明竞争复杂性对市场绩效的影响呈现显著"U"型曲线关系（张程睿和王华，2007），处于不同竞争环境中的公司可能导致高质量发展的异质性。因此，通过分行业的市场占有率的中位数把企业分为高竞争环境和低竞争环境进行异质性分析，结果如表11-7第（3）列和第（4）列所示。从回归结果上看，体育精神在高竞争环境和低竞争环境中均为正且在1%的水平上显著，回归系数分别为0.0248和0.0179。高竞争环境中的回归结果系数的绝对值明显大于低竞争环境中的回归结果系数的绝对值，可能的解释是在高的竞争环境中，体育精神的竞争和合作属性更容易体现，从而促进企业的高质量发展。

# 第八节　研究结论与建议

## 一、研究结论

本书利用中国深交所上市公司的 A 股数据，基于体育精神的视角考察了企业内部控制文化对企业高质量发展的影响，并得到以下研究结论：体育精神显著促进企业的高质量发展，一方面，竞争属性通过企业创新创业促进了企业的高质量发展；另一方面，通过合作属性履行企业的社会责任，促进了企业的高质量发展。进一步研究发现，企业的竞争属性在非国有控股企业和竞争效应低的企业更为显著。本书丰富了企业内部控制文化的相关文献，为企业管理者合理培育体育精神，同时合理配置体育精神的竞争属性和合作属性的管理提供了参考，也为政府监管部门合理引导体育精神的价值观提供了中国特色的经验证据。

## 二、理论贡献与研究启示

本书的研究具有一定的理论贡献。本书可能的边际贡献在于：在变量刻画上，本书采用文本分析法刻画体育精神变量，丰富了企业内部控制文化研究的范围。在研究内容上，重点回答体育精神作为现阶段流行的企业文化为如何作用于企业的高质量发展提供了一个新的理论视角。在研究拓展上，体育精神扩展了企业内部控制文化；通过体育精神的视角研究企业高质量发展，丰富了企业内部控制文化的经济后果和企业高质量发展的因素的研究。

本书的研究也具有一定的现实意义：首先，企业内部控制管理部门需要认真学习企业内部控制文化。本书研究发现，体育精神促进企业高质量发展，这说明了体育精神具有的竞争属性和合作属性能够促进企业高质量发展。该结果也提醒了政府管理当局应当更加注重对体育精神的正向传播，合理发挥竞争与合作的属性，避免把体育精神变成无底线的合作和恶意竞争。其次，管理当局采取手段完善文化管理制度，把体育精神的竞争与合作变成企业内部控制文化的双轮，促进企业的高质量发展。

## 三、未来展望

基于体育精神的视角研究企业内部控制文化与企业高质量发展的关系研究虽然具有一定的理论意义和现实意义，但是受主客观研究条件的限制，依然存在一系列问题，有待进一步研究和补充。首先，从研究样本看，受样本容量的限制，我们只考虑了深交所上市的 A 股公司样本，研究结论可能与非深交的其他公司或者深交所的非 A 股上市公司表现的结果不一致，未来的研究可以扩大样本容量，提升体育精神研究的信度和效度；其次，从研究视角看，刻画体育精神变量只考虑了体育精神的文本属性，受样本收集难度的影响，难以用具体的体育活动情况刻画企业的体育精神，用文本属性衡量体育精神难免片面，随着计量工具的不断改进，这一问题将可在后续研究中逐步完善。

# 第十二章

# 审计治理路径：基于第三次分配的视角

## 第一节 引 言

收入分配改革是与生产体系改革、交换体系改革相并列的全局性问题（闫坤等，2013），是促进生产关系与生产力协调发展的战略举措，是释放各主体积极性、主动性和创造性的重要抓手。2021 年 7 月 1 日，习近平主席在庆祝中国共产党成立 100 周年大会上的讲话中庄严宣誓，我们实现了第一个百年奋斗目标，在中华大地上全面建成了小康社会，历史性地解决了绝对贫困问题①。我国通过坚持"以按照分配主体，多种分配方式并存"的分配制度，奠定了市场在资源优化配置中的决定性作用的地位，打通了生产、分配、交换和消费各个环节，各种生产要素的活力充分涌现，取得了疫情中我国是全球主要经济体中唯一实现经济正增长的国家的不易成绩。随着我国改革不断推进，收入分配格局基本成型，初次分配中充分发挥了市场的决定性作用，再分配环节也完善了"先富带动后富"的设计机制，实现了改革发展成果更多、更公平地惠及全体人民。但是推动经济奇迹般增长和分配结构基本合理的同时，我们也清楚地看到，一次分配差距过大、农民工收入偏低、基本社会保障平抑贫富差距的作用亟待提升等问题突出（宋晓梧，2021），市场经济中内含的"强者挤压"与"累积效应"致使形式公平之下内含着实质上的不公平现象普遍存在（廖海亚，2021），中等收入阶层在二次分配中有发展但仍发展不足，距离"橄榄形"目标还较远（陈宗胜，2020）。党

---

① 人民网．贺词里的追梦人［EB/OL］．（2023－01－01）［2023－12－04］．https：//baijiahao. baidu. com/s？id＝1753767793643048489&wfr＝spider&for＝pc.

中央高瞻远瞩，深入研究收入分配新常态、经济发展新态势和时代要求新格局，找到了治国理政新方略，并在中共十九届四中全会明确提出要"重视发挥第三次分配的作用，发展慈善等社会公益事业"。

国家审计是保证国家战略贯彻执行的重要工具，通过发挥自身的揭示功能、抵御功能和防范功能，保障第三次分配依法、惠民、充满社会责任。现有文献多从国家扶贫战略、乡村振兴战略、供给侧结构性改革战略等国家战略出发，对国家审计保障这些战略的贯彻执行进行了深入的实证研究和理论探索。但是鲜有文献把国家审计与第三次分配结合进行研究，主要原因可能是：一是第三次分配在我国刚刚提出，对第三次分配的目标、定位、规划、预期等缺乏全面的了解；二是我国政府虽然认识到了第三次分配对构建和谐社会主义国家和促进我国经济、社会高质量发展的重要性，但我国经济、社会发展不平衡、不充分的现状致使第三次分配在全国范围内推广和发展存在现实方面的不足；三是第三次分配更多的是依靠道德等社会力量的推进，需要以国家文明高度开化和全民素质的极大提高为保证，否则执行的第三次分配也是没有经济基础和道德感化的第三次分配，容易导致不健全的、偏离社会主义目标和中国梦的第三次分配。基于此，本书将结合第三次分配的历史必然和现实挑战，构建国家审计作用第三次分配的理论框架，研究和探索国家审计在第三次分配中的作用和实现路径，这一研究将具有重要的理论价值和现实意义。

## 第二节　第三次分配的历史必然性

第三次分配与市场失灵、政府失灵有关，是社会财富在经过初次分配、再分配以后，对人们手中积累的可支配收入进行的再一次分配，其起因在于市场系统和行政系统无法充分作用于收入调节和社会公平（王名等，2020），形成于生产力水平得到充分发展和经济基础得到充分巩固，完善于道德、文化、习惯等上层建筑和生产关系的得以充分解放，因此，第三次分配不仅是初次分配、再分配的有益补充，而且也反映出一个国家、民族和社会的思想境界和文明程度，是实现国家治理体系和治理能力的现代化的必然要求。

首先，当前我国社会的主要矛盾已经由日益增长的物质文化需求同落后的社会生产之间的矛盾转变为人民对美好生活的向往与发展不平衡不充分之间的矛盾，迫切需要第三次收入分配机制弥补第一次和第二次收入分配的不足，平衡就业、教育、医疗、居住、养老等民生领域的差距，促进社会和谐与公平，因此，健全与完善国民收入第三次分配制度对于缩小贫富差距、平衡社会矛盾、维护社会和谐意义重大。

其次，社会主义核心价值观要发挥其积极作用需要在新的时代条件下将理论体系转化为人的情感认同、实践自觉和行为习惯（钟宁等，2021）。第三次分配是在更高层次和更大范围内充分凝聚各种社会力量（黄恒学，2019），是社会主义核心价值观在分配领域的实践与运用。"富强、民主、文明、和谐"的大国特征需要第三次分配为第一次分配和第二次分配注入新模式，挖掘社会发展新动能，促进经济结构战略性调整和产业升级；"自由、平等、公正、法治"的社会优势需要第三次分配为"大树、小树、草丛"输送同样的阳光，预防"巨树之下寸草不生"的乱象，形成社会经济有序健康发展新常态；"爱国、敬业、诚信、友善"的个人要求需要第三次分配平衡社会矛盾，激活社会激情，形成社会风尚，增强社会责任自律。

再次，改革开放以来，我国经济取得了高速发展，GDP 经济总量跃居世界第二，但经济总量的快速积累加剧了贫富差距扩大和社会结构的固化。根据《中共中央关于制定国民经济和社会发展第十四个五年规划和二〇三五年远景目标的建议》的要求，引导各方面集中精力推进改革创新、推动高质量发展。

最后，实现共同富裕是中国特色社会主义的本质要求，是共产党的初心与使命，现阶段实现共同富裕必须围绕解决好发展的不平衡不充分问题，以让全体人民公平获得积累人力资本和参与共创共建的机会、公平地共享发展成果（刘培林等，2021），这些问题的解决和效果形成需要第三次分配协调矛盾、凝聚力量和形成自信。当前我国的第三次分配发展比较落后，在分配对象、分配规则、分配监督、分配执行、分配组织和分配意识等方面不成熟，需要结合我国特色和发展新常态构建符合我们实际的第三次分配理论框架和运行机制。

基于以上分析可以发现，新常态对第三次分配提出了新的更高期望，要求第三次分配更加注重社会责任、更加注重文化协同、更加注重治理创新和更加注重目标融合，充分发挥第三次分配的自治效应，实现与一次分配和第二次分配各司其职、功能互补、效应互增和动态循环，为"以按劳分配为主体多种分配形式并存"的收入分配制度注入中国元素和打上时代烙印。

## 第三节　审计在第三次分配中的作用

国家审计本质上是国家治理这个大系统中的一个内生的具有预防、揭示和抵御功能的免疫系统，是国家治理的重要组成部分（刘家义，2013），它是推动国家治理体系和治理能力现代化的重要工具。审计的国家治理作用的发挥，有利于健全与完善国民收入的第三次分配制度，推进国民收入分配的配套制度改革。具体来说，审计在第三次分配中能够发挥如下作用。

首先，坚持审计的政策导向作用，促进第三次分配更加注重社会责任。审计是保障国家大政方针政策贯彻执行的重要推动器，在国家政策跟踪审计中，及时发现与国家政策不吻合的第三次分配活动和行为，合理引导第三次分配服务于国家政策导向，同时，通过跟踪审计及时清扫阻碍第三次分配健康运行的制度、机制障碍，形成第三次分配与国家政策导向的合力，共同致力于社会主要矛盾的解决。第一次分配是由市场按照效率原则进行的分配。解放各种要素发展的生产力，完善与之相适应的生产关系，使我国在经济运行的拐点区，通过走创新发展之路，引导大众创业和万众创新，顺利实现经济的弯道超车发展，但是平台企业垄断和不正当竞争行为引导资本无序扩张，不利于中小企业良性互动、协同发展的格局形成，影响了人民的正常生活。第二次分配由政府按照兼顾公平和效率的原则、侧重公平的原则，通过税收、社会保障支出等这一收一支所进行的再分配，引导、督促企业服从党的领导，服从和服务于经济社会发展大局，鼓励支持企业在促进科技进步、繁荣市场经济、便利人民生活、参与国际竞争中发挥积极作用。而第三次分配则是在道德力量的推动下，通过个人自愿捐赠而进行的分配，强化企业公平竞争意识，引导全社会形成崇尚、保护和促进公平竞争的市场环境。必须充分挖掘内循环的潜力，国家审计通过设置审计目标、审计范围、审计重点，引导企业和全民看清国家政策导向，形成自觉履行社会责任、认同社会责任和乐于社会责任的良好氛围，引导第三次分配更加注重社会责任，为社会责任深入民心、形成习惯、变成传统、凝聚力量发挥我国特色的收入分配制度优势，推进更高标准的市场体系建设和加快形成统一开放、竞争有序的市场体系。

在第一次分配中，在注重效率的指导下，我国开展有效的市场经济改革，提出了市场在资源配置中的决定作用的科学论断，大力发展社会生产力和进行高质量的改革开放政策，把我国经济从新中国成立前的贫穷落后状态变成了现在的世界第二大经济体。经济发展也引发了更多的社会问题，如汽车拥挤、异地上学、就业难、就医贵、机会不平等，对于系列社会问题的产生，我国及时开展收入分配制度的第二次改革，倡导注重公平的第二次分配。第二次分配在一定的浅层次上缓解了社会矛盾，在社会的和谐建设中发挥了经济作用，但是难以实现新时代提出的高质量发展要求的目标。高质量发展是强调"五位一体"的有序发展、有温度的发展和有速度的发展，而第三次分配是站在人的全面开化的基础假设上，因此需要国家审计从国家政策高度为第三次分配创造良好的分配环境、制度环境、社会环境和人文环境，通过审计的作用，在全国形成第三次分配的文化、正确认识第三次分配、理解第三次分配、执行第三次分配、优化并高质化第三次分配，促进第三次分配不只是分配的作用，更能体现促进人的全面发展和全面开化的作用，实现人的整体素质和技能提高，使其愿意、能够而且乐于参与第三次分配，又通过第三次分配的平台实现人的再次发展和提高。

其次，坚持审计的行为强化作用，促进第三次分配更加注重文化协同。第一次分配是经济权力分配（企业＋政府主导），第二次分配是政治权力分配（政府主导），第三次分配是道德影响分配（政府＋公众主导）。社会主义核心价值观是中华民族五千年文化精髓的浓缩，是形成中国人民优良传统道德的指导书，因此，发挥审计的持续作用，把行为变成习惯，把习惯变成风尚，把风尚变成生产力，将优秀文化下形成的道德作用于第三次分配，让第三次分配的成果服务于社会主义核心价值观的形成。持续开展党政领导干部的经济责任审计，用审计手段支持权力反腐，维护"自由、平等、公正、法治"的社会环境，提高人民的获得感和体验感，为第三次分配积累更多的财富和有效分配财富提供社会环境支持和引导，树立正确的分配观和积累观；持续开展国家大政方针的跟踪审计，做到事前有规划、事中有跟踪和事后有反馈，整合事前、事中和事后审计，及时发现前进道路中的问题和不足，把国家的大政方针落实到实处，深入人民的利益中，加速"富强、民主、文明、和谐"的国家环境的形成，做到第三次分配有富足的财富基础、分配全程透明并接受民主监督、分配活动文明有序，形成的分配结果有利于国家的和谐与稳定；持续开展财政部门和税务部门的财政财务收支审计，依靠现代先进技术，摸清底子、找准路子、规范方子，构建依法依诚信纳税和享受国家财政补贴的监管图谱，引导个人树立"爱国、敬业、诚信、友善"品质，引导第三次分配的果实惠及真正需要的人。因此，审计强化作用引导第三次分配要从构建新发展格局、推动高质量发展、促进共同富裕的战略高度出发，以促进形成公平竞争的市场环境，为各类市场主体特别是中小企业创造广阔的发展空间，更好地保护消费者权益和履行真善美的社会责任，形成有文化内核、文化引领和文化传承的第三次分配。

第三次分配与其说是财富的第三次分配，不如说是文化的第三次分配，是对优秀中华文化的传播和升级。国家审计是国家治理的重要工具，因此在治理中侧重文化治理的作用，为我国的文化自信树碑立传。五千年国度，五千年文化，五千年文化的精髓涵盖了第三次分配的主要内容，因此，发挥审计的文化治理作用，把第三次分配的理念融入国家、企业、家庭和个人的每个环节，融入各个主体的生产、交换、分配和消费的每个细节中，促进第三次分配，使我国的生产更绿色、交换更和谐、消费更节约、分配更人文。

再次，坚持审计的风险防范作用，促进第三次分配更加注重治理创新。第三次分配被首次明确为"基础性制度安排"，并上升到了国家战略体系层面，这释放了第三次分配将进入大规模实际操作阶段的信号。审计将成为启动第三次分配的重要手段，引导第三次分配发挥国家治理的作用。一是发挥审计的风险预警功能，及时提示不合理的第三次分配乱象，追回第三次分配的资金流向非法领域，形成健康的第三分配生态圈，及时杜绝不健康的第三分配资金来源，做到第三分配合情、合理、合法与有效；二是发挥审计的增量风险控制作用，构建与现阶段经济社会发展相适应的第三分配格局，帮助企业与个人杜绝跟风式地参与到第三次分配中，合理布局第三次分配的门槛条件、诚信档案和机制措施，把第三次分配变成治理工具而不是套取利益的工具；三是发挥审计的存量风险化解作用，设置第三次分配专用机构，透明监管和统筹第三次分配，发挥第三次分配的应急性和公益性。

最后，坚持审计的统筹监督作用，促进第三次分配更加注重目标融合。系统观念是审计的根本思维方式和工作方法，审计需要把涉及的相关重大政策、改革要求、发展方向研究透彻，注重综合分析研判，将发现的问题置于全局中加以审视，加大跨领域、跨行业、跨年度分析，归纳提炼具有苗头性、倾向性、普遍性的问题，着力推动源头治理，发挥审计的统筹监督作用。由于第三次分配是由自发力量形成的以个人捐赠和政府引导的分配系统，慈善受个人目标驱动，导致真善与伪善并存，奉献与投机同在，第三次分配需要依靠审计的统筹监督作用作出宏观统筹，制定第三次分配的目标规划，确定第三次分配的最终目标、阶段性目标和导入性目标，构建合理有序的目标融合体系，把第三次分配变成无私的、公益的、共享的、持续的、合作的、联动的和平衡的分配手段和分配模式。目标融合要求第三次分配要以国家战略为导向形成第三次分配的战略目标，要以国家行动为指南形成第三次分配的过程目标，要以人民满意为标准形成第三次分配的评价目标，深入融合评价目标、过程目标和战略目标，构建目标相容、内容互补、结果同向的第三次收入分配目标体系。第三次分配尽管建立在人的高度全面发展的基础上，但是我们发展不平衡不充分的矛盾客观存在，在经济社会高度发展的某个角落，可能存在经济文化落后的片段，因此需要加强监督作用，帮助、支持和引导经济文化落后的局部取得突破和快速的、有高度的发展。积极引导第三次分配向更需要的地方倾斜、更直接的领域倾斜和资源更稀缺的地方倾斜。

## 第四节　审计在第三次分配中的实现路径研究

### 一、创新社会责任审计，完善第三次分配的框架结构

第三次分配是道德影响分配（政府＋公众主导），与第一次分配和第二次分配一样，需要解决的基本问题是分配什么的问题、由谁分配的问题和怎么分配的问题。构建结构合理、科学有效的第三次分配框架，是完善收入分配制度的重要内容。以社会责任为导向，以"真、善、美"的社会责任为重要抓手，以"纯、爱、泽"的道德起源为初心，创新社会责任审计，完善第三次分配的框架结构。首先，完善第三次分配的对象结构。第三次分配是个人在道德力量的推动下完成的，必须考虑道德力量推动与物质技术条件、个人目标使命、分配物质属性等因素的协调度，而这些因素是复杂的、难以辨别的。因此，在引导个体参与第三次分配前提是对个体进行甄别、教化和引导，以确保第三次分配对象是合法的，道德影响不是冲动，而是经过深思熟虑的，分配对象参与分配后是不影响参与者的正常生产生活的，参与者的参与是纯粹履行社会责任而非附加目的的。这些活动需要创新社会责任审计，铸造全民参与非伪善的社会责任活动，把"爱国、敬业、诚信、友善"的个

人属性和背景调查作为参与社会责任的入门券，鼓励参与社会责任的同时，引导公众树立"爱国、敬业、诚信、友善"的榜样品性，构建社会个人诚信档案账户，动态考核社会个人诚信，并选择公布诚信及考核结果。其次，完善第三次分配的主体结构。第三次分配的主体结构是解决谁来分配的问题，涉及主体的选择问题。担任第三次分配的主体既是责任主体又是荣誉主体，既是执行主体又是创新主体，既是立足现在的安排主体又是着眼未来的规划主体。最后，完善第三次分配的分配手段和方式。第三次分配的分配手段和方式是解决如何分配的问题。第三次分配又不同于第一次和第二次分配，一方面需要体现参与主体的自豪感和荣誉感，激发参与主体的参与热情和动力，通过有能力的奉献主体的榜样作用带动潜在的有能力的主体，形成良好的社会责任风气；另一方面要把分配对象分配到最需要的地方，巩固参与主体的自豪感和责任感，实现第三次分配精准弥补第一、二次分配的不足，提高全民的获得感和幸福感，促进社会和谐、健康地运行。

## 二、培育多元审计文化，树立第三次分配的价值导向

第三次分配还处于初期阶段，需要合理的价值引导，提高第三次分配的社会自治功能。一是通过审计制度文化树立第三次分配的制度导向。把第三次分配的流程、监管、推广等制度化，以制度的形式保护分配主体的合法利益，又通过制度把第三次分配纳入监管中，促进参与分配、监督分配和自觉分配相互促进，为第三次分配树立看板导向，合理引导第三次分配能参与、能运行、能发展。二是通过审计监督文化树立第三次分配的行为导向。第三次分配是个系统的分配活动，是由一个个流程形成的系统体现，每个流程的合法合规性、经济效益型、社会责任性都有差异，通过监督文化的作用，引导第三次分配透明化、公益化、效益化、责任化和协调化，第三次分配的成果得到保护，第三次分配的作用得到发挥，第三次分配的私利得到抑制。三是通过审计问责文化为第三次分配扫清人为障碍，把社会主义核心价值观植入第三次分配。

## 三、发挥审计治理优势，激发第三次分配的参与热情

我国的经济总量跃居世界第二，人民财富日益增加，已经步入小康社

会。但是发展不平衡不充分的特征决定了社会资源分配有差异、个人幸福感有差异，需要发挥第三次分配的作用减少差异、共享和谐，因此，需要激发第三次分配的全民参与热情，形成健康积极的参与观。一是扩大参与主体。审计监督优势已经深化为审计治理优势，发挥审计治理作用，从更高层次和更大目标上优化社会资源，调动一切可以调动的第三次分配的参与主体，提高大众的第三次分配的参与度，形成对第三次分配的正确认识，树立正确的第三次分配观，形成人人都是责任主体、个个都是奉献主体的责任观。二是扩广参与形式。第三次分配形式多种多样，继续调动物质财富参与第三次分配的同时，科学引导精神财富和生态财富参与第三次分配，增加弱势群体的参与机会和参与分量，提高弱势群体的获得感和幸福感。三是扩深参与程度。保护和培育社会主体的参与热情的同时，加强参与主体的终身责任体系建设，让第三次分配能够持续、能传承、能够创新和能够赋能。四是积极构建参与保障体系。保护参与人的合法权益和切身利益，积极培育"水善利万物而不争""衣养万物而不为其主"的第三次分配文化，完善各主体的保障配套体系。五是优化参与效果评估系统。建立社会参与的回应机制和需求表达机制，落实确保主体责任履行到位，以主体责任的履行到位推动各方面责任落实到位，科学评估第三次分配，做到第三次分配在实践中不断完善和创新升级。

## 四、运用审计目标网格，优化第三次分配的运行生态

第三次分配是全员参与的分配实践，覆盖面广，面对的环境复杂多变，涉及的人群千差万别，优化第三次分配的运行生态是至关重要的。运用审计的网格化管理经验，优化第三次分配的运行生态，以提高第三次分配的效率，扩大第三次分配的社会效应，构建和谐的第三次分配关系。网格化管理以信息技术为手段，以精细化管理为目标，通过社会化协同实现精准分配、有效分配和尽职分配，进一步激发第三次分配的治理效能。着力提高第三次分配的平衡性、协调性、包容性，通过网格化目标管理，把第三次分配精准投向发展不平衡的区域和民生领域，缓解"学位、床位、车位、厕位"等人民"急、难、愁、盼"的问题。为了实现上述目标，构建健康有效的第三分配运行生态显得尤为迫切。一是优化第三次分配的运行信息生态。参与第三次分配的各主体目标不一，主体通过参与第三次分配实现自利行为是存在

的。一方面，乐善好施的第三次分配是广泛存在的，有研究表明，产业政策支持的企业会更加乐善好施，进行更多的慈善捐赠；另一方面，有主体通过慈善捐赠实现利己目标，也有研究表明，主体利用慈善捐赠的"信号传递效应"以及缓解融资约束降低债务融资成本。因此，优化信息生态、披露各主体参与第三次分配的真实目标，有利于规避分配风险和引导分配向公益方向发展。二是优化第三次分配的运行权力生态。参与第三次分配是权利也是义务，更是社会责任，强化社会责任意识，让第三次分配的外部正效应均等惠及各利益主体。三是优化第三次分配的运行环境生态。发挥第三次分配的道德自发作用，有效遏制各主体通过第三次分配进行权力寻租和破坏竞争有序的市场秩序的行为。

第四部分

# 结论与启示

| 第十三章 |

# 结论与启示

　　本书通过构建"信息基础—社会责任—审计治理"框架，有针对性地分析了作为典型的会计信息之一的"财务重述"的特征、作为经典的监督评价之一"深交所考评"的作用价值和社会责任与审计师对信息的使用，科学系统详细地分析了我国资本市场的信息属性和价值导向，为完善有中国特色的资本市场信息机制提供了理论探索和经验证据；结合社会责任的动机、经济价值和综合价值进行探究，围绕"动机—价值"线条勾画了企业社会责任实践规律和偏离表征，更强调性地突出了社会责任有利于企业高质量发展的机理和证据，为企业为什么践行社会责任和预防滥用社会责任提供了比较与解释；围绕审计作为企业治理和国家治理的重要工具，本书分析论证了审计能够有效地实现信息治理、社会责任治理和高质量发展的科学论断，并探索了审计如何有效实现第三次分配，满足人民对美好生活向往的路径。

## 第一节　研究结论

### 一、信息基础方面

　　1. 本书以预增和预减在 50% 以上的业绩预告数据为样本构建模型，验证了学者们常用的信息成分变量在深交所考评等级中的体现程度。结果发现，考评数据在模型设计的变量中除了体现较为显著性特性的规模信息和是否违规信息外，其他的信息成分很少。为今后学者们谨慎选择深交所考评数据作为某些信息成分的代理变量提供了启示。

2. 本书以沪深两市所有 A 股上市公司为研究样本，利用事件研究法、多元回归分析法，研究财务重述的信息含量，分析重述制度的效果和揭示财务重述制度外表下的企业操纵行为。首先分析财务重述公告是否具有信息含量，从异常收益率、超额换手率、收益波动率三个角度验证财务重述公告的政策效果，投资者消化财务重述公告，从而修正投资决策；其次对比分析财务重述内容不同的公司的市场反应，重述"好"消息和重述"坏"消息的公司的市场反应的差别，进一步说明财务重述公告具有信息含量；最后结合应计性盈余操纵和真实性盈余操纵两个方面，构建多元回归模型，分析财务重述外表下企业操纵利润行为。分析发现，虽然财务重述公告总体上表现弱的信息含量，但是对财务重述的内容进一步分类发现，"好"消息的重述具有显著的正面市场反应，"坏"消息的重述具有显著的负面市场反应，包含应计内容和调增盈利的重述公司具有更高的盈余管理水平。

3. 本书在财务重述分析的基础上引入业绩预告事件，以年报信息为桥梁，构建财务重述信息含量与业绩预告信息含量模型，分析财务重述信息含量的表现特征，同时用发生财务重述和业绩预告公司为样本，比较财务重述信息含量与业绩预告的信息含量特征差异。通过以上问题的分析发现：上市公司的财务重述的预期效应显著低于业绩预告的预期效应；在重大事件公布当日，上市公司的财务重述的信息含量显著低于业绩预告的信息含量；在重大事件公布后，上市公司的财务重述的信息含量显著性可以媲美业绩预告的信息含量。

4. 本书以 A 股上市公司为样本，从市场角度研究财务重述与市场选择的关系。研究表明，业绩优秀的上市公司变更事务所和注册会计师会显著降低财务重述的概率，但业绩差的上市公司变更事务所和注册会计师会显著增加财务重述的概率；选择"四大"会计师事务所能显著降低财务重述的概率，但支付高的审计费用对财务重述的概率有显著影响，如果选择的非"四大"会计师事务所可以降低财务重述的概率，如果购买的是"四大"会计师事务所服务反会增加财务重述的概率。

5. 市场在资源配置中起决定性作用，会计信息作为会计市场的重要机制构成，在新常态下探讨会计信息透明度对第三次分配的作用有重要的政策意义和理论意义。本书基于深沪上市的 A 股公司样本，实证研究了会计信息透明度与企业慈善捐赠的关系。研究结果表明，透明度高的会计信息显著地提高了捐赠意愿和捐赠水平。进一步研究发现，会计信息透明度通过改善企业绩效、公司治理水平和履行社会责任路径提高捐赠意愿和捐赠水平；异质性研究发现，相对于低融资约束和小规模企业，高融资约束和大规模企业的会计信息透明度对企业捐赠意愿的影响程度更高。

## 二、社会责任方面

1. 本书以 A 股上市公司为样本，研究了企业是否应该履行企业环境责任和怎么正确认识企业履行环境责任的问题。通过构建回归方程模型发现企业履行环境责任存在寻租动机和避嫌动机，寻租动机会促进企业履行环境责任，而避嫌动机会阻碍企业履行环境责任，这两种动机存在一定的替代效应；寻租动机和避嫌动机通过企业环境责任的中介目标倒"U"型影响企业最终目标的实现。然后通过结构方程模型发现企业的环境责任目标能直接促进企业高质量发展目标的实现，也能通过环境责任提高总资产增长率间接阻碍企业高质量发展目标的实现。

2. 本书基于深交所主板上市公司的样本，采用结构方程模型的 MLMV + robust 估计法，实证研究结果表明，企业社会责任能够持续地增加企业的财务绩效，而避税活动与企业的财务绩效呈现倒"U"型关系，即避税活动达到临界值前，避税活动可以有效增加企业的财务绩效，但是超过临界值后，随着避税活动的增加，企业的财务绩效将会下降。由此可见，企业从事社会责任活动要趁早，在正确的社会责任价值观引导下，充分发挥企业社会责任的开源能力，实现企业财务绩效的优化升级。同时，避税活动要适当，不要做超越临界点的激进的避税活动，才能有利于企业发挥专业才能，实现税务优化，从节流角度提升企业的财务绩效，最终实现社会责任和避税活动对财务绩效的增值能力。

3. 社会责任、信息技术和企业高质量发展作为重要议题，分别代表企业经营的温度、速度和效度，三者之间具有内在的逻辑关联。社会责任和信息技术，各自和协同对企业经营过程发挥激励和约束作用，进而对企业的高质量发展产生重要影响。本书主要探讨在信息技术条件下，企业社会责任对企业高质量发展的作用机制。研究发现，企业社会责任和信息技术对企业高质量发展战略的实现均有显著影响。一方面，企业履行社会责任，有利于促进企业自身的高质量发展。另一方面，信息技术增强了企业履行社会责任的能力，促进了企业的高质量发展。进一步研究发现，较信息技术而言，社会责任在我国企业的高质量发展中发挥着主因作用。研究成果丰富了社会责任和企业高质量发展的关系研究，为我国企业社会责任治理和信息技术发展提供了新思路。

## 三、审计治理方面

1. 文章以 2008～2018 年发生财务重述的深交所上市公司为样本，基于内部控制缺陷的视角研究了上市公司审计独立性与会计信息质量的关系。研究结果表明，审计独立性的提高能够提高上市公司会计信息质量，在较高的内部控制水平的企业和代理成本较低的企业，审计独立性对会计信息质量的影响更明显，建议上市公司完善内部控制和公司治理结构，降低委托代理矛盾，通过聘请高独立性的外部审计，更能够提高企业的会计信息质量。

2. 审计失败根源于审计独立性缺失，知名事务所审计失败案例频繁发生，在不考虑审计供给方的因素的情况下，从审计购买方角度探讨企业自律、社会他律与审计独立性的关系有重要的研究价值。本书基于 2010～2020 年深交所上市的 A 股公司样本的研究发现，在其他条件不变的情况下，社会关注度和企业社会责任履行情况显著影响审计的独立性，企业内部治理水平对审计独立性的影响不明显，但是企业内部治理水平和社会关注度在企业社会责任影响审计独立性的路径中发挥着显著的中介效应。进一步研究发现，当企业存在法律风险时，会通过社会责任影响审计独立性，实现利己目标。

3. 基于 2009～2020 年的深交所上市的 A 股公司数据，实证研究了内部控制与企业文化与企业高质量发展的关系。研究结果表明，体育精神与企业高质量发展呈显著的正相关关系。路径研究发现，体育精神一方面把竞争属性通过企业创新创业，促进了企业的高质量发展；另一方面的合作属性通过履行企业的社会责任，促进了企业的高质量发展。异质性研究发现企业的竞争属性在非国有控股企业和竞争效应低的企业更为显著。本研究丰富了企业内部控制文化的相关文献，为企业管理者合理培育体育精神、合理配置体育精神的竞争属性和合作属性的管理提供了参考，也为政府监管部门合理引导体育精神的价值观提供了中国特色的经验证据。

4. 完善第三次分配在互补第一次分配和第二次分配中的作用被学者们所关注。本书以新时代对第三次分配提出更加注重社会责任、更加注重文化协同、更加注重治理创新和更加注重目标融合的要求为背景，剖析了审计在第三次分配中的政策导向作用、行为强化作用、风险防范作用和统筹监督作用，提出了审计在第三次分配中的四条实现路径：一是创新社会责任审计，完善第三次分配的框架结构；二是培育多元审计文化，树立第三次分配的价值导向；三是发挥审计治理优势，激发第三次分配的参与热情；四是运用审计目标网格，优化第三次分配的运行生态。

# 第二节　启示与建议

企业社会责任是国家社会责任实现的重要路径，是国家打造责任政府、法治政府和民生政府在企业层面的映射。当前世界经济深受战争、贸易等不确定因素的影响，为免受世界经济、政治、文化等不确定性的冲击，打造责任企业，促进企业社会责任持续、健康和高质量地履行，将惠及企业、民生和国家利益。一方面，企业通过社会责任履行获取持续的战略资源、增强抗风险和应急管理能力，推进企业高质量发展；另一方面，政府通过引导审计在环境营造、机制打造、信息塑造和价值重构等方面的作用，有利于增进民生福祉、振奋企业信心和构建和谐的政府、企业与人民关系，不断优化国家治理体系和治理能力。

但是，通过本书的前述分析，我们也清晰地看到信息被双面使用、企业社会责任存在价值相关性的同时也有寻租动机，审计虽然能够促进信息透明度与社会责任履行，但是作用力有限，基于此，本书提出如下建议。

## 一、培育高质量的信息机制

会计领域一直存在着"信息有效"与"决策有用"两种观点，决策有用必须以信息有效为前提，可见，信息是决策的基础和保障。企业是否应当履行社会责任、如何履行社会责任、怎么有效评价社会责任，均需要高质量的信息。培育高质量的信息机制，需要从信息的生产机制、信息的传播流通机制、信息的分配配置机制和信息的使用和评价机制四个维度构建。一是信息的生产应保障信息的真实和完整。信息的真实性和完整性是信息的基本属性，随着自媒体的发展，信息生产出自多门，信息被横向和纵向叠加，在加工、处理、包装、利用等环节可能导致信息偏离真实和完整。因此，需要加强对信息源包括衍生信息源的管理，强化信息发布的责任和追究机制，保障信息生产的持续真实和信息裂变的完整。二是加强信息传播的问责落实制，保障信息传播机制的有效性和责任性。信息需要经过传播介质传播到使用者，在传播中可能被异化，信息使用者获得异化的信息将作出非理想的决策甚至错误的决策。在疫情防控中传播谣言，引起民众的不信任感，极大地削弱了政府疫情防控的政策效果。只有健全信息传播机制，从流通环节保障信息的不失真和不片面化，才可以让信息有效和决策有用相得益彰，共同提高。三是保障信息交换环节的市场、价格、衍生品和渠道决定了信息交换的价值。充分发挥市场在信息资源配置中的决定性作用和强化信息的人民属性，从更高效益和最大民生的层面实现信息交换的畅通、惠民、公平和实时。四是从引导、专业咨询和有效监管角度促进信息的有效消费和通过消费促进新的信息的生产。特别是在大数据时代，信息的消费产生有价值的数据，其实就是信息的生产，自然地形成了信息的透明度机制和责任机制。培育高质量的信息机制不是从四个环节中的某一个环节开始，而是环环相扣，共同促进信息机制的高质量运转。

## 二、构建高价值的企业社会责任体系

企业社会责任的履行与否，学术界存在相互矛盾的多种观点。本书结合我国资本市场的特征，研究发现，企业履行社会责任可以提高企业的绩效，促进企业高质量发展，这主要是由我国的社会主义性质和该性质决定的生产、交换、分配和消费行为决定的。我国是社会主义国家，决定了我国企业必须重视企业社会责任。社会主义国家的属性决定了企业、行业、家庭、个人和国家的社会主义行为；儒家文化印记的民族，决定了企业必须从事社会责任的生产、分配、交换和消费的文化；中国共产党对人民当家作主的承诺，决定了企业的社会责任受到党和社会相关群体的监督和考评。因此，我国企业综合权衡各种利弊，必须走践行社会责任的道路。但是如何构建高价值的企业社会责任体系，是企业现阶段探索的主题。高价值的企业社会责任体系需要满足政治、经济、社会、文化、生态和和谐的责任体系，这六个责任组成了企业的新型社会责任体系，必然也是具有高价值的产出体系。按照马克思主义哲学体系，事物是矛盾的统一体，有政治、经济、社会、文化、生态和和谐的责任，就必然诞生了政治、经济、社会、文化、生态和和谐的责任报酬，企业活动才是与社会进行物质和能力永恒交换的载体，规模报酬递增成为必然。

## 三、打造公平高效的审计市场

信息机制和社会责任体系需要外力的作用。审计作为重要的监督和治理手段，在经济、政治、社会等领域发挥了重要的作用，也是经济社会、和谐、健康、高质量发展的重要保障力量和依靠力量。审计受制度、资源、技术、人力等多要素的约束，显示的审计作用呈现出有限性、审计领域的抽样性、审计思维的静态性、审计权威的质疑性和审计结果的非完全公正性。因此，打造公平高效的审计市场是实现审计全覆盖、审计治理与监督的有效和审计结果公平有用的重要保障。首先，审计是一种技术要素，需要健全审计要素市场，优化审计资源配置，促进审计质量高水平供给，深化审计供给侧结构性改革，从审计顶层设计角度优化审计市场；其次，审计是一种资源，一种相对稀缺的资源，是上市公司展示生产经营状况、现金流量和盈利水平的重要和必须保证，通过上市公司的社会责任体系和信息机制倒逼审计改革和公平审计；最后，审计是监督和治理手段，通过接受审计市场、企业和各利益主体的检阅，促进审计市场体系朝着"统一、开放、竞争、有序"方向改革。

# 参 考 文 献

[1] 白光昭. 第三次分配：背景、内涵及治理路径 [J]. 中国行政管理, 2020 (12)：120 – 124.

[2] 蔡春, 黄益建, 赵莎. 关于审计质量对盈余管理影响的实证研究 [J]. 审计研究, 2005 (2)：3 – 10.

[3] 曹强. 财务重述与会计师事务所风险管理战略 [D]. 厦门：厦门大学学位论文, 2009.

[4] 陈贵梧, 胡辉华. 加入行业协会的民营企业慈善捐赠更多吗？——基于全国民营企业调查数据的实证研究 [J]. 财经研究, 2018 (1)：33 – 46.

[5] 陈丽英. 非审计服务与财务重述——来自上市公司的证据 [J]. 山西财经大学学报, 2009 (3)：112 – 117.

[6] 陈凌云. 年报补充及更正公告的信息含量研究 [J]. 湘潭大学学报 (哲学社会科学版), 2009 (9)：93 – 99.

[7] 陈晓, 陈小悦, 刘钊. A 股盈余报告的有用性研究——来自上海、深圳股市的实证证据 [J]. 经济研究, 1999 (6)：21 – 28.

[8] 陈泽艺, 李常青. 媒体关注与内部控制缺陷修正：市场压力或信息透明 [J]. 当代财经, 2019 (11)：72 – 81.

[9] 陈昭, 刘映曼. 政府补贴, 企业创新与制造业企业高质量发展 [J]. 改革, 2019, 306 (8)：140 – 151.

[10] 陈宗胜. 试论从普遍贫穷迈向共同富裕的中国道路与经验——改革开放以来分配激励体制改革与收入差别轨迹及分配格局变动 [J]. 南开经济研究, 2020 (6)：3 – 22.

［11］程虹. 管理提升了企业劳动生产率吗？——来自中国企业劳动力匹配调查的经验证据［J］. 管理世界，2018，34（2）：80－92.

［12］池建. 历史交汇期的体育强国梦：基于党的十九大精神发展中国特色社会主义体育强国之路［J］. 北京体育大学学报，2018，41（1）：1－8.

［13］储德银，刘文龙. 政府创新补贴、企业文化与创新绩效［J］. 经济管理，2021，43（2）：71－87.

［14］戴鹏毅，杨胜刚，袁礼. 资本市场开放与企业全要素生产率［J］. 世界经济，2021，44（8）：154－178.

［15］邓理峰，涂胜彬. CSR 实践如何影响企业品牌及声誉？——近十年来相关研究的评估与展望［J］. 现代传播（中国传媒大学学报），2021，43（5）：125－131.

［16］邓新明，罗欢，龙贤义，等. 高管团队异质性、竞争策略组合与市场绩效——来自中国家电行业的实证检验［J］. 南开管理评论，2021，24（4）：103－117.

［17］董斌，刘慧. 企业腐败文化与不当行为：效应与机制［J］. 经济评论，2020（6）：142－158.

［18］董普，田高良，严骞. 非审计服务与审计质量关系的实证研究［J］. 审计研究，2007（5）：42－49.

［19］董志愿，张曾莲. 政府审计对企业高质量发展的影响——基于审计署央企审计结果公告的实证分析［J］. 审计与经济研究，2021，36（1）：1－10.

［20］窦克勤，何小龙，李君，等. 从新冠疫情防控看信息技术创新应用促进经济社会高质量发展［J］. 科学管理研究，2021，39（2）：2－8.

［21］杜兴强，冯文韬. 女性高管、制度环境与慈善捐赠——基于中国资本市场的经验证据［J］. 经济管理，2012（11）：53－63.

［22］杜兴强. 殷勤款待与审计独立性：天下有白吃的午餐吗？［J］. 会计研究，2018（5）：83－89.

［23］方红星，陈娇娇，于巧叶. 内部控制审计收费的影响因素研究［J］. 审计与经济研究，2016（4）：21－29.

［24］方红星，孙嚣，金韵韵. 公司特征、外部审计与内部控制信息的自愿披露——基于沪市上市公司 2003－2005 年年报的经验研究［J］. 会计研究，2009（10）：44－52.

[25] 付丽娜, 贺灵. 环境规制对工业绿色创新的影响及其空间异质性研究 [J]. 湘潭大学学报 (哲学社会科学版), 2020, 44 (5): 92 - 97.

[26] 高勇强, 陈亚静, 张云均. "红领巾" 还是 "绿领巾": 民营企业慈善捐赠动机研究 [J]. 管理世界, 2012 (8): 106 - 114 + 146.

[27] 古志辉. 公司治理与公司捐赠: 来自中国上市公司的经验研究 [J]. 管理评论, 2015, 27 (9): 69 - 84.

[28] 郭海, 李垣, 段熠. 控制机制对创业能力与突变创新关系影响研究 [J]. 科研管理, 2007 (5): 25 - 30.

[29] 韩金红, 杨小伟. 产业政策支持的企业更倾向慈善捐赠吗 [J]. 财会月刊, 2021 (14): 100 - 109.

[30] 何枫, 刘荣, 陈丽莉. 履行环境责任是否会提高企业经济效益? ——基于利益相关者视角 [J]. 北京理工大学学报 (社会科学版), 2020, 22 (6): 32 - 42.

[31] 何威风, 刘启亮. 我国上市公司高管背景特征与财务重述行为研究 [J]. 管理世界, 2010 (7): 144 - 155.

[32] 贺立龙, 朱方明, 陈中伟. 企业环境责任界定与测评: 环境资源配置的视角 [J]. 管理世界, 2014 (3): 180 - 181.

[33] 胡浩志, 张秀萍. 参与精准扶贫对企业绩效的影响 [J]. 改革, 2020 (8): 117 - 131.

[34] 胡珺, 彭远怀, 宋献中, 等. 控股股东股权质押与策略性慈善捐赠——控制权转移风险的视角 [J]. 中国工业经济, 2020 (2): 174 - 198.

[35] 花拥军, 王冰, 李庆. 企业社会责任、经济政策不确定性与融资约束——基于社会责任 "累积 - 保险" 效应的研究视角 [J]. 南方经济, 2020 (11): 116 - 131.

[36] 黄恒学. 中国特色社会主义基本分配体系是如何形成的 [J]. 人民论坛, 2019 (29): 32 - 34.

[37] 黄梅, 夏新平. 操纵性应计利润模型检测盈余管理能力的实证分析 [J]. 南开管理评论, 2009, 12 (5): 136 - 143.

[38] 黄速建, 肖红军, 王欣. 论国有企业高质量发展 [J]. 中国工业经济, 2018 (10): 19 - 41.

[39] 江小涓, 孟丽君. 内循环为主、外循环赋能与更高水平双循环——国际经验与中国实践 [J]. 管理世界, 2021, 37 (1): 1 - 19.

[40] 江新峰，李四海．大股东持股与企业捐赠行为——基于代理理论的研究 [J]．经济管理，2019，41（7）：154 – 170．

[41] 姜付秀，石贝贝，李行天．"诚信"的企业诚信吗？——基于盈余管理的经验证据 [J]．会计研究，2015（8）：24 – 31 + 96．

[42] 姜英兵，崔广慧．企业环境责任承担能够提升企业价值吗？——基于工业企业的经验证据 [J]．证券市场导报，2019（8）：24 – 34．

[43] 姜雨峰，田虹．利益相关者压力对企业社会责任影响研究——一个调节中介效应模型 [J]．苏州大学学报（哲学社会科学版），2015，36（2）：110 – 118．

[44] 靳小翠．企业文化会影响企业社会责任吗？——来自中国沪市上市公司的经验证据 [J]．会计研究，2017（2）：56 – 62 + 97．

[45] 黎来芳，张伟华，陆琪睿．会计信息质量对民营企业债务融资方式的影响研究——基于货币政策的视角 [J]．会计研究，2018（4）：66 – 72．

[46] 黎文靖，孔东民．信息透明度、公司治理与中小股东参与 [J]．会计研究，2013（1）：42 – 49 + 95．

[47] 李静．我国上市公司财务重述市场反应的实证研究 [D]．成都：西南财经大学，2011．

[48] 李蒙，李秉祥，张涛．非控股大股东退出威胁对"自利性"捐赠的治理作用——基于控股股东股权质押视角 [J]．南开管理评论，2021（9）：1 – 25．

[49] 李培功，沈艺峰．媒体的公司治理作用：中国的经验证据 [J]．经济研究，2010，45（4）：14 – 27．

[50] 李诗田，宋献中．声誉机制、代理冲突与企业捐赠——基于中国上市公司的实证研究 [J]．经济经纬，2014，31（4）：92 – 97．

[51] 李四海，陈旋，宋献中．穷人的慷慨：一个战略性动机的研究 [J]．管理世界，2016（5）：116 – 127 + 140．

[52] 李四海，陆琪睿，宋献中．亏损企业慷慨捐赠的背后 [J]．中国工业经济，2012（8）：148 – 160．

[53] 李馨弘．内部控制信息披露影响因素的实证研究 [D]．杭州：浙江大学，2007．

[54] 李英利，谭梦卓．会计信息透明度与企业价值——基于生命周期

理论的再检验 [J]. 会计研究, 2019 (10): 27-33.

[55] 李增福, 汤旭东, 连玉君. 中国民营企业社会责任背离之谜 [J]. 管理世界, 2016, 32 (9): 136-148, 160.

[56] 李征仁, 王砚羽, 石文华. 亡羊补牢: 负面记录对企业社会责任的影响及绩效分析 [J]. 管理评论, 2020, 32 (9): 239-250.

[57] 厉以宁. 股份制与现代市场经济 [M]. 南京: 江苏人民出版社, 1994.

[58] 廖海亚. 市场经济下收入分配公平性的理论、逻辑与价值导向 [J]. 安徽大学学报 (哲学社会科学版), 2021, 45 (1): 137-144.

[59] 廖联凯, 杨宇, 吴安妮. 企业慈善捐赠、媒体关注与债务融资成本 [J]. 财会通讯, 2021 (11): 69-73.

[60] 林勇, 张昊, 黄欣. 信息技术对经济高质量发展的影响——兼论从模仿创新到自主创新 [J]. 科技进步与对策, 2021, 38 (23): 20-29.

[61] 刘柏, 卢家锐. "好公民" 还是 "好演员": 企业社会责任行为异象研究——基于企业业绩预告视角 [J]. 财经研究, 2018, 44 (5): 97-108.

[62] 刘柏, 王一博. 股价高估与企业社会责任的关系研究 [J]. 经济管理, 2020, 42 (1): 76-92.

[63] 刘家义. 中国特色社会主义审计理论研究 [M]. 北京: 中国时代经济出版社, 2013.

[64] 刘培林, 钱滔, 黄先海, 等. 共同富裕的内涵、实现路径与测度方法 [J]. 管理世界, 2021, 37 (8): 117-129.

[65] 刘星, 陈丽蓉, 刘斌, 等. 非审计服务影响注册会计师独立性吗 [J]. 会计研究, 2006 (7): 30-39.

[66] 刘行, 吕长江. 企业避税的战略效应——基于避税对企业产品市场绩效的影响研究 [J]. 金融研究, 2018, 457 (7): 158-173.

[67] 陆建桥. 中国亏损上市公司盈余管理实证研究 [J]. 会计研究, 1999 (9): 25-35.

[68] 陆正飞, 张会丽. 所有权安排、寻租空间与现金分布——来自中国 A 股市场的经验证据 [J]. 管理世界, 2010 (5).

[69] 逯东, 孙岩, 杨丹. 会计信息与资源配置效率研究述评 [J]. 会计研究, 2012 (6): 19-24+92.

［70］马克思恩格斯文集：第 7 卷［M］．北京：人民出版社，2009．

［71］满河军．企业社会责任的哲学研究［D］．北京：中共中央党校博士学位论文，2008．

［72］莫冬燕，杨真真，王纵蓬．媒体关注会影响内部控制审计定价吗［J］．宏观经济研究，2020（12）：152－165．

［73］那晋领，方先明．上市公司发布社会责任报告能够实现市值管理动机吗？［J］．经济管理，2021，43（7）：158－176．

［74］彭晓英，张庆华．基于资源要素视角的企业环境责任的价值创造机制研究［J］．环境保护，2020，48（16）：35－38．

［75］普拉哈拉德 C K，拉马斯瓦米 V．消费者王朝——与顾客共创价值［M］．王永贵，译．北京：机械工业出版社，2005．

［76］邱静，王琪．提高盈余透明度能带来资本市场和企业双赢吗？——基于企业投资行为视角［J］．财经理论与实践，2020（1）：71－77．

［77］权小锋，吴世农，尹洪英．企业社会责任与股价崩盘风险："价值利器"或"自利工具"？［J］．经济研究，2015（11）：51－66．

［78］权小锋，肖红军．社会责任披露对股价崩盘风险的影响研究：基于会计稳健性的中介机理［J］．中国软科学，2016（6）：80－97．

［79］娆睿．财务重述的信息含量研究——来自中国 A 股市场的经验证据［D］．保定：河北大学，2010．

［80］任洪岩．构建我国以企业环保为主体的污染防治体系［J］．环境保护，2014，42（11）：23－26．

［81］山立威，甘犁，郑涛．公司捐款与经济动机——汶川地震后中国上市公司捐款的实证研究［J］．经济研究，2008，43（11）：51－61．

［82］沈洪涛．公司特征与公司社会责任信息披露——来自我国上市公司的经验证据［J］．会计研究，2007（3）：9－16．

［83］史丽萍，刘强，吴康俊，等．FDI 技术溢出、知识创新与企业竞争优势的关系研究——基于企业吸收能力、内部控制机制的调节作用［J］．研究与发展管理，2014，26（5）：1－13．

［84］宋建波，李丹妮．企业环境责任与环境绩效理论研究及实践启示［J］．中国人民大学学报，2013，27（3）：80－86．

［85］宋林飞．第三次分配是构建和谐社会的重要途径［J］．学海，

2007（3）：68 - 72.

[86] 宋晓梧. 深化收入分配改革，促进国内经济循环 [J]. 经济与管理研究，2021，42（2）：3 - 11.

[87] 唐勇军，马文超，夏丽. 环境信息披露质量、内控 "水平" 与企业价值——来自重污染行业上市公司的经验证据 [J]. 会计研究，2021（7）：69 - 84.

[88] 田虹，姜雨峰. 社会责任履行对企业声誉影响的实证研究——利益相关者压力和道德滑坡的调节效应 [J]. 吉林大学社会科学学报，2015，55（2）：71 - 79 + 173.

[89] 田虹，田佳卉. 环境变革型领导对员工绿色创造力的作用机制研究 [J]. 管理学报，2020，17（11）：1688 - 1696.

[90] 田磊，陆雪琴. 减税降费、企业进入退出和全要素生产率 [J]. 管理世界，2021，37（12）：56 - 77.

[91] 田利辉，王可第. 社会责任信息披露的 "掩饰效应" 和上市公司崩盘风险——来自中国股票市场的 DID - PSM 分析 [J]. 管理世界，2017（11）：146 - 157.

[92] 万红波，陈婷. 中美财务重述制度比较——兼评两国财务重述动因及经济后果研究的相似 [J]. 财会月刊，2011（4）：86 - 88.

[93] 万丽平. 沪港两市上市公司财务重述的比较研究 [D]. 上海：华东师范大学，2011.

[94] 汪猛，徐经长. 企业避税、通货膨胀预期与经营业绩 [J]. 会计研究，2016（5）：40 - 47.

[95] 王海兵，韩彬. 社会责任、内部控制与企业可持续发展——基于 A 股主板上市公司的经验分析 [J]. 北京工商大学学报（社会科学版），2016，31（1）：75 - 84.

[96] 王嘉鑫，汪芸倩，张龙平. 利率管制松绑、企业会计信息披露质量与融资约束 [J]. 经济管理，2020，42（4）：139 - 157.

[97] 王建玲，李玥婷，吴璇. 社会责任的信号作用——基于中国市场的研究 [J]. 中国管理科学，2018（8）：31 - 41.

[98] 王可第. 信息透明度与企业技术创新——来自中国上市公司的证据 [J]. 当代财经，2021（7）：77 - 89.

[99] 王亮亮. 金融危机冲击，融资约束与公司避税 [J]. 南开管理评

论，2016，19（1）：155－168.

［100］王名，蓝煜昕，王玉宝，等 . 第三次分配：理论、实践与政策建议［J］. 中国行政管理，2020（3）：101－105＋116.

［101］王鹏，周黎安 . 中国上市公司外部审计的选择及其治理效应［J］. 中国会计评论，2006，4（2）：321－334.

［102］王晴晴 . 企业社会责任对公司避税行为的影响研究［D］. 北京：北京交通大学，2015.

［103］王硕，杜兰英，余宜珂 . 税收对企业自利性动机下慈善捐赠的影响分析［J］. 税务研究，2019（7）：96－100.

［104］王毅辉，魏志华 . 财务重述研究评述［J］. 证券市场报，2008（3）：55－60.

［105］魏志华，李常青，陈泰颖 . 中国上市公司年报重述影响因素的实证研究［J］. 商业经济与管理，2010（4）：75－82.

［106］魏志华，李常青，王毅辉 . 中国上市公司年报重述分析：1999～2007［J］. 证券市场导报，2009（6）：31－38.

［107］温素彬，方苑 . 企业社会责任与财务绩效关系的实证研究——利益相关者视角的面板数据分析［J］. 中国工业经济，2008（10）：150－160.

［108］吴非，胡慧芷，林慧妍，等 . 企业数字化转型与资本市场表现——来自股票流动性的经验证据［J］. 管理世界，2021，37（7）：130－144＋10.

［109］武辉，王竹泉 . 国家治理框架下善治导向的会计监督体系重构［J］. 会计研究，2019（4）：3－10.

［110］武晓峰 . 论第三次分配的价值诉求与实现条件［J］. 求实，2010（6）：45－48.

［111］习近平总书记系列重要讲话读本（2016 年版）［M］. 北京：人民出版社，2016：233.

［112］肖红军，张俊生，李伟阳 . 企业伪社会责任行为研究［J］. 中国工业经济，2013（6）：109－121.

［113］谢德仁，廖珂 . 控股股东股权质押与上市公司真实盈余管理［J］. 会计研究，2018（8）：21－27.

［114］谢获宝，刘芬芬，惠丽丽 . 能力不足还是独立性缺失——基于污点审计师审计质量的实证检验［J］. 审计研究，2018（3）：71－79.

［115］谢康，陈禹．企业信息化的竞争优势［J］．经济研究，1999（9）．

［116］辛清泉，孔东民，郝颖．公司透明度与股价波动性［J］．金融研究，2014（10）：193 - 206．

［117］熊国保，罗元大，赵建彬．企业环境责任对创新绩效影响的实证检验［J］．统计与决策，2020，36（21）：172 - 175．

［118］徐召红，李秀荣．企业社会责任的耦合推进机制设计［J］．宏观经济研究，2018（1）：146 - 155．

［119］许英杰，石颖，阳镇．治理机制对企业社会责任能力成熟度影响的实证研究［J］．经济体制改革，2018（4）：124 - 131．

［120］薛爽．预亏公告的信息含量［J］．国会计与财务研究，2001（3）：117 - 143．

［121］闫坤，张鹏．发挥财税政策效能优化收入分配关系［J］．税务研究，2013（1）：10 - 14．

［122］颜剩勇，佘志先．高质量发展阶段企业社会责任财务治理研究［J］．湖南财政经济学院学报，2020，36（5）：102 - 115．

［123］阳杰，陈习定，应里孟．企业避税与环境责任：互补、替代抑或独立［J］．华东经济管理，2020，34（2）：112 - 121．

［124］阳镇，陈劲．数智化时代下企业社会责任的创新与治理［J］．上海财经大学学报，2020，22（6）：33 - 51．

［125］阳镇，李井林．创新工具还是粉饰工具？——业绩下滑与企业社会责任的再检验［J］．科学学研究，2020，38（4）：734 - 746．

［126］杨广青，杜亚飞，刘韵哲．企业经营绩效、媒体关注与环境信息披露［J］．经济管理，2020，42（3）：55 - 72．

［127］姚立杰，付方佳，程小可．企业避税、债务融资能力和债务成本［J］．中国软科学，2018，334（10）：122 - 140．

［128］姚文韵，崔学刚．会计治理功能研究：分析与展望［J］．会计研究，2011（2）：31 - 38 + 96．

［129］叶康涛，刘行．公司避税活动与内部代理成本［J］．金融研究，2014（9）：158 - 176．

［130］叶姗．社会财富第三次分配的法律促进——基于公益性捐赠税前扣除限额的分析［J］．当代法学，2012，26（6）：117 - 126．

［131］易露霞，吴非，常曦．企业数字化转型进程与主业绩效——来自

中国上市企业年报文本识别的经验证据［J］．现代财经（天津财经大学学报），2021（10）：24 - 38．

［132］殷俊明，李佳林，潘俊．政府善治驱动下会计助力国家治理的机理与路径［J］．审计与经济研究，2020（1）：12 - 13 + 3．

［133］尹开国，刘小芹，陈华东．基于内生性的企业社会责任与财务绩效关系研究——来自中国上市公司的经验证据［J］．中国软科学，2014（6）：98 - 108．

［134］袁德利，许为宾，陈小林，等．签字会计师——高管乡音关系与审计质量［J］．审计研究，2018（2）：113 - 121．

［135］袁冬梅，王海娇，肖金利．机构投资者持股、信息透明度与企业社会责任［J］．重庆社会科学，2021（10）：82 - 107．

［136］袁园，刘骏．审计独立性与会计信息质量［J］．会计研究，2005（3）：67 - 69．

［137］曾爱民，魏志华，张纯，等．企业社会责任："真心"抑或"幌子"？——基于高管内幕交易视角的研究［J］．金融研究，2020（9）：154 - 171．

［138］曾建光，张英，杨勋．宗教信仰与高管层的个人社会责任基调——基于中国民营企业高管层个人捐赠行为的视角［J］．管理世界，2016（4）：97 - 110．

［139］曾莉．上市公司会计差错更正的市场传导效应研究［D］．重庆：重庆大学学位论文，2003．

［140］曾颖，陆正飞．信息披露质量与股权融资成本［J］．经济研究，2006（2）：69 - 79 + 91．

［141］张兵，范致镇，潘军昌．信息透明度与公司绩效——基于内生性视角的研究［J］．金融研究，2009（2）：169 - 184．

［142］张程睿，林锦梅．及时披露能抑制信息泄露吗？——来自深上市公司2007 - 2009年年报披露的证据［J］．证券市场报，2011（4）：1 - 8．

［143］张程睿，王华，公司信息透明度：经验研究与未来展望［J］．会计研究，2006（12）：54 - 60．

［144］张程睿，王华．公司信息透明度的市场反应——来自中国A股市场的经验证据［J］．中国会计评论，2007（5）：1 - 20．

［145］张程睿．公司透明度的决定机制——基于对中国上市公司的经验

分析 [J]. 华南师范大学学报, 2008 (4): 41 - 48.

[146] 张弛, 张兆国, 包莉丽. 企业环境责任与财务绩效的交互跨期影响及其作用机理研究 [J]. 管理评论, 2020, 32 (2): 76 - 89.

[147] 张峰, 刘曦苑, 武立东, 等. 产品创新还是服务转型: 经济政策不确定性与制造业创新选择 [J]. 中国工业经济, 2019 (7): 101 - 118.

[148] 张广胜, 孟茂源. 内部控制、媒体关注与制造业企业高质量发展 [J]. 现代经济探讨, 2020 (5): 81 - 87.

[149] 张俊瑞, 马晨. 股权结构与财务重述研 [J]. 审计与经济研究, 2011 (26): 63 - 72.

[150] 张俊生, 汤晓建, 曾亚敏. 审计费用信息隐藏与审计质量——基于审计独立性和投资者感知视角的研究 [J]. 会计研究, 2017 (8): 88 - 93 + 95.

[151] 张立民, 李琰. 持续经营审计意见、公司治理和企业价值——基于财务困境公司的经验证据 [J]. 审计与经济研究, 2017, 32 (2): 13 - 23.

[152] 张丽娟, 赵惊涛. 我国智能化环境执法存在的问题及对策 [J]. 环境保护, 2014, 42 (23): 64 - 65.

[153] 张微微, 姚海鑫. 媒体关注度、信息披露环境与投资者保护——基于中国上市公司数据的实证分析 [J]. 辽宁大学学报 (哲学社会科学版), 2019, 47 (3): 66 - 74.

[154] 张薇. 财务重述问题的中美比较及分析 [J]. 科技信息, 2006 (6): 159 - 159.

[155] 张先治, 石芯瑜. 会计对国家治理的影响机理及改革思路——基于 "五位一体" 视角的探索 [J]. 会计研究, 2018 (11): 15 - 20.

[156] 张新民, 卿琛, 杨道广. 商誉减值披露、内部控制与市场反应——来自我国上市公司的经验证据 [J]. 会计研究, 2020 (5): 3 - 16.

[157] 张兴亮, 夏成才. 会计信息透明度、政治关联与信贷资金配置效率——来自中国民营上市公司的经验证据 [J]. 证券市场导报, 2015 (7): 36 - 45.

[158] 张兆国, 靳小翠, 李庚秦. 企业社会责任与财务绩效之间交互跨期影响实证研究 [J]. 会计研究, 2013 (8): 32 - 39.

[159] 赵宸宇, 王文春, 李雪松. 数字化转型如何影响企业全要素生产率 [J]. 财贸经济, 2021, 42 (7): 114 - 129.

[160] 赵天燕, 孙涛, 郭文. 企业环境责任度量——基于绿色投入产出

的视角［J］. 技术经济，2013，32（10）：87－92.

［161］赵旭东. 论企业环境社会责任的制度设计［J］. 中国政法大学学报，2021（1）：5－15.

［162］赵宇龙. 会计盈余披露的信息含量——来自上海股市的经验数据［J］. 经济研究，1998（7）：41－49.

［163］郑莉莉，刘晨. 新冠肺炎疫情冲击、内部控制质量与企业绩效［J］. 审计研究，2021（5）：120－128.

［164］郑琴琴，陆亚东. "随波逐流" 还是 "战略选择"：企业社会责任的响应机制研究［J］. 南开管理评论，2018，21（4）：169－181.

［165］钟宁，李泓祎. 新时代社会主义核心价值观实践转化的挑战与机遇［J］. 社会科学家，2021（5）：140－144.

［166］周开国，应千伟，陈晓娴. 媒体关注度、分析师关注度与盈余预测准确度［J］. 金融研究，2014（2）：139－152.

［167］周立军，王美萍，杨静. 互联网企业财务绩效与社会责任绩效的关系研究——基于生命周期理论［J］. 投资研究，2017，36（1）：121－130.

［168］周晓苏，周琦. 基于盈余管理动机的财务重述研究［J］. 当代财经，2011（2）：109－117.

［169］周洋，李若山. 上市公司年报 "补丁" 的特征和市场反应［J］. 审计研究，2007（4）：67－73.

［170］周中胜，陈汉文. 会计信息透明度与资源配置效率［J］. 会计研究，2008（12）：56－62＋94.

［171］左锐，李玉洁，舒伟. 企业诚信文化能抑制财务报告重述吗？［J］. 会计与经济研究，2018（4）：27－45.

［172］A Barbeito-Caamao，Chalmeta R. Using big data to evaluate corporate social responsibility and sustainable development practices ［J］. Corporate Social Responsibility and Environmental Management，2020，27（6）.

［173］Adams M.，Hardwick P. An analysis of corporate donations：United Kingdom evidence ［J］. Journal of management Studies，1998，35（5）：641－654.

［174］Agrawal A.，and S. Chadha. Corporate governance and accounting scandals ［J］. Journal of Law and Economics，2005（48）：371－406.

［175］Ahmad, Halimah, Nasibah et al. The effectiveness of internal audit in Malaysian public sector ［J］. Journal of Modern Accounting & Auditing, 2009, 5 (9): 53 –62.

［176］Ahmadi A. , Bouri A. The effect of audit quality on the extent of voluntary disclosure: Companies listed in the tunisian stock exchange ［J］. Journal of the Knowledge Economy, 2017.

［177］Ahmed Kamran and John Goodwin. An empirical investigation of earnings restatements by australian firms ［J］. Accounting and Finance, 2007 (47): 1 –22.

［178］AICPA. Government auditing standards-independence, competence and continuing professional education ［J］. Top Governmental and Not-for-Profit Accounting and Auditing Issues Facing CPAs, 2020.

［179］Akterujjaman S. M. , Saha S. K. , Hossain M. A. Business case of corporate social responsibility: A case study on columbia garments limited in bangladesh ［J］. Business Strategy & Development, 2019, 2 (3).

［180］Aleix C. , G. Juan-José. Corporate social responsibility and product quality ［J］. Journal of Economics & Management Strategy, 2018.

［181］Almer E. D. , Gramling A. A. , Kaplan S. E. Impact of post-restatement actions taken by a firm on non-professional investors credibility perceptions ［J］. Journal of Business Ethics, 2008 (80): 61 –76.

［182］Amable B. , Demmou L. , Ledezma I. Product market regulation, innovation, and distance to frontier ［J］. Social Science Electronic Publishing, 2010, 19 (1): 117 –159.

［183］Amri F. , Zaied Y. B. , Lahouel B. B. ICT. , total factor productivity, and carbon dioxide emissions in Tunisia ［J］. Technological Forecasting and Social Change, 2019, 146.

［184］Anna Thomasson. Politicisation of the audit process: The case of politically affiliated auditors in swedish local governments ［J］. Financial Accountability & Management, 2018, 34 (5).

［185］Armstrong C. S. , Guay W. R. , Weber J. P. The role of information and financial reporting in corporate governance and debt contracting ［J］. Journal of Accounting and Economics, 2010 (50): 79 –234.

[186] Ashbaugh H. R. La Fond, B. Mayhew. Do nonaudit services compromise auditor independence? Further evidence [J]. The Accounting Review, 2003 (7): 611 – 639.

[187] Baginski, Hassell, Waymire. Some evidence on the news content of preliminary earnings estimates [J]. The Accounting Review, 1994 (1): 265 – 271.

[188] Bartkus B. R., Morris S. A., Seifert B. Governance and corporate philanthropy: Restraining robin hood? [J]. Business & Society, 2002, 41 (3): 319 – 344.

[189] Bartov E., Gul F. A., Tsui J. S. L. Discretionary-Accruals models and audit qualification [J]. Journal of accounting & Economics, 2000 (3).

[190] Bayar O., Huseynov F., Sardarli S. Corporate governance, Tax avoidance, and financial constraints [J]. Financial Management, 2018.

[191] Bell T. B., W. R. Landsman, D. A. Shackelford. Auditors perceived business risk and audit fees, analysis and evidence [J]. Journal of Accounting Research, 2001 (6): 35 – 43.

[192] Berends H., Bij H., Debackere K., et al. Knowledge sharing mechanisms in industrial research [J]. R & D Management, 2010.

[193] Bhaskar L. S., Hopkins P. E., Schroe De RJH. An investigation of auditors' Judgments when companies release earnings before audit completion [J]. Social Science Electronic Publishing.

[194] Binder. The svent study methodology since 1969 [J]. Review of Quantitative Finance and Accounting, 1998.

[195] Botosan C. A., Stanford M. Managers' Motives to withhold segment disclosures and the effect of SFAS No. 131 on analysts' Information environment [J]. The Accounting Review, 2005, 80 (3): 751 – 771.

[196] Brickson S. Organizational identity orientation: The genesis of the role of the firm and distinct forms of social value [J]. Academy of management review, 2007, 32 (3): 864 – 888.

[197] Brown W. O., Helland E., Smith J. K. Corporate philanthropic practices [J]. Journal of corporate finance, 2006, 12 (5): 855 – 877.

[198] Burns Natasha and Simi Kedia. The impact of performance-based com-

pensation on misreporting [J]. Journal of Financial Economics, 2006 (71): 433 – 465.

[199] Bushman R. M. , Piotroski J. D. , Smith A. J. What determines corporate transparency? [J] Journal of Accounting Research, 2004 (5): 207 – 225.

[200] Callen J. , S. Robb, and D. Segal. Revenue manipulation and restatements by loss firms [R]. Working Paper, 2003, University of Toronto.

[201] Callen J. L. , Livant J. and Segal D. Accounting restatements: Are they always bad news for investors? [J]. Journal of Investing, 2006 (15): 57 – 68.

[202] Cao Y. , Feng Z. , Lu M. , et al. Tax avoidance and firm risk: Evidence from China [J]. Accounting and Finance, 2021.

[203] Carcello J. V. , Neal T. L. , Reid L. C. , et al. Auditor independence and fair value accounting: An examination of nonaudit fees and goodwill impairments [J]. Contemporary Accounting Research, 2019 (37).

[204] Carroll A. B. A three-dimensional conceptual model of corporate performance [J]. The Academy of Management Review, 1979, 4 (4): 479 – 505.

[205] Causholli M. , Chambers D. J. , Payne J. L. Future non audit service fees and audit quality [J]. Contemporary Accounting Research, 2014, 31 (3): 681 – 712.

[206] Chang D. S. , Chen S. H. , Hsu C. W. , et al. Identifying strategic factors of the implantation CSR in the airline industry [J]. Sustainability, 2015, 7 (6): 7762 – 7783.

[207] Chen S. , Sun S. Y. and Wu D. Client importance, institutional improvements, and audit quality in China: An office and individual auditor level analysis [J]. The Accounting Review, 2010, 85 (1): 127 – 158.

[208] Choi W. W. , Lee H. Y. , Jun B. W. The provision of tax services by incumbent auditors and earnings management: Evidence from Korea [J]. Journal of International Financial Management & Accounting, 2008, 20 (1): 79 – 103.

[209] Chuang S. , Huang S. The effect of environmental corporate social responsibility on environmental performance and business competitiveness: The mediation of green information technology capital [J]. Journal of Business Ethics, 2018, 150 (4): 991 – 1009.

[210] Collar M. , Yohn T. L. Management forecasts and information asymmetry: An examination of did-ask spread [J]. Journal of Accounting Research, 1997: 35 – 181.

[211] Daboub A. J. , Rasheed A. M. , Priem R. L. , et al. Top management team characteristics and corporate illegal activity [J]. Academy of Management Review, 1995, 20 (1), 138 – 170.

[212] Daub C. H. , Ergenzinger R. Enabling sustainable management through a new multidisciplinary concept of customer satisfaction [J]. European Journal of Marketing, 2005, 39 (9 /10): 998 – 1012.

[213] Dechow P. M. , Sloan R. G. and Sweeney A. Causes and consequences of earnings manipulation: An analysis of firms subject to enforcement actions by the SEC [J]. Contemporary Accounting Research, 1996 (13): 1 – 36.

[214] Dechow, Patricia M. , et al. The quality of accruals and earnings: The role of accrual estimation errors. [J]. Accounting Review, 2002.

[215] Dechow P. M. , Sloan R. G. , Sweeney A. M. Detecting earnings management [J]. The Accounting Review, 1995, 72 (2): 193 – 225.

[216] Delmas M. A. , Toffel M. W. Organizational response to environmental demands: Opening the black box [J]. Strategic Management Journal, 2008, 29 (10): 1027 – 1055.

[217] Desai H. , Hogan C. and Wilkins M. The reputational penalty for aggressive accounting: Earnings restatements and management turnover [J]. The Accounting Review, 2006 (81): 83 – 112.

[218] Dirk Matten, Jeremy Moon. "Implicit" and "Explicit" CSR: A conceptual framework for a comparative understanding of corporate social responsibility [J]. The Academy of Management Review, 2008, 33 (2): 404 – 424.

[219] Donaldson T. , Preston L. E. The stakeholder theory of the corporation: Concepts, evidence, and implications [J]. The Academy of Management Review, 1995, 20 (1).

[220] Du M. Application of information communication network security management and control based on big data technology [J]. International Journal of Communication Systems, 2020.

[221] Duh R. R. , Lee W. C. , Hua C. Y. Non-audit service and auditor

inde pendence: An examination of the procomp effect [J]. Review of Quantitative Finance & Accounting, 2009, 32 (1): 33 – 59.

[222] Dwekat A., ESeguí – Mas, GTormo Carbó, et al. Corporate governance configurations and corporate social responsibility disclosure: Qualitative comparative analysis of audit committee and doard characteristics [J]. Corporate Social Responsibility and Environmental Management, 2020, 27.

[223] D. De Vos, Meijers E. Information technology and local product variety: Substitution, complementarity and spillovers [J]. Tijdschrift voor economische en sociale geografie, 2019.

[224] D. Hay, Knechel W. R., Ling H. Evidence on the impact of internal control and corporate governance on audit fees [J]. International Journal of Auditing, 2010, 12 (1): 9 – 24.

[225] D. Wu, Ye Q. Public attention and auditor behavior: The case of hurun rich list in China [J]. Journal of Accounting Research, 2020 (5): 777 – 825.

[226] Elshandidy T., Eldaly M. K., M. Abdel-Kader. Independent oversight of the auditing profession: A Review of the Literature [J]. International Journal of Auditing.

[227] Fan J., Wong T. J. Corporate ownership structure and the informativeness of accounting earnings in East Asia [J]. Journal of Accounting and Economics, 2002, 33.

[228] Feroz, Park, Pastena. The financial and market effects of the SEC's accounting and auditing enforcement releases [J]. Journal of Accounting Research, 1991, 29 (3): 107 – 148.

[229] F Etilé, Teyssier S. Signaling corporate social responsibility: Third-party certification versus brands [J]. PSE-Ecole d'économie de Paris (Postprint), 2016.

[230] Fombrun C., Shanley M. What's in a name? Reputation building and corporate strategy [J]. The Academy of Management Journal, 1990 (2): 233 – 258.

[231] Frankel R., M. Johnson K. Nelson. Auditor independence and earnings quality [J]. The Accounting Review, 2002: 71 – 105.

[232] Galaskiewicz J. An urban grants economy revisited: Corporate charitable contributions in the twin cities, 1979 – 81, 1987 – 89 [J]. Administrative Science Quarterly, 1997: 445 – 471.

[233] Gandullia L., Pisera S. Do income taxes affect corporate social responsibility? Evidence from european-listed companies [J]. Corporate Social Responsibility and Environmental Management, 2019.

[234] General Accounting Office, G. A. O. Financial restatements: Update of public company trends, Market impacts, and regulatory enforcement activities, Washington D. C., 2006, GAO – 06 – 678.

[235] Gilal F. G., Channa N. A., Gilal N. G., et al. Corporate social responsibility and brand passion among consumers: Theory and evidence [J]. Corporate Social Responsibility and Environmental Management, 2020, 27 (9).

[236] Glazer Amihai, Konrad Kai A. A signaling explanation for charity [J]. American Economic Review, 1996, 86 (4): 1019 – 1028.

[237] Goerke L. Corporate social responsibility and tax avoidance [J]. Journal of Public Economic Theory, 2019 (21).

[238] Gul F. A., Wu D., Yang Z. Do individual auditors affect audit quality? Evidence from archival data [J]. Accounting Review, 2013, 88 (6): 1993 – 2023.

[239] Hadlock C. J., Pierce J. R. New evidence on measuring financial constraints: Moving deyond the KZ index [J]. Review of Financial Studies, 2010, 23 (5): 1909 – 1940.

[240] Hill C., Jones T. M. Stakeholder-Agency theory [J]. Journal of Management Studies, 2010, 29 (2): 131 – 154.

[241] Hirsehey M., Z – V., Palmrose and S. Scholz. Long-Term market underreaction to accounting restatements [D]. University of Kansa, 2005.

[242] Hossain S. Effect of regulatory changes on auditor independence and audit quality [J]. International Journal of Auditing, 2013, 17 (3): 246 – 264.

[243] Houqe M. N., Ahmed K., Zijl T. V. Audit quality, earnings management, and cost of equity capital: Evidence from India [J]. International Journal of Auditing, 2017, 21 (2).

[244] Hoyer W. D., Chandy R., Dorotic M., et al. Consumer cocreation in new product development [J]. Journal of Service Research, 2010, 13 (3): 283 –296.

[245] Huang T., Lin Y., Hairston S. Is there an association between accounting firm ranks and audit quality? An examination of the top 100 accounting firms in China [J]. International Journal of Auditing, 2019.

[246] Hubbard T. N. Information, decisions, and productivity, 2002.

[247] Jones T. Instrumental stakeholder theory: A synthesis of ethics and economics [J]. Academy of Management Review, 1995 (2): 404 –437.

[248] J. C. Coffee. What caused Enron? A capsule social and economic history of the 1990s [R]. Working Paper, 2003.

[249] J. P. Sánchez Allesta, J. Yagüe. Financial reporting incentives, earnings management, and tax avoidance in SMEs [J]. Journal of Business Finance & Accounting, 2020.

[250] Katsiaryna S. B. Quality of financial information and liquidity [J]. Review of Financial Economics, 2011 (20): 49 –62.

[251] Kedia S., Philippon T. The economics of fraudulent accounting [J]. Review of Financial Studies, 2006 (22): 169 –199.

[252] Kent M. L., Taylor M. From homo economics to homo dialogical: Rethinking social media use in CSR communication [J]. Public Relations Review, 2016 (3): 60 –67.

[253] Kim Y. S, Kim Y., Kim H. D. Corporate social responsibility and internal control effectiveness [J]. Asia-Pacific Journal of Financial Studies, 2017, 46 (2): 341 –372.

[254] Kim E. H., Y Lu. CEO ownership, external governance, and risk-taking [J]. Journal of Financial Economics, 2011, 102 (2): 272 –292.

[255] Kinney Jr. W. R. and McDaniel L. S. Characteristics of firms correcting previously reported quarterly earnings [J]. Journal of Accounting and Economics, 1989 (11): 71 –93.

[256] Kowaleski Z., Mayhew B. W., Tegeler A. C. The impact of consulting services on audit quality: An experimental approach [J]. Journal of Accounting Research, 2018.

［257］Kung F. H. , Chang Y. S, Forgione D A. Industry specialist auditors and affiliated business groups: An examination of fee iowballing and audit quality ［J］. International Journal of Auditing, 2021.

［258］La Porta R. , Lopez-De-Silanes, F. Shleifer A. , et al. Investor protection and corporate governance ［J］. Journal of Financial Economics, 2000 (58): 3 – 27.

［259］La Porta R. , Shleifer A. Lopez. de-Silanes F. , Scleifer A. Corporate ownership around the world ［J］. Journal of Finance, 1999 (54): 471 – 5l8.

［260］Lakkakula P. , Bullock D. W. , Wilson W. W. Asymmetric information and blockchains in soybean commodity markets ［J］. Applied Economic Perspectives and Policy, 2021.

［261］Lang M. , Lundholm R. Cross-Sectional determinants of analysts ratings of corporate disclosures ［J］. Journal of Accounting Research, 1993 (31): 246 – 271.

［262］Lee H. S. G. , Nagy A. , Zimmerman A. Audit partner assignments and audit quality in the United States ［J］. Social Science Electronic Publishing, 2016.

［263］Lev B. , S. Ryan, M. Wu. Rewriting earnings history. SSRN: http: ssrn. com/abstract = 878690, 2007.

［264］Li, O. Liver-Zhen, Zhang Yuan. Financial restatement announcements and insider trading ［R］. Working Paper, University of Notre Dame, 2006.

［265］Liao L. , Chen G. , Zheng D. Corporate docial responsibility and financial fraud: Evidence from China ［J］. Accounting and Finance, 2019, Forthcoming.

［266］Lins K. V. , Servaes H. , Tamayo A. Social capital, trust, and firm performance: The value of corporate social responsibility during the financial crisis ［J］. The Journal of Finance, 2017, 72 (4).

［267］Liu B. , Ju T. , Gao S. The combined effects of innovation and corporate social responsibility on firm financial risk ［J］. Journal of International Financial Management & Accounting, 2021 (3).

［268］Lopez-Gonzalez E. , J. Martinez-Ferrero, Garcia-Meca E. Does corporate social responsibility affect tax avoidance: Evidence from family firms [J]. Corporate Social Responsibility and Environmental Management, 2019, 26 (4): 819 – 831.

[269] Lowson B., King R., Hunter A. Quick response: managing the supply chain to meet consumer demand [M]. Hoboken: John Wiley & Sons, 1999.

[270] Lys T., Naughton J. P., Wang C. Signaling through corporate accountability reporting [J]. Journal of Accounting and Economics, 2015, 60 (1): 56 – 72.

[271] Maso L. D., Lobo G. J., MazziF., et al. Implications of the joint provision of CSR assurance and financial audit for auditors' Assessment of going-Concern risk [J]. Contemporary Accounting Research, 2019.

[272] Mcconnell J. J., H. Servaes. Additional evidence on equity ownership and corporate value [J]. Journal of Financial Economics, 1990, 27 (2): 595 – 612.

[273] Mughal Y. H., Jehangir M., Khan M., et al. Nexus between corporate social responsibility and firm's performance: A panel data approach [J]. International Journal of Finance & Economics.

[274] M. Rodríguez-Fernández, A. I. Gaspar-González, E. M. Sánchez-Teba. Sustainable social responsibility through stakeholders engagement [J]. Corporate Social Responsibility and Environmental Management, 2020, 27 (6).

[275] Nave A., Ferreira J. Corporate social responsibility strategies: Past research and future challenges [J]. Corporate Social Responsibility and Environmental Management, 2019, 26 (4): 885 – 901.

[276] Nejati M., Quazi A., Amran A., et al. Social responsibility and performance: Does strategic orientation matter for small businesses? [J]. Journal of Small Business Management, 2016.

[277] Nguyen P. T., Kend M. An examination of the vietnamese emerging market economy: Understanding how and why auditor shave responded to the audit law reforms [J]. Accounting & Finance, 2019.

[278] Office USGA. Financial restatements: Update of public company trends, Market impacts, and regulatory enforcement activities [J]. Government Accountability Office Reports, 2006.

［279］ Office USGA. Financial statement restatements: Trends, market impacts, regulatory responses, and remaining challenges ［J］. Government Accountability Office Reports, 2002.

［280］ Olarewaju O. M., Olayiwola J. A. Corporate tax ianning and financial performance in Nigerian non inancial quoted companies ［J］. African Development Review, 2019 (31).

［281］ Owers J. E., C. – M. Lin and R. C. Paper. The informational content and valuation ramifications of earnings restatements ［J］. International Dusiness and Economiccs Research Journal, 2001 (1): 71 – 84.

［282］ Palmrose Z. V., Richardson V. J., Scholz S. Determinants of market reactions to restatement announcements ［J］. Journal of Accounting and Economics, 2004 (37): 59 – 89.

［283］ Peng B., Tu Y., Elahi E., et al. Extended producer responsibility and corporate performance: Effects of environmental regulation and environmental strategy ［J］. Journal of Environmental Management, 2018, 218: 181 – 189.

［284］ Polychronidou P., Drogalas G., Tampakoudis I. Mandatory rotation of audit firms and auditors in Greece ［J］. International Journal of Disclosure and Governance, 2020 (17).

［285］ Porter M., Kramer M. Strategy and society: The link between competitive advantage and corporate social responsibility ［J］. Harvard Business Review, 2006 (12): 78 – 92.

［286］ Pownall G., Waymire G. Voluntary disclosure credibility and securities prices: Evidence from management earnings forecasts ［J］. Journal of Accounting Research, 1989 (27): 227 – 246.

［287］ Pownall, Wasley and Waymire. The stock price effects of alternative types of management earnings forecasts ［J］. Accounting Review, 1993, 69.

［288］ Qu W., Kang S, Wang L. Saving ortunnelling: Value effects of tax avoidance in Chinese listed local government-controlled firms ［J］. Accounting & Finance, 2020.

［289］ Radu C., Smaili N. Corporate performance patterns of canadian listed firms: Balancing financial and corporate social responsibility outcomes ［J］. Business Strategy and the Environment, 2021 (1).

[290] Rajgopal S., Srinivasan S., Zheng X. Measuring audit quality [J]. Review of Accounting Studies, 2021 (1).

[291] Reid F. Creating a knowledge-sharing culture among diverse business units [J]. Wiley Subscription Services, Inc. A Wiley Company, 2003, 30 (3): 43 – 49.

[292] Richardson S. A., Tuna A. I. and Wu Min. Predicting earnings management: The case of earnings restatements [R]. Working Paper, University of Pennsylvania, 2002.

[293] Richardson S., I. Tuna, M. Wu. Capital market pressures and earnings management: The case of earnings restatements [R]. Working paper, 2003.

[294] Ron Kasznik, Baruch Lev. To warn or not to warn: Management disclosure in the face of an earnings surprise [J]. Accounting Review, 1995 (1): 113 – 134.

[295] Roychowdhury S. Earnings management through real activities manipulation [J]. Journal of Accounting and Economics, 2006, 42 (3): 335 – 370.

[296] Samet M., Jarboui A. How does corporate social responsibility contribute to investment efficiency? [J]. Journal of Multinational Financial Management, 2017 (6): 33 – 46.

[297] Schreck P. Reviewing the business case for corporate social responsibility: New evidence and analysis [J]. Journal of Business Ethics, 2011 (103): 167 – 18.

[298] Securities and exchange commission (SEC). Final rule: Revision of the commissions auditor independence [Z]. Washington, D. C: SEC, 2000.

[299] Shapira R. Corporate philanthropy as signaling and Co-Optation [J]. Fordham Law Review, 2012 (80): 1889 – 1939.

[300] Smith, Clifford Jr. Ross L. Watts. The investment opportunity set and corporate financing, dividend and compensation policy [J]. Journal of Financial Economics, 1992 (32): 263 – 292.

[301] Spence M. Job market signaling [J]. The Quarterly Journal of Economics, 1973 (87): 355 – 374.

[302] Story J., Ca Stanheira F. Corporate social responsibility and employee

performance: Mediation role of job satisfaction and affective commitment [J].
Corporate Social Responsibility & Environmental Management, 2019.

[303] Strawser G. Corporate social responsibility and financial disclosures:
An alternative explanation for increased disclosure [J]. Journal of Business Eth-
ics, 2001, 33 (1): 1 – 13.

[304] Sun M. K., Hwang I. T., Kang S. H. Non-audit services and auditor
independence depending on client performance: Non-audit services and auditor in-
dependence [J]. Australian Accounting Review, 2018 (4).

[305] Tambe P. L. M. Hitt and E. Brynjolfsson. The extroverted firm: How
external information practices affect innovation and productivity [J]. Management
Science, 2012, 58 (5).

[306] Ting P. H., Yin H. Y. How do corporate social responsibility activities
affect performance? The role of excess control right [J]. Corporate Social Respon-
sibility and Environmental Management, 2018, 25 (6): 1320 – 1331.

[307] Trueman B. Managerial disclosures and shareholder litigation [J].
Review of accounting studies, 1997 (2): 181 – 199.

[308] Waddock S. A., Graves S. B. The corporate social performance-finan-
cial performance link [J]. Strategic Management Journal, 1997, 18 (4):
303 – 319.

[309] Wei Z., Shen H., Zhou K. Z., et al. How does environmental cor-
porate social responsibility matter in a dysfunctional institutional environment? Evi-
dence from China [J]. Journal of Business Ethics, 2017, 140 (2): 209 –
223.

[310] Wendy M. Wilson. An empirical analysis of the decline in the informa-
tion content of earnings following restatements [J]. The Accounting Review,
2008 (83): 519 – 548.

[311] Wen-Chi, et al. Auditor selection and corporate social responsibility
[J]. Journal of Dusiness Finance & Accounting, 2017: 1241 – 1275.

[312] Wu M. Earnings restatements: A capital market perspective [D].
Working Paper, New York University, 2002.

[313] Xu X., Zeng S., Chen H. Signaling good by doing good: How does
environmental corporate social responsibility affect international expansion? [J].

Business Strategy and the Environment, 2018, 27 (7): 946 – 959.

[314] Yayla A. A. , Hu Q. The Effect of board of directors' IT awareness on CIO compensation and firm performance [J]. Decision Sciences, 2014, 45 (3): 401 – 436.

[315] Yu F. K. , Lee G. , Bo Q. Whistleblowing allegations, audit fees, and internal control deficiencies [J]. Contemporary Accounting Research, 2020.

[316] Y. Huang, Do M. , Kumar V. Consumers' perception on corporate social responsibility: Evidence from Vietnam [J]. Corporate Social Responsibility and Environmental Management, 2019 (26).

[317] Zhan J. , Her Y. , Chen K. Audit quality and audit size: Evidence from auditor mergers in China [J]. Journal of Corporate Accounting & Finance, 2020 (4).

[318] Zhang C. Political connections and corporate environmental responsibility: Adopting or escaping? [J]. Energy Economics, 2017 (68): 539 – 547.